合 规 商 务 研 究 论 丛

HEGUI SHANGWU YANJIU LUNCONG

本书出版受陕西省科技厅青年科技新星培育项目（2012KJXX—41）、
陕西省教育厅专项科研计划项目（15JK1773）、
陕西省社会科学基金项目（2017A010）、
西北政法大学青年学术创新团队计划资助。

缩小居民收入差距：基于初次分配效率与公平的视角

Narrowing Residents' Income Gap:
Based on the Prospective of Initial Distribution
Efficiency and Equity

李晓宁／著

中国财经出版传媒集团

经 济 科 学 出 版 社
Economic Science Press

图书在版编目（CIP）数据

缩小居民收入差距：基于初次分配效率与公平的视角 /
李晓宁著. —北京：经济科学出版社，2017.12
ISBN 978 - 7 - 5141 - 8876 - 9

Ⅰ. ①缩…　Ⅱ. ①李…　Ⅲ. ①国民收入分配 - 公平分
配 - 研究 - 中国　Ⅳ. ①F126.2

中国版本图书馆 CIP 数据核字（2017）第 221997 号

责任编辑：刘　莎
责任校对：王肖楠
责任印制：邱　天

缩小居民收入差距：基于初次分配效率与公平的视角
李晓宁　著
经济科学出版社出版、发行　新华书店经销
社址：北京市海淀区阜成路甲 28 号　邮编：100142
教材分社电话：010 - 88191344　发行部电话：010 - 88191522
网址：www. esp. com. cn
电子邮件：esp@ esp. com. cn
天猫网店：经济科学出版社旗舰店
网址：http://jjkxcbs. tmall. com
北京密兴印刷有限公司印装
710×1000　16 开　18.75 印张　350000 字
2017 年 12 月第 1 版　2017 年 12 月第 1 次印刷
ISBN 978 - 7 - 5141 - 8876 - 9　定价：68.00 元
（图书出现印装问题，本社负责调换。电话：010 - 88191510）

前　言

　　所谓"分配是民生之源"，只有形成一个科学合理的收入分配体制，才能够保证社会公众享有幸福安康的生活。当前，居民收入差距过大是我国影响经济发展与社会稳定的重大问题，如何改善贫富严重分化成为社会公众关注的热点问题。然而，我国过大的居民收入差距主要形成于初次分配阶段，这完全是由初次分配效率与公平失衡所导致的，再分配对初次分配形成的居民收入差距调整乏力。因此，切实理顺初次分配领域的分配关系，处理好初次分配效率与公平的关系，才能缩小日益扩大的居民贫富差距，彰显全社会的公平正义。本课题的研究工作主要从我国过大的居民收入差距"是什么""为什么""怎么办"三个逻辑层次进行分析。

　　首先，分析了我国居民收入差距过大"是什么"状况。从"大分配"和"小分配"的视角，分别对我国国民收入分配状况与居民收入分配状况进行分析，反映了我国居民部门收入被企业部门收入和政府部门收入不断挤占，造成居民部门收入比重不断下降，而且各种类型的居民收入差距都很大，并有不断加大的趋势；研究认为这种过大的居民收入差距主要形成于初次分配阶段，初次分配后形成较大的居民收入差距奠定了我国收入分配状况不合理的基本格局，再分配对初次分配格局调节乏力，居民收入分配格局在再分配前后变动不大，从而形成整体的居民收入分配差距过大。

　　其次，分析我国居民收入差距"为什么"过大。研究认为初次分配市场机制不完善是造成我国居民收入差距过大的最主要原因；同时，初次分配政府规制方面也存在许多不尽完善之处，特别是初次分配制度设计偏离公平视角，这是导致我国居民收入差距过大的制度因素。结合两类因素的分析，进一步分析我国居民收入差距过大主要是源于初次分配效率与公平机制失衡。虽然改革以来我国市场经济的效率较高，但居民收入差距较大，而且政府制度性扭曲导致过分追求初次分配效率而忽视公平，很难保证初次分配实现公平分配。

　　最后，分析过大的居民收入差距应该"怎么办"。既然我们认为居民收入差距过大主要源自初次分配效率与公平失衡，在初次分配市场体制逐步完善的过程中，政府的初次分配公共政策重视公平是理所应当的。因此，在居民收入差距不断拉大的背景下进行"初次分配效率与公平并重"的改革，这是从本源上缩小我国居民收入差距的根本途径。另外，从实践改革的角度，本课题提出一系列缩小居民收入差距的对策建议，主张以双层次与全方位相结合的方式平抑收入差距"鸿沟"。

本课题的创新点总结如下：

第一，从研究视角上另辟蹊径，分析我国居民收入差距过大、初次分配效率与公平失衡两者之间的紧密联系。不仅研究了居民收入差距过大的表象，而且深入分析这种表象背后的引导机制，并把研究视角最终定位在初次分配效率与公平关系平衡上，研究层次较为深入，研究视角比较独特。

第二，从技术路线上进行创新，本课题的主体研究采用"是什么、为什么、怎么办"三层逻辑层次分析。对居民收入差距过大的现状考察分析属于"是什么"的研究，提出初次分配效率与公平失衡是引起居民收入差距过大的核心症结属于"为什么"的研究，有关缩小我国居民收入差距过大的改革途径与对策建议属于应该"怎么办"的研究，这种层次分明、逻辑严密的分析思路可谓鲜明。

第三，从研究方法上进行突破，大量采用了统计分析法、收入动态分布法等，定量测度居民收入差距以及初次分配的效率与公平程度。本课题在应用定性分析方法的基础上，尝试采取定量分析的方法研究居民收入差距、初次分配效率与公平，既有规范分析基础，又佐以实证分析，提高了研究结论的可信度。

第四，从研究结论上进行创新，由此提出以下创新观点：（1）我国居民部门收入被企业部门和政府部门不断挤占，不同类型的居民收入差距很大，并有不断加大的趋势，而且这种过大的居民收入差距主要形成于初次分配阶段。（2）初次分配市场机制不完善和初次分配政府规制不健全是造成居民收入差距过大的表层原因，初次分配"高效率，低公平"的失衡模式是形成居民收入差距过大的本质原因。（3）在当前居民收入差距过大的背景下，从初次分配体制变革入手进行"初次分配效率与公平并重"改革，这是缩小我国居民收入差距过大的途径；在此基础上，提出以双层次与全方位相结合的方式缩小我国居民收入差距的对策建议，以期形成"橄榄形"的收入分配结构。

作者
2017 年 11 月

目　录

引言篇：绪论与综述

上篇：我国居民收入差距过大"是什么"状况

中篇：我国居民收入差距"为什么"过大？

下篇：缩小我国过大的居民收入差距应该"怎么办"？

引言篇：绪论与综述

第 1 章

绪　　论

本书从"大分配"和"小分配"视角，分别分析了我国居民收入差距的现状和特征，提出居民收入差距主要形成于初次分配阶段，在此基础上深刻剖析了我国居民收入差距产生的初次分配原因，认为过大的居民收入差距主要是初次分配效率与公平失衡所造成的，而过大的居民收入差距对经济社会的发展会产生危害，提出"以市场初次分配中的公平为主"的居民收入差距改革思路，以便为政府改革决策提供参考。

1.1　选题背景

本书以初次分配效率与公平失衡为切入点，将研究视角定位在居民收入差距问题的制度革新上，这是基于以下的研究背景所选择的：

（1）居民收入差距过大成为社会不公平的重要表象，引发多种社会矛盾

收入分配差距过大是一个不容忽视的现实问题，也是一个危险的信号，其对社会经济发展的潜在消极效应逐渐显现。例如，近年来社会上出现的"仇富"、"仇官"的社会心态和由此引发的极端事件，可能都与收入分配差距过大有密切关系，因而需要极为关注。例如，2013 年 6 月 7 日，厦门的特大公交车爆炸案，犯罪嫌疑人——陈某就是因自感生活贫困，悲观厌世而泄愤纵火；2013 年 7 月 19 日，退伍军人田某因向老板讨薪不成功而自杀，其遗物中仅剩 1 元钱，"一分钱难倒英雄汉"的事件引起社会轰动。

居民收入差距过大和收入分配不公平是社会矛盾的重要诱因之一。美国学者亨廷顿考察 30 个国家政治动乱与收入不均等之间的关系后，认为社会秩序与居民收

入差距的扩大之间具有相当高的关联性，过大的居民收入差距所导致的收入分配不公会对经济发展与社会稳定造成严重影响。因为适度合理的居民收入差距是尊重知识与创造、尊重劳动与人才的客观要求，也是市场经济发展的必然要求，如果任由居民收入差距过分拉大而长期得不到有效的调节抑制，就会引发许多社会经济问题，甚至引发政治和谐危机。统计调查显示，我国社会公众对当前的收入分配状况存在一定程度的不满情绪，由于贫富差距拉大，引起社会上部分人产生"仇富"的心理，造成各种群体性事件、经济犯罪、刑事犯罪等问题日益突出。

伴随着市场经济体制的转变与深化，我国的居民收入分配格局也随之发生了变化。目前，过大的居民收入差距成为影响中国社会民生的最大威胁，这不利于经济建设的快速发展。2006 年，我国人均国民收入突破 2000 美元大关，按照世界银行的标准来看，中国已经由低收入国家跨入了中等收入国家的行列。从世界有些国家的发展经验来看，这一阶段却是社会各种矛盾的频发期。因为如果不及时调整分配政策，因资本优势而率先发展起来的一部分人实现了财富的乘数扩张，他们与社会上大多数人的收入形成较大的分配差距，出现贫富差距中的"二八现象"，这影响了社会的和谐稳定，导致经济难以持久快速健康发展。

2015 年 10 月，党的十八届五中全会通过了《中共中央关于制定国民经济和社会发展第十三个五年规划的建议》，提出"共享是中国特色社会主义的本质要求，必须坚持发展为了人民、发展依靠人民、发展成果由人民共享，做出更有效的制度安排，使全体人民在共建共享发展中有更多获得感，增强发展动力，增进人民团结，朝着共同富裕方向稳步前进"。因此，过大的居民收入差距是社会不能容忍的，必须完善社会主义制度，坚持共享发展理念，采取举措使居民收入差距缩小，保证全体居民共享经济发展成果，使中等收入人口的比重不断提升。

（2）收入分配的效率与公平问题是当今中国所面临的一个迫切需要破解的难题

公平合理的收入分配和可持续的经济增长效率是经济发展所追求的两个最重要的目标，也是社会发展的一种理想状态。实际上，这两个发展目标就是关于收入分配如何处理公平与效率的关系问题。因为分配问题不仅关系到经济的持续增长，而且也关系到社会公正合理性与国家稳定发展的问题。分配公平是基于收入分配不公平的现实而提出来的。收入分配不公平存在着两种情况：一种是分配平均主义，如中国改革开放前的"吃大锅饭"；另一种是收入分配差距悬殊，如当今社会存在的贫富差距"鸿沟"。中国目前的收入分配公平问题显然指的是后者，即收入分配差距过大。

中国 30 多年的改革开放，经济持续高速发展，2009 年在遭受美国特大金融危机影响的情况下，国内生产总值增长了 8.7%，中国的 GDP 已超过日本，排名世界第二，经济效益明显提高，人民的生活水平也有了很大提高。但是令人担忧的是，虽然我国的经济建设取得了辉煌的成就，但贫富差距却越来越突出。我们以一些出现在国内媒体中的数据来佐证：例如，美国 5% 的人口掌握了 60% 的财富，而中国则是 1% 的家庭掌握了全国 41.4% 的财富，中国的财富集中度超过了美国；从 1997～2011 年，我国劳动者报酬占 GDP 的比重从 53.4% 下降到 44.94%，企业盈余占 GDP 的比重从 21.23% 上升到 26.53%，与此相对照发达国家的劳动者报酬占 GDP 的比重一般在 50% 以上；基尼系数 0.4 是警戒线，我国的基尼系数已从改革开放初的 0.28 最高升至 2008 年的 0.491，近几年略有下降，2014 年为 0.469；中国收入最高的 10% 人群和收入最低的 10% 人群的收入差距，已从 1988 年的 7.3 倍上升到 2007 年的 23 倍；电子、烟草等垄断行业的职工人数不到全国职工的 8%，但收入占全国职工总额的 55%[1]。

我国目前的收入分配状况不容乐观：基尼系数超过 0.4 的国际公认警戒线，逼近社会容忍"红线"。根据国际经验来看，当社会经济发展到人均 GDP 达到 1000～3000 美元时，这个阶段既可能是经济快速增长期，也可能是社会矛盾高发期。有些国家在这一阶段经济再上一个新台阶，而有些国家则因为没有及时处理好社会矛盾，导致经济发展出现停滞，甚至倒退。造成这两种不同发展结果的重要原因之一就是居民收入差距是否得到合理控制。当前我国经济发展就处于这一敏感发展区域，经济的较快增长同时伴随着居民收入差距扩大，这些现象的存在既造成居民福利损失，又必将损害经济的长期发展。

（3）收入分配政策的扭曲或缺失是一切社会问题的根源所在，特别是不明朗的初次分配政策

我国经济发展现有阶段面临两个截然不同的拐点，大部分学者对中国经济增长的前景保持乐观的态度，也有不少人表示担忧。党的十七大报告指出："初次分配和再分配都要处理好效率和公平的关系，再分配更加注重公平"。这是我国政府首次承认在初次分配中处理好效率和公平的关系十分重要。因为自由竞争、优胜劣汰的市场分配机制虽然有助于提高效率，但不可避免地将导致初次分配出现收入差距，而且当初次分配的收入差距过大时，再分配就无能为力，很难将过大的初次分配差距纠正过来。正如有些学者所说的那样"第二次分配在缩小贫富差距中的作用是扬汤止沸，第一次分配才是釜底抽薪"[2]。

自党的十七大以来，中央政府已经明确提出了初次分配的公平问题，可是在

① 陈学明. 马克思的公平观与社会主义市场经济 [J]. 马克思主义研究，2011，01：5-13+159.
② 黄海霞，戴廉，史湘洲. 探寻和谐社会的精神基础 [J]. 瞭望新闻周刊，2005，11：26-27.

实际中如何操作，这成为一个经济与社会难题。是把初次分配的效率与公平同等看待，还是让初次分配的公平重于效率？面对居民收入差距过大的事实，我们不能再寄希望于再分配来平衡收入差距，应该提早在初次分配阶段下功夫，借鉴"防患于未然"的思想，把居民收入差距在初次分配阶段控制在一定范围内，是比较明智的做法。

居民收入差距过大将导致国内普通居民消费乏力，难以推动经济持续增长和改革深化，同时富裕阶层的奢侈消费引起社会不满，影响社会的和谐与稳定，尤其是这种收入分配不公对社会大多数人的心理影响是不容忽视的。如果任由居民收入分配差距持续扩大而不加控制，极有可能导致经济体"全面崩盘"的公共风险。在多年实施"效率优先，兼顾公平"、"初次分配重效率，再分配重公平"的政策引导下，我国居民收入差距拉大的事实是有目共睹的。因此，初次分配政策因素造成的经济扭曲或许是解决问题的关键，对初次分配效率与公平原则进行调整，在注重效率的同时也重视公平，缩小居民收入差距，让更多的社会居民分享到经济发展的成果，这才符合当前经济社会形势对收入分配的客观要求。

对于中国经济转轨体而言，当前面临着经济增长速度放缓而又呈现发展极不平衡的发展局面，这是一种极大的发展困境挑战。因为一方面我们要继续实现经济的平稳增长，不能停滞不前；另一方面又要追求收入分配的公平性，消除严重的贫富分化。任何一方面的偏颇与长期失衡，都可能使中国陷入经济与社会的双重危机。这正如一辆载满乘客而疾驶的马车，既要使它快速地向目的地行进，又要保证马车各部分载重平衡，不致翻车，所以对于马车的驾驶者是一个极大考验。

综上所述，面对居民收入差距过大的事实，在初次分配效率与公平的两难选择面前，我们的政策倾向必须明朗化，以便于进行收入分配不公平的治理。这就需要我们在研究中追根溯源，探明以往初次分配政策对居民收入分配的扭曲效应，提出未来初次分配政策的改进路径，寻找缩小居民收入分配差距的对策建议。

1.2 选题的目的与意义

1.2.1 选题目的

2012年10月，中国青年报社会调查中心调查显示，75.4%的被调查者认为贫富分化是阻碍中国未来十年发展的最严重问题①。2012年11月，党的十八大

① 吴楠. 万人民调：未来十年公众最焦虑贫富分化阻碍国家发展 [N]. 中国青年报，2012-11-06.

召开期间，中央党校副校长陈宝生接受采访时说："以改革来说，我们固然无法做到让所有人在同样的阶段获得同样的收获，但是应该能做到让承受改革成本的人同样获得改革的红利。当前影响人民群众积极性最大的问题是什么？是分配不公、程序不公。利益群体多元是不可避免的，但是利益分配不公平，不同利益群体之间就会出现矛盾，对改革的诉求和预期就呈现出不同看法，改革共识应该矢志于建立公正的分配制度"①。

最近几年，我国居民收入分配不公问题引起了全社会前所未有的关注，成为政府各界工作会议必谈的重点问题。实际上，我国的收入分配不公问题指的是以下两种情况：一是国民收入分配不合理状况，即企业、政府和居民之间如何分享经济发展成果的问题；二是居民内部分配不均的状况，即居民收入差距过大的问题，这两种收入分配状况之间是相互影响的。无论从经济可持续发展来看，还是从维持社会稳定目标出发，我国的两种收入分配状况都急需改善。从社会反映和学术界的讨论来看，大家对两种收入分配格局不合理的结论几乎没有争议，然而在采用何种措施来改善收入分配不公方面，却各持己见；有些学者认为应当在初次分配阶段下功夫来调节收入差距，包括提高最低工资、建立工资协商制、降低垄断部门工资等措施；另有学者认为调节重点应放在再分配阶段，包括调整财政支出结构、加快税制改革、促进社会保障体系的发展等。

因此，当前收入分配政策的调整应面对两类收入分配格局，我们既要做到提高居民部门收入分配比重，让居民部门可供分配的"蛋糕"尽可能地变大，也要做到在让居民内部收入差距的缩小，以实现分配公平。改革开放以来，我国经济增长迅速，但是行业间、城乡间、地区间居民收入差距却出现了不同程度的扩大趋势，收入分配秩序混乱状况有所加重，特别是我国居民收入差距扩大的速度在世界上实属罕见，这些居民收入差距也到了不容忽视的程度。因此，必须采取有力措施来缓和收入分配中的各种矛盾，缩小居民收入差距，否则势必影响社会经济的稳定与发展。

从历史经验与国际经验来看，居民收入分配不均不仅影响经济发展，而且危及社会和谐稳定。最近几年，中央领导人在多次讲话中都高度强调收入分配公平对社会经济发展的重要意义。因此，加快改善居民内部收入分配不均，缩小居民收入差距应当是"十三五"时期的重要战略任务。关于从初次分配角度缓解居民收入差距、如何处理好初次分配效率与公平的关系，以及如何调整收入分配政策，则是一个非常复杂的问题，更需要进行专门研究。

---

① 李强．凝聚共识建立公正分配制度［EB/OL］．http：//news．sina．com．cn/c/2012 – 11 – 12/050725558180．shtml。

本书的研究思路如下：本书分为引言篇、上篇、中篇与下篇四大部分来研究。引言篇主要包括绪论与文献综述，上篇主要研究居民收入差距过大"是什么"状况，中篇主要围绕居民收入差距"为什么"过大进行研究，下篇主要分析过大的居民收入差距应该"怎么办"。本书整篇综合起来就以引出问题、"是什么"、"为什么"、"怎么办"的思路来分析解决问题，体现了一种社会问题规范研究的格式。

1.2.2　选题意义

缩小居民收入差距不仅对实现共同富裕具有重要促进作用，而且对加快经济持续健康发展具有重要意义。因此，全面而深入地研究缩小居民收入分配差距过大的问题，具有特别重要的理论意义和现实意义。

（1）有利于实现全社会共同富裕，彰显社会公平正义

缓解居民内部收入差距，努力调节过高收入，扩大中等收入者比重，提高低收入者的收入水平，对全面建设小康社会具有重要促进作用。社会主义社会追求的发展目标之一就是实现全社会共同富裕，如果任由居民收入差距不断拉大，贫富分化，这就违背了社会主义本质的要求。由于人们的经济利益关系和谐与否主要会反映在居民收入差距上。居民收入差距越大，反映出居民之间的收入分配关系越不合理，经济利益关系就越不和谐。改革开放以来，随着国民经济的持续快速发展，居民收入增长幅度较大，人民生活总体上达到小康水平。与此同时，收入分配领域也出现一些不容忽视的问题，行业之间、城乡之间、地区之间、劳资之间、不同群体之间的收入差距不断扩大，分配秩序比较混乱，造成了分配不公以及社会不公的印象。因此，应尽快采取措施调节收入分配，使全体人民共享改革红利，从而改善社会公平，实现全社会共同富裕的目标。

（2）有利于推进我国社会主义和谐社会的进程和建设

社会稳定是一个国家经济和社会发展的前提，主要取决于社会大众的心态稳定，而社会大众的心态稳定又来源于社会成员的安全感。当前我国居民收入差距不断拉大，这不仅严重阻碍了经济的发展，而且危及社会和谐目标的实现。当前，因分配秩序失衡导致的贫富差距恶化，以及由此而带来的贫富阶层之间的社会矛盾，它们成为影响社会安定和谐的关键因素。从某种意义上来说，居民收入差距过大问题关系到如何正确评价改革开放 30 多年来取得的举世公认的成就问题，也关系到如何构建社会主义和谐社会这个战略问题。美国外交关系委员会亚洲问题资深研究员赫金伯瑟姆认为，近年来中国城市问题都已经显露出"拉美

化"倾向。"拉美化"倾向指的是类似拉丁美洲国家普遍存在的社会资源和财富出现两极分化的现象，这种分化导致城市中的富人、特权阶层与贫民、穷人阶层之间出现尖锐矛盾冲突，由此引发社会对立面①。

经济利益关系指的是人们对财富占有与支配的关系，或者指人们对社会经济活动支配能力的关系。其中，收入分配关系居于经济利益关系的基础地位。经济关系和谐是整个社会安定和谐的基础，而社会成员之间的经济利益是否公平分配对经济关系和谐具有决定性影响。一个社会收入分配关系越合理，社会成员之间的经济关系越和谐，社会关系便也越稳定。社会主义和谐社会的本质就是处理好社会中的各种关系，充分激发社会成员的活力，使人们和谐相处，从而实现社会的安定团结。因此，在构建和谐的经济关系时，我们应该把着力点放在处理好社会成员收入分配关系上。

（3）有利于分配理论创新和制度创新，优化收入分配制度改革

收入分配理论研究已形成三种理论体系：古典劳动价值分配论、新古典经济学收入分配理论以及马克思主义分配理论。中国本土化的社会主义分配经济理论主要以马克思主义分配理论为源泉，但兼有新古典经济学的分配思想，并对两者有所创新与发展。然而由于我国国情的特殊性与复杂性，从解决现实问题的角度出发，需要不断创新中国特色的分配经济学。全面而深入地研究居民收入分配差距问题，有利于进一步丰富完善马克思主义分配理论，构建完整的社会主义分配经济理论。所以本书对于丰富、发展和深化马克思主义的公平分配理论、社会主义本质理论乃至整个科学社会主义基本理论有重要意义。

另外，本书的研究成果不仅为党和国家制定和实施促进公平分配的相关政策措施提供理论依据和政策建议，而且对于澄清当前人们的一些模糊思想认识，坚定建设中国特色社会主义的共同理想，调动各方面群众的积极性全面投入到小康社会的建设中去，也具有重要价值。

收入分配关系是人们最基本、最普遍的经济关系，而收入分配公平也是人们最基本的追求目标。虽然我国建立了符合社会主义市场经济运行要求的收入分配体制，但目前收入分配领域存在的问题仍然很多。特别是我国已由世界上居民收入最平均的国家之一变成居民收入差距较大的国家之一，城乡、区域、行业、劳资、群体之间的收入差距持续扩大，给社会经济生活带来了严重的挑战。本书旨在寻找不和谐分配关系的源头所在，提出创新的政策建议，指导实践，推进改

---

① 施峰. 缩小居民收入差距：中国和平发展亟待解决的一个重要问题 [J]. 经济研究参考，2005，38：2-20.

革，为改善居民收入分配关系和推进社会经济的发展做出贡献。这些建设性的政策建议，是分配理论的创新与发展，是制度改进的路径选择，对优化当前的收入分配制度有很重要的帮助，显然这也满足了解决现实问题的迫切需要，因此本书具有重要的理论研究价值。

（4）有利于提高中国共产党的执政能力

能否快速有效地改善居民收入差距，是政党执政能力强弱的一种突出表现。阿根廷等拉美国家的发展经历表明，如果一个社会大多数的民众对经济政治制度不认同，必将加剧社会分化和不稳定，导致政治危机、社会动荡和政权更迭。在国际社会中，因没有有效解决居民收入差距拉大问题而导致政权更替或执政党下台的例子举不胜举。例如，2004年印度人民党败北就是一个典型例子。印度人民党在执政10年期间，政绩比较突出，经济发展迅速，但是印度社会贫富差距非常突出，数以亿计的印度人民仍在国际贫困线标准上下而挣扎，对他们而言更期望用选票改变政权，改善他们的生活水平①。因此，我国政府若能尽快解决居民收入差距问题，可以大大提高中国共产党的执政威望，显示党在社会主义市场经济中的驾驭能力。

总之，本书的研究意义非常重大，它不仅关系到社会主义国家本质目标的实现，也关系到党和国家未来的发展方向、发展全局，还关系到构建社会主义和谐社会这个战略问题。所以本书对于统一全民思想、整合发展力量、继续向社会主义目标前进有重要的理论和实践指导价值，研究任务十分重要，也十分紧迫，特别是在新经济常态下，对于实现习近平总书记关于社会发展的思想有一定的探索价值。

1.3 研究内容

本书的研究分为引言、上、中、下四篇，主要包括十章内容：

1.3.1 引言篇研究内容

引言篇包括两章内容，分别是第1、第2章，这部分内容主要对本书的研究背景、选题的目的与意义、创新之处以及文献综述进行详细介绍。各章的主要研究内容如下：

---

① 钱峰．瓦杰帕伊时代黯然结束四大原因导致人民党惨败．人民网，新德里2004–5–13。

第 1 章，提出本书的研究背景、选题的目的与意义、研究内容、研究方法及技术路线、对有关收入分配体制与收入分配热点问题研究的理论文献进行综述与评析，以及提出本书的创新之处等。

第 2 章，对初次收入分配理论、效率与公平理论、初次分配效率与公平的理论进行理论梳理，建立起本书研究分析的理论基础，另外对本书中所涉及的基本概念进行界定。

1.3.2 上篇研究内容

上篇包括三章内容，分别是第 3、第 4、第 5 章，主要分析了我国居民收入差距过大"是什么"状况。这部分研究内容首先从"大分配"和"小分配"的视角，分别对我国国民收入分配状况与居民收入分配状况进行分析，反映了我国居民部门收入被企业部门和政府部门不断挤占，造成居民部门收入比重不断下降，而居民内部收入差距很大，并有不断加大的趋势；其次，分析认为这种过大的居民收入差距主要形成于初次分配阶段。各章的主要研究内容分别如下：

第 3 章，从"大分配"视角，对我国国民收入格局进行统计演变分析，反映企业部门和政府部门的收入不断挤占居民部门收入，造成居民部门收入比重不断下降，特别是劳动者报酬比重有逐年下降趋势。

第 4 章，从"小分配"视角，对我国居民收入差距进行多维特征描述，分别对行业收入差距、城乡收入差距、地区收入差距、劳资收入差距及城镇居民内部收入差距等进行分析，反映我国居民收入差距过大，且整体上呈现出不断增大趋势。

第 5 章，对 1978～2010 年我国居民收入差距进行分析，揭示初次分配阶段是形成居民收入分配差距过大的主要环节，初次分配后形成较大的收入差距，奠定了我国收入分配状况不合理的基本格局，再分配对初次分配格局调节乏力，居民收入分配格局前后变动不大，从而形成整体的居民收入分配差距过大。

1.3.3 中篇研究内容

中篇包括两章内容，分别是第 6、第 7 章。中篇主要分析我国居民收入差距"为什么"过大？这里主要分析了造成我国居民收入差距过大的初次分配市场因素和制度因素，结合两类因素的分析，进一步分析我国居民收入差距过大主要是源于初次分配效率与公平机制失衡。也就是说，如果说居民收入差距过大是问题的表象，初次分配的市场因素和制度因素是造成这种表象的导因，而初次分配效率与公平机制失衡是形成这种表象的深层次本质原因。各章的主要研究内容如下：

第6章，分析引起我国居民收入差距过大的初次分配市场因素和政府制度因素，认为初次分配市场机制不完善是造成我国居民收入差距过大的最主要原因；同时，初次分配政府规制方面也存在许多不尽完善之处，特别是初次分配制度设计偏离公平视角，这是导致我国居民收入差距过大的制度因素。

第7章，分析我国居民收入差距过大的深层本质在于初次分配效率与公平失衡，认为虽然我国市场经济的效率较高，但居民收入差距较大，而且政府制度性扭曲过分追求初次分配效率而忽视公平，很难保证初次分配实现公平分配，这种初次分配效率与公平失衡在初次分配起点、过程和结果三个方面都有所体现。

1.3.4 下篇研究内容

下篇包括三章内容，分别是第8、第9、第10章。下篇主要分析过大的居民收入差距应该"怎么办"？在中篇的追根溯源之后，既然我们认为居民收入差距过大主要源自初次分配效率与公平失衡，在初次分配市场体制逐步完善的过程中，政府的初次分配公共政策追求公平是理所应当的，因此认为应该从初次分配的制度安排入手进行改革，并提出一系列缩小居民收入差距的对策建议。各章的主要研究内容如下：

第8章，提出有关缩小我国居民收入差距过大的政策选择途径，研究初次分配效率与公平的不同组合以及由此带来的不同经济发展历程，分析公平效率观对收入分配制度选择的影响，对我国初次分配制度的经济政策演进进行分析评价，提出我国初次分配制度的改革目标是公平与效率兼得，初次分配改革的理念是全民共享，尤其是在居民收入差距拉大背景下进行"初次分配公平与效率并重"的改革，这是从本源上缩小我国居民收入差距的必选路径。

第9章，提出有关缩小我国居民收入差距过大的对策建议，一是从"大分配"层次入手，不断降低企业部门收入比重，保持政府部门收入比重稳定，逐步提高居民部门的收入比重；二是从"小分配"层次入手，分别采取各种举措，尽力缩小居民内部的各类收入差距。这种双层次与全方位相结合缩小居民收入差距的思路，体现了初次分配效率与公平并重的改革思想。

第10章，总结本课题的研究结论。

1.4 研究方法及技术路线

1.4.1 研究方法

本书研究的理论性、实践性和应用性都很强，这是本书研究的难点所在。本书在研究方法上呈现多样化的风格，具体包括：

（1）专家访谈与文献研究相结合的方法

作为获得信息和资料的重要手段，课题组多次与收入分配领域的有关专家进行面对面的交流，参加国内有关收入分配的会议交流，在广泛的学习、交流和探讨中使我们开阔视野，对所研究问题的思考也不断深化。除此之外，我们大量使用文献研究方法，目的是了解、掌握国内外学术界已经形成的研究成果或达到的理论高度，在此基础上形成自己的研究思路和研究框架。正是有了学者前辈们"巨人的肩膀"，才得以让我们攀高望远，对选题有所创新与发展。本书所搜集的文献包括公开出版与发行的学术专著、期刊论文、政策文件和互联网资料等。

（2）规范分析与实证分析相结合的方法

收入分配公平问题反映着一个社会全体成员的利益状况合理与否，因而受到社会价值判断的制约，所以研究与收入分配有关的利益分配关系及其调整不可避免要使用规范分析的方法。在研究的过程中，本书紧扣马克思主义政治经济学和新古典经济学的基本理论，用经济学的规范分析方法解释事实和分析现象，但仅用规范分析方法解决不了实际问题，本书提出的一些观点需要建立在事实数据的基础上，这就要求研究具有坚实的实证基础。因此，在对分配关系进行规范分析的同时，本书努力采用实证分析方法研究问题。为此，我们做了大量的数据收集与整理工作，力求以客观事实为依据，通过数据内在的规律来解释和说明问题。尤其是在数据的选取上，尽量保证连续性和统一性，这样可以使数据既有可比性又有权威性。本书尽可能选取时间序列数据来印证观点，而时间序列数据是判断一个国家在一定时期内收入分配差距的变化趋势的可靠依据，这些数据相互印证、相互衔接，构成一个比较完整的链条。在掌握大量数据的基础上采用适当的统计、计量分析方法，对数据资料内在的规律进行挖掘。

（3）横向比较与纵向比较相结合的方法

众所周知，收入分配不公平问题一般是由长期历史政策积淀而造成的，因此对历史政策进行追根溯源，寻找在特定分配政策下造成某种分配不公平的必然性，再来分析当前分配中存在的问题，可以使问题分析地更明朗，并把目前的政策与历史的政策相比较，反映政策的替代优化效应，这是本书采取的纵向比较研究方法。另外，本书也采用了横向比较分析方法。在研究的过程中，注意到我国是一个发展中国家的事实，采取了考察许多发达国家同一阶段的发展规律，以及其他发展中国家现阶段的方针政策的方法，使我们获得许多宝贵的经验启示，以借他国经验之"石"攻我国现实之"玉"。特别是由于许多转型国家收入分配的变化是伴随着社会经济制度的变迁而出现的，因此根据新制度经济学的理论范式，我们可以对通过对全球一些典型国家和地区之间及其内部居民收入分配差距变化的比较，以此来分析和解释中国转型过程中的有关收入分配的复杂现象。

（4）逻辑分析与历史分析相结合的方法

研究收入分配问题必然牵扯到效率与公平的关系问题，因此既要从逻辑上科学地说明效率与公平相互促进的内在的、有机的联系，又要从历史上对我国改革开放以来的经济现实做出梳理，更要结合转型时期我国社会主义市场经济的改革实践，对收入分配的效率与公平的发展现状与失衡原因做出科学的分析、解释和说明。只有在这样的历史和逻辑脉络中，才可能全面系统地阐明收入分配、效率与公平的关系及改革趋向。

（5）归纳与总结相结合的方法

在现实经济社会生活中，居民收入分配差距有多种表现形式，如既表现为地区收入差距、行业收入差距、城乡收入差距、体制内外收入差距、劳资收入差距等，还表现为国家特权阶层利用公共资源而自谋私利与普通民众之间的收入差距，这就需要我们对这些差别进行归纳与总结，既要研究其共性，又要研究其个性。在不同居民收入差距的形成原因分析中，同样需要运用归纳与总结相结合的方法。

1.4.2 研究的技术路线

本书研究的技术路线可以表述为：提出研究问题、我国居民收入差距"是什么？——为什么？——怎么办？"四层逻辑关系分析。

第一层次内容重点回答：在当前的经济背景下，我国居民收入差距过大的问题值得重点关注和探究，研究这一议题有重要的价值意义。本书对这一问题研究的思路、方法、创新之处都进行了总结，并对相关研究文献进行了梳理。

第二层次内容重点回答：我国居民收入差距过大的状态"是什么"？"是什么"是指在研究的过程中，首先从"大分配"视角对我国国民收入的演变格局进行统计演变分析；其次从"小分配"视角对我国居民内部收入差距进行多维特征分析；最后对我国居民收入差距形成的主要环节进行深入分析，认为初次分配过程是形成这种过大的居民收入分配差距的主力场。

第三层次内容重点回答：我国居民收入差距"为什么"过大？"为什么"是指在研究的过程中，不仅从初次分配市场的角度分析造成居民收入差距过大的原因，而且从初次分配政府制度的角度探究形成居民收入差距过大的原因，最后分析这些表象原因背后的核心形成机制在于初次分配效率与公平失衡，并且对初次分配效率与公平失衡的状态进行测度与评价，分析初次分配效率与公平失衡的原因及影响。

第四层次内容重点回答：缩小我国居民收入差距过大时应该"怎么办"？"怎么办"是指在"是什么、为什么"分析的基础上，本书的最终落脚点是提出从初次分配制度入手改革居民收入差距过大问题，并提出一系列有关初次分配制度改革的具体政策建议。

本书研究的技术路线如图 1-1 所示。

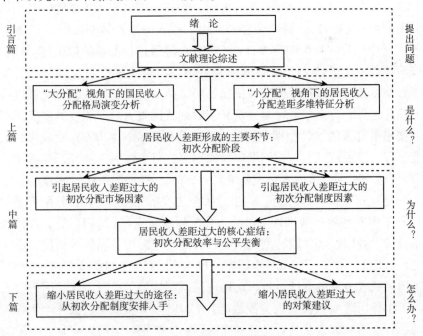

图 1-1 本书的技术研究路线

1.5　文献综述与评析

　　经济学家们一直十分重视对于收入分配问题的研究，许多学者在收入分配体制、居民收入差距、效率与公平等收入分配热点问题方面都进行了积极的探索，形成了丰富的文献宝库。

1.5.1　针对不同时期收入分配体制改革的研究

　　在计划经济体制下，我国的收入分配方式是一直是单一的"按劳分配"模式。由于较低的生产力条件的制约，在对马克思主义的按劳分配理论存在教条式理解和认识上的偏差的情况下，我国在实践操作中把按劳分配演变成为分配的平均主义，实施"大锅饭"，导致分配的无效率。改革开放以后，市场经济体制的建立才使平均主义的分配模式向新的分配模式进行转变。

　　从20世纪80年代中后期开始，我国学者就非常热衷于社会主义市场经济体制下的收入分配制度的研究，主要分析我国收入分配制度变迁的内在机制、变迁过程、收入分布状况及其变动趋势等方面。例如，冯文荣、赖德胜的《中国个人收入分配论纲》（1996）、顾学荣等的《个人收入分配新体制探析》（1998）、张道根著的《中国收入分配制度变迁》（1999）等著作，都系统地阐述了社会主义市场经济体制下个人收入分配制度的变革历程，对我国个人收入分配的实现模式、工资制度改革等进行了研究，提出了经济体制改革下的收入分配制度改革的路径。除此之外，许多学者针对经济转型时期我国收入分配制度的演变历程进行研究。张小平等著的《转型期我国收入分配问题研究》（2009）对我国收入分配的演变过程、发展现状、存在问题以及原因等进行了探讨。此外，还有于祖尧的《中国经济转型时期个人收入分配研究》（1997）、杨灿明著的《转型经济中的宏观收入分配》（2003）、吴正俊等的《社会主义市场经济中的分配问题研究》（2007）、于国安等的《我国现阶段收入分配问题研究》（2010）等，都围绕不同的视角分析了我国经济体制转型时期收入分配问题。田卫民的《最优国民收入分配研究》（2011）收集了约150个国家、17年间11个变量的2万多个观察数据，度量了国民收入分配的变迁过程，运用理论模型估计了中国最优的国民收入分配格局。王小鲁所著《国民收入分配战略》（2013）分析我国过去几十年收入差距的变动趋势、影响因素及其对经济发展的影响，特别对当前影响收入分配的制度性因素进行重点分析，探讨如何通过多方面的体制改革来改善国民收入分配状况，讨论适合我国国情的国民收入分配战略。陈宗胜的《经济发展中的收入分配》（2014）探索性地将全国、城镇和农村居民的收入差别、城乡差别、地区差别等纳入统一的分析框架，尝试性地测度了包括偷税漏税、走私贩私、腐败收入以及其他几种主要的非法非正常收入对居民收入差别的影响，提出了理顺收入分配关系的政策建议等。权衡等著《国民收入分配结构：形成机理与调整思路》（2015）从探索国民收入分配结构与经济转型升级之间内在关系和机制出发，重点分析国民收入分配结构调整与经济转型升级之间的内在关系和作用机理，评价我国国民收入分配格局动态演变的合理性，探索推动经济转型升级的最优国民收入分配格局，以及影响我国国民收入分配结构变迁的因素。刘盾的《收入分配与经济增长》（2016）结合我国要素收入分配对经济增长的影响的实证研究，阐明了当前我国产能过剩、房地产泡沫、政企和银行债务、经济"脱实向虚"等问题的症结与内在联系，为实现收入分配与经济增长的良性互动提出了若干政策建议。

自 2000 年以来，围绕收入分配体制改革，我国学者形成了主题鲜明的期刊论文近 3000 篇，这里只列举有代表性观点的学术论文。高书生（2006）提出，深化收入分配体制改革要对这种内外交困的局面保持清醒的认识，一方面社会各界成员对我国收入分配体制改革的期望值很高，但结果让人有些失望；另一方面需要抓紧解决收入分配体制改革所面临的内在矛盾和问题[1]。赵向红（2007）提倡，在现有的分配制度上加强收入分配宏观调节，在经济发展的基础上更加注重社会公平，和谐收入分配体制是构建和谐社会的基石[2]。杨宜勇、池振合（2008）认为，经过 30 多年的市场改革，我国已经逐步建立起了以按劳分配为主、多种分配方式并存的收入分配体制，在取得巨大改革成就的同时也存在许多问题需要解决[3]。陆磊（2010）认为，收入分配体制改革是下一轮增长周期的核心[4]。丁元竹（2012）提出，基本公共服务均等化是收入分配体制的重要内容和基本手段[5]。于金富（2012）认为调整国民收入分配结构的根本出路在于实现生产方式的变革，全面推进所有制改革，重建劳动者个人所有制，确立劳动者个人

---

① 高书生，宋军花. 我国收入分配体制改革的若干认识问题 [J]. 经济研究参考，2006，03：46 +45.

② 赵向红. 和谐收入分配体制是构建和谐社会的基石 [J]. 社会科学家，2007，06：130 - 133.

③ 杨宜勇，池振合. 我国收入分配体制改革 30 年的基本经验 [J]. 中国发展观察，2008，11：23 - 26.

④ 陆磊. 收入分配体制改革是下一轮增长周期的核心 [J]. 南方金融，2010，10：1 + 4.

⑤ 丁元竹. 基本公共服务均等化视角下的收入分配体制改革 [J]. 中国发展观察，2012，11：6 - 9.

所有权，增加劳动者的财产性收入[1]。张车伟、程杰（2013）分析认为，中国收入分配问题并不仅仅是收入差距过大，更关键的问题还在于分配不公，其来源主要是要素资本化过程中的收益没有被合理分享，部分人群过度占有公有资产收益损害了全体国民的利益，也造成了社会阶层的分化[2]。厉以宁（2013）更是提出初次分配的改革更加重要，初次分配是基础性的，二次分配在初次分配的基础上进行[3]。史瑞杰、韩志明（2014）推进收入分配制度改革，要超越"就收入谈收入"的简单思维，充分认识到公共权力在收入分配过程中的关键作用，建立有利于实现公平分配的价值分配体系，强化政府再分配的责任、改进市场分配的机制和增加社会分配的比重[4]。苑雪芳（2014）认为中国现行收入分配制度在设计层面与马克思主义理论是一致的，但在执行层面发生异化，导致居民收入差距拉大[5]。何玉长、史玉（2015）提出新常态经济条件下，国民收入分配既要坚持效率，更要注重公平，在国民收入初次分配过程中工资制度改革是分配制度改革的重中之重[6]。陈宗胜、高玉伟（2015）认为我国当前的收入分配"金字塔形"转变为"葫芦形"，有陷入"中等收入陷阱"的苗头，近期不可能很快实现"橄榄形"格局，"橄榄形"的实现条件至少包括较高的收入水平、较低的分配差别、"钟形"人口收入分布结构等[7]。邵红伟、靳涛（2016）分析了倒"U"型曲线在中国的实践，发现中国大致在2011年以后已经进入库兹涅茨拐点区，收入差距会在一定时期内维持稳定，只要在现代化进程中继续加快结构转变和制度完善，收入差距有望逐渐缩小[8]。

1.5.2　有关中国收入分配热点问题的研究

从社会热点入手，学者们对收入分配热点问题进行分析的研究成果层出不

① 于金富. 中国现阶段国民收入分配结构的理论分析与变革对策 [J]. 河南大学学报（社会科学版），2012，01：15－21.
② 张车伟，程杰. 收入分配问题与要素资本化——我国收入分配问题的"症结"在哪里？[J]. 经济学动态，2013，04：14－23.
③ 厉以宁. 收入分配制度改革应以初次分配改革为重点 [J]. 经济研究，2013，03：4－6.
④ 史瑞杰，韩志明. 收入分配制度改革的反思 [J]. 政治学研究，2014，03：50－61.
⑤ 苑雪芳. 中国收入分配问题成因与对策的马克思主义视角 [J]. 经济研究参考，2014，50：56－63.
⑥ 何玉长，史玉. 新常态经济下收入分配改革思路 [J]. 经济研究参考，2015，54：38－39.
⑦ 陈宗胜，高玉伟. 论我国居民收入分配格局变动及橄榄形格局的实现条件 [J]. 经济学家，2015，01：30－41.
⑧ 邵红伟，靳涛. 收入分配的库兹涅茨倒"U"曲线——跨国横截面和面板数据的再实证 [J]. 中国工业经济，2016，04：22－38.

穷，主要集中在三个方面：

（1）对居民收入差距问题的研究

国内学者普遍认为，随着改革开放的深入，我国居民收入分配差距有明显的拉大趋势。对居民收入差距问题的研究主要集中在现阶段我国居民收入差距扩大的现状与成因、对经济发展与社会和谐造成的不良影响、缓解居民收入差距的对策研究、关于居民收入差距合理与否的判断标准等方面。

对居民收入差距持续扩大乃至不平等产生原因的研究，国内学术界所持观点并不完全一致，概括起来有以下三种观点：第一种观点认为，收入分配差距及其变化趋势更多是经济制度变迁和社会发展的必然结果（李实、赵人伟，1999），因此，我国居民收入差距的拉大无疑来自经济制度变迁和经济政策漏洞，或现有的收入分配政策存在缺陷所致（薛宇峰，2005）；第二种观点认为，居民收入差距的拉大以及不平等根源于市场经济体制的引入及发展（冯文荣、赖德胜等，1996）；第三种观点认为，市场经济机制发育不完善以至行政权力经济化、利益化是转型期居民收入差距拉大和分配不平等的重要原因（曾世宏，2005）。

针对收入差距问题，学者们的研究成果可谓汗牛充栋、多不胜数。李实和张平著《中国居民收入分配实证分析》（2002）、谭伟的《中国收入差距》（2009）、刘永军等的《中国居民收入分配差距研究》（2009）、李晓西的《中国地区间居民收入差距研究》（2010）等著作，都以收入差距为研究对象来分析现阶段我国收入分配问题。自 2000 年以来以收入分配差距为题研究的期刊论文也有几千篇之多。权衡（2002）提出，判断一种收入分配差距是否合理或者究竟是否太大，主要依据就是看是否符合经济增长的要求和标准来判断[1]。刘社建等（2004）认为，改革开放以来我国城乡居民收入分配差距不断扩大，既有来自二元城乡经济结构、工农业产品"剪刀差"等因素，又有城乡居民人力资本差异与收入分配制度等因素[2]。张车伟（2006）认为，教育年限每增加 1 年，个人收入会增加 4.34%，最高95%收入者的教育回报率是最低5%收入者的2倍多，要缩小贫富收入差距，必须更多地向穷人增加人力资本投资[3]。王云飞（2007）分析认为，我国的地区收入差距自 1990 年以后有扩大的趋势，主要表现为东、中、西部三大地区之间的差距，地区间的基尼系数贡献度占总的基尼系数的 80%，

---

① 权衡，徐玎. 收入分配差距的增长效应分析：转型期中国经验［J］. 管理世界，2002，05：47 – 54.

② 刘社建，徐艳. 城乡居民收入分配差距形成原因及对策研究［J］. 财经研究，2004，05：93 – 103.

③ 薛宝贵，何炼成. 我国居民收入不平等问题研究综述［J］. 经济学家，2015，02：82 – 90.

并且东部地区内部的收入差距要大于中、西部地区内部的差距①。任重（2009）认为，影响行业收入差距的主要因素是垄断与部分垄断，其对行业差距的贡献率大约为65%②。李实（2011）认为，中国居民收入的基尼系数达到了较高的程度，高收入人群样本的偏差导致严重低估了城镇居民内部的收入差距，也导致低估了城乡收入差距和全国收入差距③。彭定赟（2013）提出，劳动要素报酬过低、土地价格和CEO收入偏高等要素价格失衡是导致居民收入差距逐年扩大的重要原因④。洪源（2014）等研究认为，民生财政收支活动是影响城乡居民收入差距变动的重要原因，一方面民生财政支出的增长及其资金投向的"农村倾向"特征，将会有效缩小城乡居民收入差距；另一方面民生财政所引致的税收增长以及以间接税为主的税制结构将会扩大城乡居民收入差距⑤。吴伟（2015）认为，近些年我国居民收入基尼系数虽有所下降，但在国际上仍处较高水平，同时再分配过程对收入差距的调节力度有待提升⑥。赵振华（2016）认为当前我国的收入差距是在城乡居民收入都有大幅度提高的基础上产生的，是在共同富裕目标下产生的，是相对差距而非绝对差距⑦。

（2）对效率与公平问题的研究

从20世纪80年代初开始，学者们针对按劳分配的实现形式研究时提出了"效率与公平"问题，自此这一议题成为理论界经久不衰的热点话题。以效率与公平为题的著作比较多见，如王金柱的《构建和谐社会中的效率与公平》（2007）、卫兴华等著的《公平与效率的新选择》（2007）、王军的《效与公》（2008）等。这些著作主要针对公平与效率关系问题进行研究，并具体结合我国不同时期贯彻实施的效率与公平分配原则，形成了丰富的理论研究成果。

国内许多经济学家认为，收入分配问题在本质上是微观经济问题，因为它只考虑一定条件下的生产要素的价格决定机制。由于不同的学者所持的研究视角、

---

① 王云飞. 我国地区收入差距变化趋势——基于基尼系数分解的分析 [J]. 山西财经大学学报，2007，08：28-32.

② 任重，周云波. 垄断对我国行业收入差距的影响到底有多大？[J]. 经济理论与经济管理，2009，04：25-30.

③ 李实，罗楚亮. 中国收入差距究竟有多大？——对修正样本结构偏差的尝试 [J]. 经济研究，2011，04：68-79.

④ 宋丽萍. 马克思分配公平思想与中国分配公平的实现研究 [D]. 西南石油大学，2012.

⑤ 洪源，杨司键，秦玉奇. 民生财政能否有效缩小城乡居民收入差距？[J]. 数量经济技术经济研究，2014，07：3-20.

⑥ 吴伟. 我国居民收入差距现状及国际比较 [J]. 调研世界，2015，09：.

⑦ 中央党校研究生院院长赵振华. 如何认识当前我国居民的收入差距 [N]. 光明日报，2016-03-23015.

阶级立场和学术研究方法各不相同，因此关于效率与公平问题的学术探讨甚多，但在如何处理两者关系的问题上意见不统一。学者们争论的焦点是有关效率与公平的先后次序问题，大体有三种观点：重效率论、重公平论和效率与公平并重论。实际上，这三种观点都是立足于整体收入分配的立场上，讨论收入分配是偏重于依靠市场机制（初次分配）来完成，还是倾向于政府的干预（再分配）来帮助实现的问题①。我国多年实行的"效率优先，兼顾公平"分配原则，这一原则被提出之初是为了改变"大锅饭"平均主义带来的效率低下的局面，旨在提高市场经济效率。但是这一分配原则在实施多年之后，需要根据实际的情况进行调整。刘国光（2003）认为，在我国的基尼系数不断攀高的情况下，应将分配原则向"效率与公平并重"过渡②。卫兴华（2008）也认为，在初次分配和再分配中都要处理好效率和公平的关系，再分配应更加注重公平，实现效率与公平的统一与结合③。自 2007 年党的十七大召开以来，越来越多的学者认为在初次分配中应该处理好效率与公平的关系。徐琛、欧阳和霞（2010）认为，中国社会主义初级阶段的现实，使公平与效率的关系呈现为在不断调整中最终趋于统一的历史过程④。黄刚（2011）认为公平与效率是中国特色社会主义理论体系中的基本范畴，反映了中国特色社会主义社会建设的本质规律和普遍联系，当前我国在公平与效率方面存在的主要而突出的问题是公平问题，这是我国社会主义社会建设亟待解决的关键问题⑤。俞宪忠（2012）提出任何一个能促进长期和谐繁荣的优好制度，必定是公平与效率的内在统一，绝非社会各界所长期普遍认为的相互排斥⑥。邹广文（2013）认为，任何一个走向成熟的现代社会，无不把社会公正放到核心的地位，而不仅仅是一个"兼顾"的位置⑦。何建宁（2013）分析市场经济体制中，追求效率应当成为动力价值机制，而公平则是终极价值取向，主观策略的参与与调整是对市场自发力量不足的弥补，公平与效率的均衡最终体现的是国家收入分配制度的成熟与完善⑧。蔡继明（2014）提出党的十三大以后强调的

---

①　孙敬水，叶晓佳. 分配公平、经济效率与社会稳定的协调性研究：一个文献述评 [J]. 财贸研究，2013，02：60 - 68.

②　刘国光. 向实行"效率与公平并重"的分配原则过渡 [J]. 中国特色社会主义研究，2003，05：9 - 12.

③　青连斌. 公平与效率的多重关系及其现实选择 [J]. 江苏行政学院学报，2004，03：50 - 55.

④　徐琛，欧阳和霞. 公平与效率的统一是社会主义的本质属性——基于理论与现实的分析 [J]. 唯实，2010，02：10 - 14.

⑤　黄刚. 中国特色社会主义视域中的公平与效率范畴研究 [J]. 探索，2011，05：18 - 23.

⑥　俞宪忠. 重新解读公平与效率的真实关系 [J]. 现代经济探讨，2012，07：5 - 8.

⑦　邹广文. 不妨"公平优先，兼顾效率" [J]. 人民论坛，2013，01：5.

⑧　何建宁. 分配视域下效率与公平的博弈生存 [J]. 学术交流，2013，03：111 - 114.

"效率优先、兼顾公平"，应该理解为"效率优先、兼顾平等"，因为既然公平和正义比阳光和生命更重要，社会主义本身就是作为比资本主义更公平的制度而建立的，秉持"三个代表"重要思想的中国共产党怎么可能把公平放在"兼顾"的位置上呢①？陈建平（2015）提出公平与效率是任何一个社会追求的两个目标，但两者的相互消长使一些管理者在决策时做出不同的取舍，两者既相互共生，又相互消长，找出两者相容的效率最佳点，乃是每一个决策者努力的方向和着力点②。

（3）对收入分配不公问题的研究

随着我国居民收入差距的不断拉大，学者们针对分配不公问题的研究成果层出不穷。例如，李爽著的《实现公平分配的制度与政策选择》（2007）、宁德业著的《中国现阶段收入分配公平问题研究》（2008）等，都系统分析了现阶段我国收入分配的不公问题，指出实现公平分配必须从建立起点公平或者机会公平的分配制度入手，有针对性地提出了缓解我国收入分配不公的一些对策措施；此外，还有钱世明的《公平分配》（1994）、胡长清的《共同富裕论：中国公平分配模式选择》（1998）、张本波的《我国公平分配的制度模式选择》（2008）、王弟海的《收入和财富分配不平等：动态视角》（2009）等，都对分配公平问题做了深入的探讨。

陈享光（2007）认为，收入分配不仅取决于生产条件在社会成员之间的分配，而且取决于生产条件在不同部门之间的分配，收入的公平分配取决于生产条件在这两方面的公平分配，我国收入分配不公根源于这两方面生产条件分配的不公③。李实（2010）认为，分配不公既使收入分配出现两极分化，又使收入分配出现流动性僵化，穷人要变成富人的梦想实现更加艰难④。蔡丽华（2012）认为，解决收入分配不公问题的最根本办法是加快经济增长，同时加快收入分配制度改革，以合理的收入分配制度支撑社会公平正义⑤。文雯（2013）研究发现家境富裕、社会关系多、认识有权的人、出生在好地方，这些"不可掌控"的因素影响收入导致的机会不公，政策不当致贫、劳动者受资本所有者剥夺导致的

---

① 蔡继明. 公平、平等与效率：何者优先，何者兼顾 [J]. 学习论坛，2014，10：40-41.
② 陈建平. 公平与效率：平等与自由的博弈 [J]. 理论月刊，2015，10：99-103.
③ 陈享光. 论我国收入分配不公的根源和政策选择 [J]. 教学与研究，2007，07：29-35.
④ 李实，王羚. 收入分配不公使中国低收入阶层加剧贫困 [J]. 理论参考，2010，07：26-29.
⑤ 陈丽芬. "主义"制度的"正义"之维 [J]. 理论与现代化，2013，02：51-57.

规则不公平都使人们感到收入分配是不公平的①。张迎春（2014）指出在初次分配中应坚持公平与效率相互兼顾原则，即要保证生产要素所有者参与市场竞争的起点公平、过程公平，完善要素参与分配的市场机制；在保持宏观税负水平基本稳定的前提下，进一步完善结构性减税的政策，逐步降低间接税比重，切实减轻中小企业和个人税负，改革国有企业高管人员的薪酬分配制度，切实解决国企初次分配中的收入悬殊问题②。沈尤佳（2015）从马克思主义的角度提出，效率与公平的二元对立只在资本占主导地位的生产方式里面存在，如果摆脱资本积累强加给物质资料生产的逻辑，回到物质资料生产的本原含义，效率与公平是同一件事情③。

综上所述，我国学者对于收入分配问题的研究已取得丰硕的成果，这为我们更深层次的研究奠定了坚实的理论基础，它们是我们深入分析的研究起点。但是这些已有的理论文献仍存在许多疏漏，梳理这些疏漏，可以开辟本书分析的独特思路，体现本书的研究价值。

1.5.3 文献评析及启示

国外学者主要从生产要素、经济增长等角度研究收入分配问题，从研究维度上开展了思路，为解决我国的收入分配问题研究提供了很好的借鉴。国内学者对收入分配问题的研究虽起步较晚，但研究层次之深、研究范围之广不亚于国外学者。最为关键的是，国外学者对如何解决收入差距问题研究偏少，国内的研究恰恰弥补了这一缺憾。虽然国内学者对居民收入差距问题、初次分配效率与公平问题分别进行了较为深入的研究，并取得了丰富的学术成果，但这些成果中所暴露的不足值得我们警惕并努力戒免。

（1）需要进一步提升学术研究的规范性

许多学者并未全面了解学术史与政策的历史时代性，针对当前问题研究时一味地批判历史政策，并没有看到历史政策产生的环境及对当时经济社会的影响，不能公正地评价历史政策的价值。例如，在涉及收入分配的价值探讨上，许多学

---

① 文雯. 现阶段我国收入分配不公的来源及其经济社会影响——基于 CGSS2006 的微观测量分析 [J]. 上海经济研究，2013，02：120 - 131 + 144

② 张迎春，张毓航. 正确处理现阶段初次分配中的公平与效率关系 [J]. 大连海事大学学报（社会科学版），2014，06：12 - 15.

③ 沈尤佳. 中国经济体制改革的"效率与公平"悖论——《21 世纪资本论》的镜鉴 [J]. 山东社会科学，2015，06：11 - 17.

者更多是从现象分析和宏观政策层面展开讨论，对收入分配政策伦理研究的深度还远远不够深入，由此导致对历史政策的错误评判，如有些学者总会感觉到具体收入分配政策实施过程中的"左右"两难，即实际政策运行效果不理想，与政策预期之间反差很大。

或者有些学者对已有的研究成果与结论视而不见，不进行回顾和总结已有的研究成果，而是凭空建造楼阁，其研究成果并不是真正的知识进步和学术积累，而是做了许多毫无意义的重复性工作。例如，对库兹涅茨的倒"U"型假说展开的理论研究与实证检验的研究成果多不胜举，可以发现伴随经济增长居民收入差距必然会出现波动，也就是说，收入分配差距演化与经济增长密切相关性已被许多学者的理论和实证所证实，到目前为止这种演化的趋势是否呈现倒"U"型趋势是学术分歧的关键。有些学者在研究时并没有梳理以往学者对收入差距与经济增长关系的研究，而是重新进行两者相关性的推理与验证，把研究的重点并没有放在演化趋势的推进上，所以研究大多属于浪费性工作。学术研究戒盲目性，一定要站在以往学者研究的基础之上再展开。

（2）必须仔细斟酌研究方法的适当性

我国学者基于我国居民收入差距程度位于世界前列的现实研究已卓有成效，在这些研究成果中不乏论述精辟、具有极强政策意义的精品成果，其中的佼佼者如万广华、陆铭、陈安平、陈钊、王少平等人的研究都具有很高的研究水平。近年来，对收入差距问题研究学界有一个研究趋势，就是在研究收入分配问题时学者们往往用统计分析、数理模型、计量模型等模拟客观现实，试图从定量分析与实证分析角度分析问题。然而在分析中他们一般过度受限于模型的运用和结论对现实的符合，有些模型在设定时有遗漏重要变量的嫌疑，加上调查数据收集比较难获得，因此许多假说并不能经得起实证的检验，所以在彰显定量分析力度的同时不能忽视定性的理论分析，要针对具体问题选择适当的研究方法，而不是抛开问题本身纯粹进行方法的比拼。例如，研究垄断对居民收入差距的影响时必须尽可能多地控制如企业的所有制性质、企业效率与规模、行业的经济技术特征、人力资本特征等因素变量，但实际上能完全考虑到这些重要变量的文献并不多，所以在存在设定误差的模型分析下所得到的结论未必可信。

（3）在收入差距的研究方面需要展开多维研究视角

首先，国内学者们对于收入差距的形成阶段研究甚少，将居民收入差距过大看作一个结果事实，很少深入分析收入差距的形成过程，这就使许多学者对收入差距的治理单纯依赖政府政策，出现"头疼医脚"的状况；其次，关于收入差距的治理研究较多的集中在社会保障等方面是怎样的不足进而导致其出现"逆向分配"现象，但往往忽视了深入探讨其深层次的原因，就是初次分配在根源上决定了整个收入分配格局。因此，国内学者的研究成果中再分配的文献居多，而研究初次分配的文献屈指可数，由此导致在再分配领域大做文章却收效甚少，即使政府加大再分配力度也不足于使居民收入差距大幅度缩减。可见，在收入差距的研究方面需要创新视角，将关注度转向初次分配领域，寻求收入差距在初次分配领域的变化态势，找到问题的症结之处，然后再对症下药才是当务之急应做之事。

（4）关于初次分配效率与公平问题研究还没有形成完善的理论体系

在分析初次分配效率与公平问题时，关于两者的关系理论基础的分析较少，对初次分配公平的全面性与系统性研究不够，对初次分配公平与再分配公平的关系等涉猎也较少。初次分配效率与公平问题是中国经济改革中的关键议题，因而必须对此问题进行全面探究，建立起关于这一议题的完整理论体系，才能有助于解决现实问题。这就需要我们深挖经济学的理论体系，细数中央政策的变化脉络，从中找到适合中国"十三五"发展的指导路径。此外，初次分配效率与公平问题涉及伦理、社会学视角观察，所以有必要进行政治学、社会学与伦理价值上的考量。

总之，学者们对我国居民收入差距过大问题的研究，到目前为止还没有统一的解释理论，主要的原因在于学者们似乎并没有找到解释居民收入差距扩大问题的微观切入点和突破点。他们只单纯就问题的本身而寻找成因，没有意识到造成问题源的根因和环境因素，就好比果树生虫只单单认为树本身出了问题，实质上可能在于树根腐烂以及生态环境恶化使然。同样的道理，我国居民收入差距过大显然是收入分配公平实现程度欠缺，按照我国多年的分配政策来理解，这似乎仅仅是再分配调节力度不够所致，实际上这只停留在生虫的树干上找原因，我们还需要将着眼点转向初次分配，深挖初次分配是形成过大居民收入差距的"根"，而这"根"纯粹来源于初次分配领域效率与公平的关系处理失衡所致，所以效率与公平的关系造成了形成居民收入差距过大的大环境。

本书将解释居民收入差距过大的微观切入点和突破点放在了初次分配效率与公平关系的研究，旨在先治理大环境——初次分配效率与公平关系平衡，再促进根系繁茂——初次分配形成合理的居民收入差距，然后灭虫除害——辅助于其他措施缩小居民收入差距。

1.6　本书创新之处

居民收入差距过大问题是目前经济领域的研究热点，本书选择"缩小我国居民收入差距过大的途径和政策研究——基于初次分配效率与公平的视角"作为研究选题，旨在客观描述居民收入差距过大的现状是什么？厘清居民收入差距为什么过大？以及从初次分配制度变革的角度给出怎样缩小居民收入差距。本书在以下几个方面有所创新：

（1）从研究视角上另辟蹊径，分析我国居民收入差距过大、初次分配效率与公平失衡两者之间的紧密联系。通过分析"大分配"过程和"小分配"现状，对我国居民收入差距的现状进行横向与纵向考察，认为当前我国居民收入差距过大是在初次分配阶段形成的，而初次分配效率与公平失衡是形成居民收入差距过大的核心症结。显然，本书不仅研究了居民收入差距过大的表象，而且深入分析这种表象背后的引导机制，并把研究视角最终定位在初次分配的效率与公平研究上。这与许多学者只研究居民收入差距的表象有所区别，研究层次较为深入，研究视角比较独特。

（2）从技术路线上进行创新，主体内容部分采用"是什么、为什么、怎么办"三层逻辑分析层次。其中，对居民收入差距过大的现状考察分析属于"是什么"；紧紧围绕这个"是什么"，又深入分析引致居民收入差距过大的表象原因与本质原因，提出初次分配效率与公平失衡是引起居民收入差距的核心症结，由此所展开的研究属于"为什么"。在"是什么、为什么"分析的基础上，本书的最终落脚点是提出有关缩小我国居民收入差距过大的政策改革路径与政策建议，以达到应该"怎么办"的对策性研究目标。这种层次分明、逻辑严密的分析思路可谓鲜明。

（3）从研究方法上进行突破，由于以往学者对初次分配效率与公平进行定量研究的成果比较少，本书研究试图采用收入动态分布法，定量测度初次分配的效率与公平程度，据此对市场化改革以来初次分配的效率与公平绩效进行评价。这与许多学者只采用规范分析方法，缺乏实证分析的方法大有不同。本书既有实证分析基础，又佐以规范分析，我们的研究结论必然可信。

（4）从研究结论上进行创新，由此提出三方面的创新观点。第一，通过"大分配"和"小分配"的视角，分别对我国国民收入分配状况与居民收入分配状况进行分析，反映了我国居民部门收入被企业部门和政府部门不断挤占，不同类型的居民收入差距很大，并有不断加大的趋势，而且这种过大的居民收入差距主要形成于初次分配阶段，再分配阶段对初次分配阶段形成的过大收入差距调节比较乏力。第二，通过分析造成我国居民收入差距过大的初次分配市场因素和制度因素，反映初次分配市场机制不完善和初次分配政府规制不健全是造成居民收入差距过大的表层原因。结合市场和政府两类因素的分析，进一步分析我国居民收入差距过大主要是源于初次分配效率与公平机制失衡，也就是说，初次分配"高效率，低公平"的失衡模式是形成居民收入差距过大的本质原因。第三，研究认为，在当前居民收入差距过大的背景下，从初次分配体制变革入手进行初次分配效率与公平"并重统一"改革，实现效率与公平"兼得"，这是缩小我国居民收入差距过大的可选途径；在此基础上，以双层次与全方位的思路提出一系列缩小我国居民收入差距的对策建议，以期实现居民部门收入占比不断提高，各类收入差距都将缩小，形成"橄榄形"的收入分配结构。

第 2 章

初次分配及效率与
公平的理论分析

2.1　收入分配的不同理论分析

初次分配理论是价值分配理论的逻辑延伸，它总是与相关收入来源的理论紧密联系在一起，因为某种价值分配理论必然诞生出与之呼应的收入分配理论。

2.1.1　马克思主义的劳动价值分配论

在计划经济时期，我国主要以马克思的劳动价值论为初次分配依据，分配中实施多劳多得、少劳少得，坚持按比较严格的按劳分配政策进行分配。马克思的劳动价值论认为"劳动是价值的唯一源泉"，它是以劳动二重性理论为分析基础的[①]。劳动二重性理论认为劳动可以分为抽象的人类劳动和具体的个人劳动；其中，抽象的人类劳动创造了商品的价值，这种抽象人类劳动没有质的差别，只有量的多少，它是从所有生产商品的劳动中抽象出来的一般人类劳动，抽象人类劳动量的多少决定了商品的价值量的高低。马克思主义劳动价值论认为劳动是生产剩余价值和剩余产品的唯一源泉，即，在既定生产资料的前提下创造新增物质财富的唯一源泉，因为只有劳动才能创造出比自身价值更大的价值。因此，马克思主义劳动价值论主张初次分配应该按照劳动贡献大小进行分配才是公平的[②]。

[①②]　周凤珍. 初次分配的理论、实践与公平机制 [J]. 山东工商学院学报，2012，05：9 – 11 + 16.

2.1.2   新古典经济学的生产要素分配论

马克思主义劳动价值论认为按劳分配是唯一合理的收入分配方式,而现代西方经济学则认为价值创造来自多种要素的结合,所以主张凡是参与生产的要素都应该获得收入。例如,新古典经济学的生产要素分配理论认为在生产过程中不仅劳动要素参与创造了价值,非劳动生产要素也参与创造了价值,因此初次分配理论就是生产要素分配论[①]。

在生产要素分配论中,资本、劳动、土地、企业家才能、技术等要素都参与了生产创造,所以把它们统称为"生产要素"。根据各要素在生产过程中的贡献大小,生产要素所有者获取相应的收入报酬,这里生产要素的贡献大小用每种要素的边际生产力来衡量,贡献大的收入多,贡献小的收入少。生产要素分配理论是按要素贡献进行收入分配的理论依据,根据生产要素分配理论不同生产要素所有者都可以根据各自要素边际生产力的贡献获得相应的报酬分配,所以按生产要素分配理论也即边际生产力分配理论。

在克拉克的边际生产力分配理论中,所有的生产要素都按照各自的生产"贡献"——边际产品或边际产品价值获得各自应得的要素报酬。这种分配理论表面上看好像非常公正,不存在生产要素之间的收入"侵占"关系,完全符合公平分配的目标期求,但是如果从理论层面延伸到实践层面时,这一理论实际是很难操作实现的。因为对边际生产力定义比较容易,但具体要进行测量的话却是很难实现的。现代化的生产是各生产要素之间复杂的综合过程,不可能剥离其他要素单独让其中一种生产要素发挥作用,也就是说,不存在一种其他要素不变而增加另一种要素来测定边际产量的可能,所以很难计算出每种生产要素的边际产品或边际产品价值(或收益),从而用于测度每种要素的应得收入分配额。总之,按生产要素的边际生产力进行收入分配,在经济实践中是不具有可操作性的。

2.1.3   新古典经济学的供求分配论

在新古典经济学理论中,各要素的收入分配是由要素市场的供求机制决定的。特别是在充分竞争的市场上,初次分配是由要素市场的供求关系决定的。根据西方新古典经济学的理论,在生产要素市场上要素的价格仅由供求关系决定的,同样在市场竞争环境下,商品的价格也是由供求关系决定的。

---

① 周凤珍. 初次分配的理论、实践与公平机制 [J]. 山东工商学院学报, 2012, 05: 9-11+16.

企业首先在要素市场上根据要素供求关系决定的要素价格购买生产要素，组织生产，然后把生产的产品拿到产品市场去卖，产品的销售价格也是由供求关系决定，从而取得销售收益，获取利润，这是企业实现利润的完整过程。可见，企业利润来自两个市场的差额，即要素市场的成本与产品市场的收益之差。在要素成本市场上，各生产要素按市场供求关系获得等于市场价格的收入份额；在产品收益市场上，厂商按产品市场的供求关系确定销售价格并获得收益份额。因此，厂商的剩余分配来自产品收益市场取得的收益份额与要素成本市场付出的要素成本之间的差额，即：

$$剩余分配 = 产品收益市场取得的收益份额$$
$$- 要素成本市场付出的要素成本 \qquad (2-1)$$

用 P_1 表示产品价格，用 P_2 表示要素价格，它们分别由产品市场和要素市场的供求关系决定，它们之间没有直接的关联性，因此上述剩余分配可以用以下函数公式表达：

$$剩余分配 = F_1(产品市场供求关系) - F_2(要素市场供求关系)$$
$$= F_1(P_1) - F_2(P_2) \qquad (2-2)$$

可见，厂商的剩余分配取决于要素市场与产品市场的供求关系决定的要素价格与产品价格。由于两个市场的供求关系是客观的，那么要素价格与产品价格也就是客观的，厂商的剩余分配和要素所有者的分配所得在市场中就确定了。这样，厂商的利润实现过程也就伴随着市场的初次分配完成了[1]。

在市场经济条件下，与其说初次分配是依据克拉克的边际生产力理论进行分配，还不如说是依据马歇尔的均衡价格理论进行分配，从这种意义上说，人的因素对初次分配具有决定性的影响和作用[2]。

2.2 效率与公平理论分析

西方许多经济学家认为，收入分配问题本质上就是微观经济问题，因为它只考虑一定条件下的生产要素的价格决定机制。在西方经济学界，关于收入分配效率与公平问题的论著非常多，在如何处理两者关系的问题上学者们观点各异，争

---

① 周凤珍. 初次分配的理论、实践与公平机制 [J]. 山东工商学院学报，2012，05：9-11+16.
② 李松龄，谭军良. 初次分配的影响因素与制度安排 [J]. 福建论坛（人文社会科学版），2011，07：4-8.

论的焦点主要是效率与公平的先后次序问题，因此出现了效率优先论（重效率论）、公平优先论（重公平论）和效率与公平兼顾论（效率与公平并重论）。他们进行了长期的探索，试图寻求理论真谛所在，但到目前为止仍未有定论。在研究过程中涌现出许多有关初次分配效率与公平的文献著作，形成不同的学术观点，不过国外学者与国内学者的分析视角有很大差异。

2.2.1 效率优先论

效率优先论的代表人物是弗里德曼和哈耶克等，他们认为效率与自由是紧密相连的，只有实现经济自由，才能保障市场机制的正常运行，实现资源的有效配置，从而提高经济效率，所以效率提高是政策的优选目标，反对因追求收入分配的结果公平而采取再分配举措进行政府干预，这样会对效率带来极大的损害。因此，他们坚持认为以损害效率来换取公平的做法是不足取的，其未必会带来真正的公平，有可能引起更大的不公平。持效率优先论的学者们对效率的追求优先于对结果公平的追求，他们坚持机会平等和经济自由，认为只有在这样的条件下才能实现资源的最优化配置，促进经济效率提高，而追求结果公平只会损害到经济效率，他们予以否定。

弗里德曼是一位重要的经济自由主义学家，他强调机会的平等，认为平等和自由可以创造效率。虽然他认为绝对的机会平等是不可能真正实现的，但是他还是主张维护机会平等，但他反对结果平等。哈耶克也坚持机会公平，即每个人在任何场合都享有同样的参加机会、获胜机会和被选择的机会，这实际上是一种起点公平。他认为机会公平与自由是相统一的，其他收入和财富的公平即所谓结果的公平是与自由相对立的，是对自由的否定。他主张政府应该保护这种机会的公平，而不应当通过一些行政手段干预市场自由竞争的结果。因为市场机制是最好的分配工具，分配的结果可能会造成人们之间的不平等，即使这样也无须补救，因为政府的"纠正"只会带来更大的不公。

2.2.2 公平优先论

主张公平优先论的学者认为公平应当优先于效率，主要代表人物为勒纳、罗尔斯等。勒纳认为平均分配是一种最优的分配方式，由于人们的效用偏好不同，满足程度也不同，它只是人们内心的一种主观感受，无法进行人际比较，因此也就无法确定哪一种分配方式能使人们得到最大的满足。在这样的情况下，勒纳就认为，最令人满意的假定只能是平均分配，它将是人们获得最大满足的一种分配方式。

罗尔斯在对待公平与效率关系上坚持"公平优先于效率"。他指出："公平正义是优先于效率的，效率原则从属于公平正义原则，如果能提高社会最贫穷的人的利益，即使牺牲某些效率也是应该的。"

2.2.3 效率与公平兼顾论

持效率与公平兼顾观点的学者认为：效率与公平是相互影响、相互促进的，不存在谁绝对优先于谁，两者都同样重要，也即效率与公平并重。正是因为他们认为效率与公平同样重要，所以他们一直试图想要找到一条既能保持市场经济的效率，又能消除收入差距扩大的折中方法，进而实现效率与公平的兼顾和协调。这种观点的代表人物主要有凯恩斯、阿瑟·奥肯等。

凯恩斯认为放任自由的市场经济制度既不能实现公平，也不能获得效率，他主张采取国家干预政策来解决收入分配不公的问题：一要加强对富人直接税的征收，二要消灭食利阶层。他认为通过国家干预政策不仅可以增进社会财富和收入分配公平，而且可以避免为解决公平问题带来的效率损失。

阿瑟·奥肯认为，市场虽然有容易造成收入两极分化等一些缺陷，但也有优化资源配置、刺激生产者改进技术、提高生产效率等一系列优点，所以不能因为市场机制有缺陷就否定市场、舍弃效率。但追求效率的同时并不意味要否定公平，在这里奥肯所提倡的公平是一种机会的均等，他认为机会不均等造成的经济不公平，比机会均等时出现的经济不平等，更加令人不能忍受。对于公平与效率如何兼顾，奥肯则提出："在平等中注入一些合理性，在效率中注入一些人道"。

2.3 初次分配效率与公平理论概述

与整体收入分配问题的研究思路不同，在初次分配方面，西方学者却极少直接涉及效率与公平问题，他们更多的是研究初次分配的内在市场机制问题，即初次分配应坚持怎样的标准和原则进行分配？由此形成一系列的初次分配效率决定理论和公平调节理论。事实上，任何收入分配理论都体现着人们在效率与公平上的态度。在这里，通过这些初次分配内在机制理论所蕴含的效率与公平思想，反映西方学者对初次分配效率与公平的主要观点与态度。

2.3.1　初次分配的效率决定理论

在西方微观经济学中，初次收入分配理论仅仅是价格理论的一个特例。它主要是研究居民提供生产要素后所得到的收入问题，即生产要素的价格如何确定。这是一种在西方经济学中占支配地位的观点，因为许多西方新古典经济学家将要素市场理论与初次收入分配理论融为一体，认为生产要素价格的形成过程同时是各种生产要素参与收入分配的过程，因而生产要素的价格决定理论也就是初次收入分配决定理论①。新古典经济学家把要素的价格理论以及收入如何在生产要素之间进行划分作为收入分配理论研究的主要内容，其中最有代表性的理论包括克拉克的边际生产力理论和马歇尔的市场供求均衡理论，这些理论无不体现着初次分配注重效率的理念。

19 世纪末 20 世纪初，美国经济学家约翰·贝茨·克拉克提出边际生产力理论，边际生产力理论是西方微观经济学初次分配理论的基础和核心，也是分析收入分配的最重要的理论工具，它是建立在微观的企业分配行为之上的。边际生产力理论认为，由于生产要素的边际收益是递减的，根据利润最大化原则，厂商对某种生产要素的需求由该生产要素的边际物质产品决定的。因此，初次分配应该由市场机制去完成，效率在资源配置中发挥基础性作用，政府在初次分配领域的唯一作为就是完善市场机制，维护正常的市场秩序，保证市场分配机制的发挥②。边际生产力理论认为，如果企业按照边际生产力原则进行分配，在理想状态下会自动保证社会生产的效率。这种理想状态必须符合以下条件：第一，各种要素市场必须是完全竞争市场；第二，非劳动生产要素的实质归属权必须是产权明晰的自然人。实际上，在资本主义国家并不能保证满足以上两个条件，而且由于边际生产力的不可测量性，因此边际生产力理论并不能保证在收入分配中实现公平分配。

新古典学派创始人阿弗里德·马歇尔运用均衡分析方法，认为国民收入的初次分配就是研究如何把国民收入分配给各个生产要素，即如何把国民收入分解为工资、利息、地租和利润等，解决了如何确定各生产要素收入额的问题。他提出，生产要素的收益分配是以生产要素在产品中的相对贡献为衡量依据，收入分配只能取决于各生产要素的相互作用和要素供给之间的关系。这就是说，初次分

① Deaton，A.：The analysis of household surveys：A microeconomic approach to development policy，Johns Hopkins University Press.

② 孙敬水，叶晓佳.分配公平、经济效率与社会稳定的协调性研究：一个文献述评 [J].财贸研究，2013，02：60-68.

配是由市场供求关系来决定的，市场的供求均衡理论就成为收入初次分配理论的基础。

总之，西方经济学理论认为初次分配是在市场的作用下讲求效率的资源配置过程。因此，收入分配要服从于资源配置效率的需要，政府应通过完善市场机制来实现有效率的分配，而不是直接规定某种生产要素分配的具体份额或初次分配的具体方式。

2.3.2 初次分配的公平调节理论

西方学者认为初次分配若只坚持效率原则，按照生产要素投入产出的效率进行分配，必然造成收入分配的不公平，这主要是由市场缺陷造成的①。例如，由于生产要素的稀缺性，资本要素获取的收入要比劳动要素多，在马太效应的作用下，必然造成一种富者愈富、穷者愈穷的分配局面。

在保证初次分配有效率的前提下，微观经济学家也注重探索如何实现初次分配公平，通过不同举措实现对初次分配的公平调节。有些西方经济学家认为，初次分配除了要追求效率之外，进行公平调节也是非常重要的。为此，他们又提出有关初次分配的公平调节理论，如人力资本理论、委托代理理论、"职工持股计划"以及分享经济理论等，这些理论都体现了初次分配环节注重公平的分配理念②。

第一，舒尔茨（1960 年）等人的人力资本理论认为，人力资本要比物质资本更能推动经济增长，它对企业收益的贡献也大大高于物质资本投资，因此在补偿实际消耗后，人力资本应享有企业剩余索取权，以体现投资回报的合理性与公平性③。第二，詹森和麦克林（1976 年）等人的委托代理理论认为，委托人为了防止代理人损害自己的权益，客观上要求对代理人进行监督，让代理人成为部分剩余收益的拥有者，这样可以有效地约束代理人的行为，激励代理人努力工作，这一理论明确了经理人应当参与剩余权益的分配问题。第三，20 世纪70 年代凯尔索提出"职工持股计划"，建议使职工从所持股票的股息中获得"第二收入"来增加他们的工资，从而调节社会财富分配，缓解资本主义社会贫富悬殊的矛盾。第四，威茨曼（1984 年）的分享经济理论提出，通过改变资本主义分配制度，把工人的工资与企业的经济效益指标挂钩，使前者能随后者的

---

①② 孙敬水，叶晓佳. 分配公平、经济效率与社会稳定的协调性研究：一个文献述评 [J]. 财贸研究，2013，02：60－68.

③ 张晓海，张继林. 基于利润分享制的薪酬体系研究 [J]. 企业导报，2012，08：194－195.

变动而发生调整，调节工人和雇主之间的收入差距，缓和资本主义矛盾，实现公平分配。

上述四种理论都是追求初次分配的公平，但这些实现公平性分配的举措也是完善的市场体制本身的行为，其最终的目的却是提高效率。因为它们都是从改善企业分配关系入手，以调节劳动者与资本所有者、工人与雇主之间的收入差距，达到比较合理的公平分配效果。因此追求公平分配是这些理论的基本出发点，提高效率、实现利润最大化是这些理论的最终目的。当然，在这之后的微观经济学也在向这一方向努力，例如，近些年出现的"经理人年薪制"、"经理人期权制"等都是这一思想的延伸。可见，西方微观经济学中的初次分配过程是注重效率与公平的统一，他们力图在分配原则中实现公平的思想，最终促进效率提升。总体而言，这些初次分配理论都注重和强调效率，但同时也注重公平，目的是以保证公平来提高效率。

目前，我国学术界关于初次分配公平与效率关系的主要有三种看法：第一，认为"效率优先"政策是改革开放以来经济增长的重要动力源，由此继续主张实施"效率优先，兼顾公平"的分配政策。第二，主张"公平优先，兼顾效率"。有些学者认为我国过大的居民收入差距归因于"效率优先，兼顾公平"的收入分配政策。正是因为把效率放在了优先发展位置，而把公平放在了兼顾实现的位置上，导致居民收入差距迅速扩大，因此应该实施"公平优先，兼顾效率"的政策以矫正不公平状况。第三，主张逐步从"效率优先，兼顾公平"向"效率与公平优化组合"过渡，这样才能既解决贫富差距问题又能逐步提高效率。目前，从实现社会公平的角度出发，学者们的认识逐步统一，认识到公平与效率是互动的辩证的统一关系，公平有助于效率的提高，效率有助于公平的实现①。

2.4 基本概念的界定

居民收入差距、初次分配公平与效率是本书分析中最关键的基本概念。为了减少歧义，更清晰地表述我们的理论，需要对这两个概念及相关问题进行界定，以阐明本书使用它们的特定内涵。

---

① 郑双胜. 初次分配研究文献述评——基于社会公平价值视角 [J]. 改革与战略，2011，05：176 - 179.

2.4.1 居民收入差距

一般来说，收入分配有两层含义：第一层是功能性收入分配，也称要素收入分配，它指的是各种生产要素投入与其所得到的收入之间的关系，如资本要素的投入者获得利息、土地要素的投入者获得地租、劳动要素的投入者获得工资等。研究功能性收入分配主要考察在总的国民收入中，各种生产要素得到的收入份额是多少，这体现了宏观意义上的收入分配。第二层是规模性收入分配，也称家户或个人收入分配，它是从收入所得者的规模与其总的收入规模之间的关系角度来研究收入分配，这体现了微观意义上的收入分配。居民收入差距是与规模收入密切相关的概念。所谓居民收入差距，是指各个经济主体（主要指家户或个人）各自获得的收入占总收入份额的差异程度，体现的是收入分配不均等的程度。

早期的古典经济学家主要关心的是功能性收入分配，也就是分析收入分配如何在土地所有者、劳动力所有者以及资本所有者之间直接进行分配，在他们看来，功能性分配与经济增长密切相关。后来经济学家们才逐渐将研究兴趣转移到规模收入分配。导致这种研究兴趣转移的原因之一是广大的发展中国家存在着大量的生活在贫困之中的人口。在第二次世界大战后的早期，这种广泛的贫困被认为是一个国家收入水平低的主要表现，因此解决问题的对策就是加快经济增长，增加国民收入，也就是将可分配的"蛋糕"做大。自 20 世纪 60 年代以来，人们逐渐对单纯的经济增长能否解决发展中国家的贫困问题产生怀疑，经济学家们开始探讨如何通过改善居民收入差距来缓解甚至消除贫困。由此，对规模收入分配的研究开始纳入经济学家的视野。

规模收入分配研究的核心问题是：总收入如何在居民或家户之间进行分配？如何测度居民个人或家户之间的收入差距，并且一段时间内收入差距的变化是怎样的？导致居民收入差距及其变化的原因有哪些？政府如何通过一定的政策调节社会的收入分配结构，从而形成一个既有利于促进经济增长，又有利于社会稳定的收入分配体系？

"大分配"和"小分配"是功能收入分配与规模收入分配的通俗说法。所谓"大分配"是指收入在国家、企业和个人之间的分配关系。所谓的"小分配"是指居民之间的收入分配关系，包括城乡之间、居民之间、部门之间等。本书属于从规模收入分配的角度进行研究，并从初次分配效率与公平的角度探讨居民收入差距的成因及改革路径。从表面来看，本书将研究主体定位在"小分配"范围，但脱离"大分配"只关注"小分配"有失偏颇，所以我们将兼顾"大分配"，两相结合，对照分析此问题。

2.4.2　初次分配

从分配的层次来看，国民收入分配是由初次分配与再分配组成的复杂过程或系统。初次分配是指国民收入在市场机制的作用下，在直接参与物质生产的各个社会集团或成员之间进行的分配；再分配是指在国民收入初次分配的基础上，由政府按照各种社会需要进行的进一步分配。实际上，初次分配和再分配的层次划分并非完全按照分配的顺序而言的，而是对分配过程中所体现的逻辑关系和分配层次的划分，是统计学、经济学等学科对国民收入分配关系进行科学分析时采用的一种手段。现实中的国民收入分配过程是连续不断地进行的，很难从时间顺序上区分开初次分配和再分配的先后。

初次分配是在产品和劳务的生产过程中，按照各种生产要素对产出付出贡献的大小给予的货币补偿。从微观层次上讲，指企业如何进行收入分配。初次分配关系主要由市场机制形成，它仅仅发生在微观经济领域，是基础性的分配。从宏观层次上讲，初次分配是指国家、企业和个人三大主体对国民生产增加值的直接分配。

在市场经济中，要素价格不仅是配置资源的基础性手段，也是收入分配的基础性手段。市场经济体制下的初次分配是通过市场机制的作用来实现的，生产要素价格的高低由市场供求关系来决定，分配主体按照各生产要素在生产中的投入带来的总收益多少进行分配，政府不直接干预初次分配，仅仅通过法律、法规和税收进行初次分配调节和规范。

初次分配是在市场机制的作用下实现效率的最大化，由于初次分配是体现经济增长功能的收入分配，而初次分配总量取决于生产要素配置效率，其最优状态是资源配置的最优状态。只有努力发挥出各种生产要素的最大潜能，尽力提高生产经营效率，最终必然会引起宏观经济效率的不断提高，这样才能不断增加国民收入总量，提高初次分配收入水平。因此，市场机制中的生产要素定价机制是初次分配的基本机制。

在初次分配中最能体现公平分配的就是资本、劳动、技术和管理等生产要素按各自贡献大小参与收入分配，也就是对它们对新创造的价值和财富进行分配时，贡献大的人要比贡献少的人获得较多收入，这才是初次分配公平的集中体现。例如，那些劳动付出更多的要比劳动付出较少的获得更多收入，有复杂劳动能力的人、掌握更多先进技术、经验和资本的人应该获得更多的收入。当然，初次分配中的公平原则还应该包括机会均等，这指的是我们应该从保证公平的竞争环境和规范市场主体的竞争行为等方面，努力实现分配机会均等。

2.4.3　效率与公平

效率一词存在着多种含义，古典经济学将财富的增长看作是效率，福利经济学则把社会福利的增长视为效率，也有经济学家把投入产出关系看作是效率，认为投入少、产出多就是有效率，投入多、产出少就是低效率或无效率①。效率的定义之一是指在资源有效配置前提下人们在生产活动中的投入与产出的比率②。马克思认为："真正的经济——节约——是劳动时间的节约（生产费用的最低限度——和降到最低限度)③""财富就是可以自由支配的时间。……用尽量少的价值创造出尽量多的使用价值，换句话说，就是在尽量少的劳动时间里创造出尽量丰富的物质财富"④。

效率可以分为两个层次：微观效率与宏观效率。微观效率即生产效率，它指的是单位时间内的投入与产出的比率，即劳动生产率或资源利用率。一般来说，用较少的资源和劳动得到较多的产出，被看作是有效率或者高效率，否则就是无效率或低效率⑤。宏观效率即资源配置效率，它指的是对于某个特定的经济资源配置方式来说，如果没有其他可行的资源配置方式，使该经济体中的所有成员与初始状态一样良好，而且至少有一个成员的情况比初始状态更好，那么这种资源配置方式就是最优的，也即最有效率的。人们常用帕累托最优来衡量资源配置效率的高低，当物尽其用、资尽其增、人尽其才、地尽其利时，宏观经济就是有效率的。

微观效率与宏观效率只是从不同角度对生产领域效率高低的衡量。可以看出，微观效率是一个经济指标，与生产者产出直接对应；宏观效率则是一种经济状态，与社会总产出直接对应，它们分别从生产者和全社会的角度说明效率越高，产出越多（相对于既定投入）的关系，即效率与产出呈正相关的关系⑥。这里，效率是指既定资源投入或占用所获得的产出数量。

生产、分配、交换与消费是社会再生产的四大环节，分配作为整个链条中的很重要一个环节，受制于生产环节，但也反作用于生产环节。一般来说，人们往

① Lambert, Peter, J.：Yitzhaki, Shlomo, Equity, equality and welfare, European Economic Review, Volume 39, Issue 3-4, 1995.
② 《马克思恩格斯全集》第26卷（Ⅲ），北京：人民出版社，1974：281.
③ 滕明政. 马克思节约理论及其启示 [J]. 山东青年政治学院学报，2013，03：12-17.
④ 王京跃. 马克思生产效率观的伦理旨趣 [J]. 社会科学辑刊，2008，05：27-31.
⑤ 李双胜. 效率、公平与和谐社会 [J]. 社会主义研究，2006，03：37-39.
⑥ 孙浩进. 论和谐社会语境下新的收入分配观——从公平与效率矛盾角度的解析 [J]. 社会科学战线，2007，02：60-64.

往把分配视为是特定的生产成果的分配，而没有看到它对生产经营效率和资源配置效率能起到其他机制所无法替代的作用[①]。其实，收入分配机制与效率息息相关。诺贝尔经济学奖得主斯蒂格列茨等人就提出分配对效率具有激励功能，认为"如果信息不完全，分配问题和效率问题不能被如此轻易地分开"[②]。

因此，本书所提到的效率，准确地称其为分配效率，即经济运行过程中收入分配领域的效率。分配效率名义上指的是分配领域中要素所有者的投入与报酬之间的关系。"多投入多报酬、少投入少报酬、不投入无报酬"是这种分配效率的内在要求。实际上，分配效率越高，对生产者和收入分配参与者的激励作用就越大，从而导致生产经营效率和资源配置效率就越高；反之，生产经营效率与资源配置效率越高，分配效率一般也越高。可见，当把效率与收入分配问题联系起来时，分配效率与生产领域的生产效率和资源配置效率的含义与作用等同，它只是后两者在分配环节的体现与延伸。所以书中基本上是从生产效率、资源配置效率的角度来考查分配效率问题，即用生产效率、资源配置效率的大小来衡量分配效率的高低。一般来说，人们又把生产效率与资源配置效率统称为经济效率。因此书中的经济效率亦是分配效率的代名词，两者的含义也相同。

从不同角度出发，人们对公平的含义有不同的说法。从经济学角度来看，公平是人们在收入分配中所追求的正义。具体来说，分配公平有三层含义：

第一层含义是起点公平，即机会公平，是指社会成员在经济竞争过程中竞争起点的一致和合理，或者指对人力资本水平大致相等的社会成员在占有、使用生产资料时享有大致相同的发展机会或权利，如具有平等地竞争工作岗位的权利、平等地分享社会信息和资源的权利、享有平等地接受教育的权利。起点公平是公平的基础。需要注意的是，起点公平并非指所有社会成员一视同仁地在竞争起点上对生产资料和劳动资源等实行"平均分配"，这也并非是起点公平的本意[③]。

第二层含义是过程公平，又称规则公平，主要是指在生产劳动过程中社会成员的竞争要按"规则"进行，实行平等竞争[④]；或在法律制度面前保持人人平等，不搞权钱交易、"暗箱操作"，杜绝一切寻租和弄虚作假的行为等[⑤]。过程公平是公平的核心。

第三层含义是结果公平，是指每个社会成员利用自身劳动能力进行诚实劳动和平等竞争之后，有权利获得相应的劳动报酬或收入，而且所得收入相对于其付

---

①② 洪银兴. 以富民为目标的收入分配 [J]. 当代经济研究, 2003, 12: 8 - 12 + 64 - 74.

③④ 夏芸芸. 我国企业劳资收入分配正义研究 [D]. 华中师范大学, 2012.

⑤ 冯冰. 试论新时期实现效率与公平有机统一的理论背景 [J]. 武汉冶金管理干部学院学报, 2010, 04: 3 - 6.

出来说应该是公正合理的①。结果公平是公平分配的最终目标，它又可以分为经济公平和社会公平两个层次，经济公平主要要求要素投入和要素收入相对称，其是在平等竞争环境下由等价交换来实现的，社会公平是指将居民收入差距维持在现阶段社会各阶层民众所能承受的范围之内，即收入分配差距要保持在"合理"区间，防止贫富两极分化，这反映的是一种主观价值判断②。就价值判断意义上的社会公平而言，分配结果的平均主义与差距过大都可能是不公平的，只有当收入决定机制与社会所认同的伦理道德观念相一致时，收入分配才具有价值判断意义上的社会公平③。考察西方经济学家的收入分配变动问题文献，我们发现结果的社会公平意味着收入分配差距缩小，不公平意味着收入分配差距拉大④。

这里，我们有必要将公平与平等、公正等相近概念进行区分。（1）平均主义与公平。虽然平均主义具有公平的特征，但它只是一种绝对的公平理念，仅追求分配结果的平均，因而不能作为社会法律价值意义上追求的公平目标，因此我们并不认同平均主义就是公平，公平是相对比较而言的，世界上没有绝对意义上的公平，只有相对意义上的公平⑤。（2）平等与公平。平等主要指主体地位之间的公平，其外延小于公平。按樊刚的理解：平等（equality）无论是在机会均等的意义上，还是在收入平等的意义上，平等应该说是一个相对客观的、能够用某种尺度加以衡量的概念⑥。公平除包括主体地位平等之外，还包括机会平等、结果平等等内容。公平（equity）是一个主观的价值判断，其本身属于人们的主观偏好和价值判断范畴⑦。公平在牛津英语词典中的解释是"the situation in which everyone is treated equally and on one feels unfair"，即人人都得到同样的对待，且没有人感到不公正这样的一种情势⑧。所以每个社会成员可能有自己与他人不同的公平观，而且在不同的社会发展阶段，占统治地位、为大多数人所接受的公平观都是不同的。（3）公正与公平。公正主要是指处理问题的程序公平，可以理解为过程公平；公平不仅包括过程公平，还包括起点公平和结果公平，所以公平

① 夏芸芸. 我国企业劳资收入分配正义研究［D］. 华中师范大学，2012.

② 王军. 效与公——深化我国收入分配制度改革的思考与建议（中）［J］. 经济研究参考，2008，53：3 – 13.

③ 穆怀中，范洪敏. 收入不平等认可影响机制：社会结构地位与流动性预期［J］. 广东财经大学学报，2015，01：12 – 22.

④ 陈宗胜. 经济发展中的收入分配［M］. 上海三联书店，上海人民出版社，1995：17.

⑤ 汪军民. 法经济学视野中的公平与效率关系探析［J］. 湖北职业技术学院学报，2006，04：76 – 79.

⑥ 李双胜. 效率、公平与和谐社会［J］. 社会主义研究，2006，03：37 – 39.

⑦ 姚洋主编. 转轨中国：审视社会公正和平等［M］. 北京：中国人民大学出版社，2004：612.

⑧ 安奉钧. 公平：效率与平等的杠杆——一种新视角的公平观［J］. 中国物价，2008，07：48 – 50.

的外延要大于公正①。因此，本书统一用"公平"一词反映社会公众对收入分配状况合理与否的价值判断。

　　总之，我们认为达到分配公平的标准有以下几个方面：首先，每个社会成员能平等地参与社会经济活动、分配经济资源，竞争的机会是平等的；其次，在分配的过程中，严格按照市场规则进行平等竞争；最后，等量的要素投入获得大体相当的报酬收益，而且一个发展阶段的居民收入差距应处于一个比较合理的区间内，但并不排除居民收入分配的差异性。因此，在收入分配的过程中，我们必须坚持起点公平、过程公平和结果公平三者兼顾的原则。

---

① 汪军民．法经济学视野中的公平与效率关系探析 [J]．湖北职业技术学院学报，2006，04：76 - 79.

上篇：我国居民收入差距过大 "是什么" 状况

第 3 章

国民收入分配格局的演变
分析："大分配"视角

3.1　国民收入的初次分配与再分配机制

从分配次序来看，国民收入分配是由初次分配与再分配两个层次组成的复杂系统和过程。初次分配是指国民收入在直接参与物质生产的各要素成员与社会集团之间进行的分配，这是由市场主导的；再分配指在初次分配基础上按照各种社会需要进行的进一步分配，这是由政府主导的。现实中很难从时间顺序上划清初次分配和再分配，因为国民收入分配过程是连续不断地进行的。实际上，初次分配和再分配的划分并不是就分配的先后顺序而言的，而是体现了对分配过程的逻辑关系划分，也是统计学、经济学对国民收入分配关系科学分析的一种手段。

3.1.1　以市场为主导的初次分配

完善的收入分配制度既要考虑经济效率，也要尽力实现分配的公平性。国民收入初次分配是在创造增加值的物质资料生产部门内实现的，可以分两个层次来理解：从宏观层次上讲，是指国家、企业与个人三大分配主体如何对新创造的增加值进行收益分配；从微观层次讲，指企业对参与物质生产的各要素如何进行收入分配。

初次分配仅仅发生在微观经济领域，它是基础性的收入分配。初次分配关系主要由市场机制形成，追求效率是初次分配的必然选择。在市场经济体系中，初次分配的原则主要是按要素贡献参与分配，而要素贡献大小又由市场决定的供求关系来决定。只要各生产要素的稀缺程度在市场上存在差异，在参与市场分配时他们各自的收入就会有区别，相应的要素分配收入就会出现差别。因此如何发挥市场的作用，使资本、劳动、技术、管理等要素按照市场供求关系形成合理的分配比例，这是完善初次分配格局的关键所在。

初次分配为什么要讲求效率呢？因为市场经济的目标是追求效率最大化，只有尽力发挥出各种生产要素的生产潜能，全力提高生产经营效率，最终全面提升宏观经济效率，这样才能不断增加国民收入总量，提高国民收入初次分配水平。可见，市场经济条件下的初次分配是体现经济增长功能的收入分配，而初次分配总量取决于生产要素配置效率，所以初次分配在市场机制的作用下必然要追求效率，这是市场经济的本质要求。

市场经济体制下的初次分配是通过市场机制的调节来实现的。虽然初次分配主要按要素贡献参与分配，但并非完全按要素贡献进行分配。例如，政府并未对国民生产增加值的创造提供直接要素，但它为初次分配的运行创造了生存环境，所以可以凭借"政权参与分配"，它可以凭借国家对国有企业的所有权取得要素收入或者征收间接税来参与初次分配。一般来说，政府通过税收杠杆和法律法规进行调节和规范初次分配，它并不直接干预初次分配，而由分配主体根据各生产要素的贡献进行收入分配。

按初次分配的构成来分析，国民收入可以分为三个部分：居民部门收入、企业部门收入和政府部门收入。居民部门收入主要由劳动者报酬和财产性收入构成，其中劳动者报酬占居民收入的比重为90%左右，因此劳动者报酬在初次分配中的比重更能反映劳动者的收入状况。如果按各生产要素所发挥作用和所做贡献大小进行分配时，劳动者报酬、企业营业盈余和政府生产税净额三部分的比例大体为60∶27∶13。不过从各部分所占比例的发展趋势来看，劳动者报酬总体上略呈下降趋势，而企业营业盈余和政府生产税净额的比例有所上升。另外，再分配收入一般只占到居民收入的10%～20%，所以再分配属于辅助性分配，而初次分配收入占居民总收入的比例为80%～90%，它是主体性分配。可见，如果能解决好占居民收入主体90%的初次分配的公平问题，经过再分配的调整，总体的收入分配公平问题肯定是可以解决的；否则，当初次分配不公平很突出时，无论政府在占10%左右的再分配如何进行调整，最终也无法解决初次分配不公平问题。

3.1.2 以政府为主导的再分配

在初次分配之后，由政府部门将国民收入增加值再进行调整分配，即再分配。再分配也有两层含义：从狭义角度来看，指政府在不同居民群体之间进行收入转移的分配活动；从广义角度来看，除了包含狭义的再分配以外，馈赠、民间济贫、社会捐助等都属于收入的再分配形式。再分配具有以政府行为规范或调节收入差距的功能，目的是实现社会公平。但事实证明，再分配调节收入差距的能力比较有限，否则我国的居民收入差距不会出现目前这种局面。

再分配是在初次分配基础上进行的分配，再分配的主体是政府。在市场经济体制下，我国再分配的主要方式是税收和转移支付，即通过税收调节、提供社会保障和社会福利等调节手段对要素收入进行平衡。因此，再分配有两种基本职能，分别为调节职能和分配职能。调节职能是指政府通过税收和转移支付等手段，协调经济的平衡发展，合理调节低收入群体与高收入群体之间的收入差距，保证实现经济均衡发展和社会公平。例如，针对初次分配遗留的差距过大问题，政府可以通过对高收入者采取高税率征收个人所得税，对低收入者或没有收入者提供最低生活保障，从而缩小收入差距。分配职能是指满足非营利性部门的需要，保证它们能为社会提供公共服务的职能。由于这些部门不能参与国民收入的初次分配，只有通过再分配过程获得收入，满足正常消费的需要①。

发达市场经济国家政府一般通过征收所得税、遗产税、财产税、赠予税、社会保险税（费）等手段来调节收入分配，其中个人所得税和社会保险税的收入总和占到国家税收总收入的50%以上；再分配的转移支付手段主要是社会保险和社会救助。西方国家普遍都建立了社会救助制度，例如，英国和美国等国家享受社会救助津贴的人口占全国总人口的10%以上。

收入再分配的结果形成各个部门的可支配收入，代表了可以用于消费的最大数额。因此，收入再分配是出于公平和均衡发展原则进行的分配，目的是最大限度地保持社会分配的公正、公平与合理，使国民经济稳定增长。因此，以政府为主导是再分配基本机制的主要体现。由于再分配具有较强的政府可控性，因此我国一直把再分配视为调节居民收入差距的主要途径，例如，我国实施了多年的"初次分配重效率，再分配重公平"的政策，就是寄希望于再分配能纠正初次分配后较大的居民收入差距，然而我国再分配机制对居民收入差距实际调节效果与"再分配更加注重公平"的政策目标尚有较大差距②。

3.1.3 国民收入初次分配与再分配的关系

国民收入的初次分配与再分配之间具有非常密切的关系。理清两者的关系，

---

① 敖双红. 经济法中再分配的特别功能与地位 [J]. 经济法论丛，2008，01：42-57.
② 李伟，王少国. 我国城镇居民初次分配和再分配收入差距的来源及贡献比较 [J]. 北京市经济管理干部学院学报，2008，04：16-21.

有助于我们充分理解初次分配过程中各利益主体的分配关系，也有助于理解我国各种收入分配政策原则的深层内涵与意义。

（1）初次分配为再分配奠定了基础

经过初次分配之后，国民收入被分成三种形式的收入：劳动者报酬、企业盈余和政府生产税净额；同时，国民收入也形成了三个部门的收入：居民部门收入、企业部门收入和政府部门收入。在国民收入初次分配大格局奠定下来之后，再分配只是对初次分配的分配结果进行局部调整。再分配的收入与支出都是在初次分配三种原始收入的基础上和三个部门内部进行"微调"，用于再分配的主要收入来自居民缴纳的个人所得税、企业缴纳的企业所得税与社会保险金等以及政府获得的纯收入等。可见，如果没有初次分配形成的三种原始收入为"源头"，就不能产生用于再分配的国民收入"溪流"。实际上，再分配的数量和规模都要受到初次分配总量的制约，只有初次分配的"源头"增大了，再分配的"溪流"才会变大。因此，要实现公平分配，就必须提高初次分配的运行效率。

（2）再分配是初次分配的必要保障

首先，再分配是在初次分配基础上的调节性分配，属于局部性调整。因为初次分配的结果并不能完全满足社会公平的需要，需要通过再分配调节才能更进一步提高分配的公平程度，可以说再分配属于"锦上添花"，它可以达到对初次分配缺陷的必要修正。但是如果初次分配的结果偏离公平性较大时，仅靠再分配调节也不能实现分配的公平。其次，再分配为初次分配的正常进行提供一定的环境保障。由于国家安全与社会稳定是靠非营利性的公共部门来实现的，这些部门正常运转的资金需要通过政府再分配来获得，所以再分配为初次分配的正常进行创造了必要的社会环境。例如，为维持社会的和谐稳定，必须具有协调处理各种突发事故和自然灾害等的经济实力；为实现社会经济的协调发展，必须有加大对落后地区的经济投资力度的资金支持，这些都需要在再分配中实现，但最终都为初次分配的发展创造了良好的环境。

总之，由于居民总收入的80%～90%来自初次分配，因此初次分配是人们利益分配关系的根本所在，而再分配收入只占到居民总收入的10%～20%（如美国为12.5%），即使在高福利国家的居民收入分配中，再分配收入最多不超过30%。因此，初次分配是国民收入分配的主体，可是初次分配也离不开再分配，因为再分配为初次分配提供必要条件和保障。当前，收入分配改革应该把着力点放在对初次分配和再分配侧重点的把握上，尤其是两者对效率与公平关系的处理，解决好这些问题才能突破居民收入差距扩大的难题。

3.2 国民收入的初次分配格局分析

国民收入在投入生产的各个要素之间的分配,称为功能收入分配。初次分配就是按照功能收入分配的原则,将国民收入在居民、政府和企业部门之间进行分配,最后形成各部门的初次分配总收入;或者根据各生产要素在生产中的贡献,以国民生产总值的增加值为分配起点,产生了劳动报酬、财产收入(包括利息红利、租金等)收支活动以及生产税征缴活动,把生产中创造的价值分配给参与生产的各要素,达到初次分配的目的。

3.2.1 初次分配收入的形式

人们从事生产活动创造的原始国民收入在价值形态上体现为新的增加值。各个分配主体分割这个增加值的手段和方式,被称为初次分配的分配流量或者初次分配的形式。在 GDP 收入法核算中,初次分配形式概括起来大致有以下几种:

(1)劳动者报酬

劳动者报酬是指生产单位支付给劳动者个人的劳动要素收入。具体包括以下项目:职工工资、职工保险福利、城镇个体劳动者收入、农民货币收入、农民自产自用收入等。虽然我国目前实施以按劳分配为主体、多种分配方式并存的收入分配制度,但占就业人口 80% 的劳动者仍以从劳动报酬作为主要收入来源,所以居民部门收入以劳动者报酬为主要收入来源。

(2)生产税净额

生产税净额是指政府对企业使用某些生产要素(如土地、劳动力或固定资产等)进行生产、销售和从事经营活动所征收的各种税收、附加费和规费。这种分配流量是从各企业单位流出,作为政府管理企业生产经营活动所获得的报酬。需要说明的是,生产税净额只是政府部门在初次分配中所获得的间接税收入,并非政府全部的税收收入,除间接税收入之外,政府在再分配中还将获得另外一部分直接税(个人所得税和企业所得税)。

(3)固定资产折旧

企业在生产过程中不仅要消耗劳动对象,而且要消耗劳动手段。固定资产折旧作为产品价值的组成部分，是用来在价值上补偿已经消耗掉的固定资产价值。在固定资产实物报废之时，所积累的折旧基金便是固定资产实物替换的资金来源，它反映了企业的资本所得①。

（4）营业盈余

与劳动者报酬、生产税净额、固定资产折旧三个项目不同，营业盈余不是单独的分配项目，而是作为初次分配的剩余项或平衡项②。因为在初次分配阶段，企业增加值被分配为劳动者报酬、生产税净额和固定资产折旧之后，剩余下来的就是营业盈余，它也反映了企业的资本所得。

以上几种收入分配形式体现了在初次分配过程中按要素贡献进行分配的原则。因为在市场经济条件下，生产活动成果是由多种要素综合参与生产而创造的，将国民生产增加值在参与生产活动的部门之间进行初次分配，便形成了各机构部门的初次分配收入。在国民经济核算中，各部门的初次分配收入之和正好等于国民生产总值。

$$G = W + T + R + S \qquad (3-1)$$

其中，G 表示各机构部门的初次分配总收入，W 表示劳动者报酬，T 表示生产税净额，R 表示营业盈余，S 表示固定资产折旧。

3.2.2 各部门的初次分配收入来源

居民收入、企业收入和政府收入构成这三个部门的初次分配收入，在国民生产总值一定的情况下，三者之和是固定不变的，三者之间是此消彼长的关系。

（1）居民收入

居民收入是指初次分配中所有就业人员的个人收入。居民收入的主体是工资性收入，工资性收入属于劳动报酬收入。居民收入的构成如下：

$$G_r = Z_r + (W_r - W'_r) - T_r + (S_r - S'_r) \qquad (3-2)$$

其中，G_r 表示居民（住户）部门初次分配收入，Z_r 表示居民（住户）部门增加值，W_r 表示居民（住户）部门劳动者报酬收入，W'_r 表示居民（住户）部门劳动者报酬支付，T_r 表示居民（住户）部门生产税净额，S_r 表示居民（住户）

---

① ② 石瑞勇. 初次分配公平的本质内涵探析 [J]. 华北电力大学学报（社会科学版），2013，02：31-35+41.

部门财产性收入,S'_r 表示居民(住户)部门财产性支付。

(2) 政府收入

初次分配中的政府收入是指政府部门创造的增加值扣除支付给政府部门的劳动者报酬之后的净收入,再加上政府部门财产性收支净额收入之和。政府部门在初次分配中征收间接税,政府征收间接税有双重职能,一方面政府为企业提供了社会资本,生产税可以理解为政府直接参与生产过程而获得的社会资本报酬;另一方面政府通过生产税来对初次分配过程进行调控。政府收入的构成如下:

$$G_g = Z_g - W'_g + (S_g - S'_g) \qquad (3-3)$$

其中,G_g 表示政府部门初次分配收入,Z_g 表示政府部门增加值,W'_g 表示政府部门劳动者报酬支付,S_g 表示政府部门财产性收入,S'_g 表示政府部门财产性支付。

(3) 企业收入

企业分为非金融企业和金融企业两类。企业收入是由非金融企业和金融企业创造的增加值扣除两类企业的劳动者报酬支付与生产税净额之和后,再加上非金融企业的财产性收支与金融企业财产性收支差额的净收入。企业收入的构成如下:

$$G_e = (Z_{e1} + Z_{e2}) - (W'_{e1} + W'_{e2}) - (T_{e1} + T_{e2}) + (\overline{S_{e1}} - \overline{S_{e2}}) \qquad (3-4)$$

其中,G_e 表示企业部门初次分配收入,Z_{e1} 表示非金融企业部门增加值,Z_{e2} 表示金融企业部门增加值,W'_{e1} 表示非金融企业部门劳动者报酬支付,W'_{e2} 表示金融企业部门劳动者报酬支付,T_{e1} 表示非金融企业部门生产税净额,T_{e2} 表示金融企业部门生产税净额,$\overline{S_{e1}}$ 表示非金融企业部门财产性收入减支付,$\overline{S_{e2}}$ 表示非金融企业部门财产性收入减支付。

3.2.3 资金流量表中的初次分配收入

我们可以通过分析资金流量表来考察初次分配的分配格局、变化趋势以及变化原因,而且资金流量表还显示了不同部门的资金流入与流出情况,这里资金流入被记作"来源",资金流出被记作"运用"。因为资金流量表分别记录了金融企业部门、非金融企业部门、居民（住户）部门、政府部门和国外部门等五大部门间的收支情况，同时报告了居民、政府和企业部门经过初次分配和再分配取得可支配收入的过程①。可见，对资金流量表进行分析有很重要的意义，一方面它记录了以部门增加值为起点，各机构部门经过初次分配形成初次分配总收入，然后通过再分配形成可支配收入的全部过程；另一方面它还反映了初次分配中各种要素收入，以及再分配阶段各种转移支付项目在部门间的分配情况②。

在资金流量表中，若按要素收入分类则初次分配阶段的 GDP 被分为劳动者报酬、生产税净额、财产收入和经营性留存四个部分。这种分类方法与 GDP 收入法中要素收入分类有所不同，区别在于对资本收入的划分有别。GDP 收入法将其分为固定资产折旧和营业盈余，而资金流量表将资本收入分为财产收入和经营性留存。从理论上来讲，两种分类方法中的资本收入总额应该是相等的。各机构的初次分配收入包括两部分内容：一是从其他机构取得的劳动者报酬、财产收入等要素收入，或者按规定收取的生产税净额；二是部门增加值扣除向其他机构支付的要素成本以及缴纳生产税净额后的余额，即"经营性留存"③。在资金流量表中，各部门的初次分配收入一般由劳动者报酬、生产税净额、财产收入和经营性留存中的一项或几项构成，表 3-1 给出了各部门在初次分配过程中的收入来源与计算方法。

表 3-1　　　　　　　　各部门的初次分配收入来源与计算方法

部门分类	劳动者报酬	生产税净额	财产收入	经营性留存
住户部门（居民部门）	企业、政府和住户部门增加值中的劳动者报酬	无	住户存款和持有非股票证券取得的利息；住户持有 A 股取得的上市公司分红	=增加值-向本部门支付的劳动者报酬-向政府部门缴纳的生产税净额-由贷款产生的利息
政府部门	无	企业、政府和住户部门增加值中的生产税净额	政府部门存款取得的利息；政府部门持有 A 股非流通股取得的分红	=增加值-向住户部门支付的劳动者报酬-向本部门缴纳的生产税净额-由贷款和国债产生的利息

① 住户部门在这里同居民部门，住户部门是国民经济核算中的提法。住户部门即共享同一生活设施、部分或全部收入和财产集中使用、共同消费住房、食品和其他消费品与消费服务的常住个人或个人群体，所有住户归并在一起，就形成住户部门。
② 章上峰，许冰. 初次分配中劳动报酬比重测算方法研究 [J]. 统计研究，2010，08：74-78.
③ 白重恩，钱震杰. 谁在挤占居民的收入——中国国民收入分配格局分析 [J]. 中国社会科学，2009，05：99-115+206.

部门分类	劳动者报酬	生产税净额	财产收入	经营性留存
企业部门	无	无	企业存款和持有的非股票证券取得的利息；企业持有 A 股取得的上市公司分红	＝增加值－向住户部门支付的劳动者报酬－向政府部门缴纳的生产税净额－由贷款和企业债券产生的利息－上市公司对股东的分红

资料来源：本表根据国家统计局 2007 年出版的《中国经济普查年度资金流量表编制方法》编制。

注：企业部门包括非金融部门和金融部门，但是表中的企业部门经营性留存剔除了金融机构向投保人支付的投资分红，其数值相对较小，故未在表中列出；企业部门和住户部门的财产收入还包括投保人取得的保险投资收益[1]。

在表 3－1 中，住户（居民）部门的初次分配收入包括三部分：一是劳动者报酬，分别来自企业部门和政府部门向居民个人或家庭支付的劳动要素收入，以及因居民部门内部的劳务关系产生的劳动收入，如个体经营者向雇员支付的劳动报酬；二是财产收入，主要是居民储蓄存款和持有国债、股票等取得的利息红利；三是从居民部门增加值中扣除劳动者报酬、生产税净额和贷款产生的利息支出的余额，即为居民部门的"经营性留存"[2]。政府部门的初次分配收入也包括三项内容：生产税净额、财产收入以及其增加值剔除劳动者报酬、生产税净额以及贷款利息和国债利息等支出的余额，即政府部门的"经营性留存"[3]。

由于金融企业和非金融企业的初次分配收入来源相似，我们将其统称为"企业部门"。非金融企业的初次分配收入包括两方面内容：一是财产收入，指的是其存款和持有其他证券带来的利息收入，以及从上市公司获取的红利分红；二是增加值中扣除劳动者报酬、财产性支出和生产税净额后的剩余，也即"经营性留存"[4]。金融企业的利息收入和支出很大部分都来自金融中介活动，只有较少部分来自金融部门自有财产收支，可是若将金融中介活动发生的利息计入财产收入，将会高估财产性收入的份额，错估了金融企业的初次分配收入

①③　白重恩，钱震杰. 谁在挤占居民的收入——中国国民收入分配格局分析［J］. 中国社会科学，2009，05：99－115＋206.

②　由于居民部门包括城镇农村居民和个体经济，其增加值包括个体经济、农户从事农业生产以及居民自有住房等形成的增加值。

④　杜琼. 中国居民消费需求不足的原因研究［D］. 内蒙古大学，2010.

来源的构成，因此需要对金融企业的财产收入进行调整①。

总之，资金流量表对于分析初次分配收入有很重要的用途，它不仅显示了各部门初次分配收入的来源构成，也给出了初次分配中各要素收入在各机构间的分配去向②。若用 i 表示劳动者报酬、生产税净额、财产收入、经营性留存的不同类别，j 表示住户、政府、企业部门的不同类别，则部门 j 在初次分配总收入中的占比 a_j 等于 j 部门在各类收入中的占比 b_{ij} 与各类收入在全国初次分配总收入中的占比 c_j 的加权平均。于是，不同部门的初次分配收入占比分别如下：

$$a_{住户} = \sum_{i = 劳动者报酬、财产收入、经营性留存} (b_{i,住户} \times c_j) \qquad (3-5)$$

$$a_{政府} = \sum_{i = 生产税净额、财产收入、经营性留存} (b_{i,政府} \times c_j) \qquad (3-6)$$

$$a_{企业} = \sum_{i = 财产收入、经营性留存} (b_{i,企业} \times c_j) \qquad (3-7)$$

其中，对不同类型的要素收入 i，都有 $b_{i,居民} + b_{i,政府} + b_{i,企业} = 1$。因此，初次分配总收入中各部门的收入占比（$a_j$）不仅受初次分配中的要素收入在各部门间分配占比（$b_{ij}$）的影响，也同时受到要素分配份额占比（$c_j$）的影响。我们利用各年《中国统计年鉴》提供的 2000～2011 年资金流量表的实物交易部分，分别计算了 2000～2011 年的 b_{ij} 和 c_j。在表 3-2 中，以不同要素在部门间的分配来看，2000～2011 年劳动力报酬的比重是不断下降的，生产税净额比重稍有上升，财产收入比重上升幅度较大，其中政府部门和企业部门的财产收入比重都有较大幅度上升，经营性留存的变化幅度较小。

由表 3-2 可以看出，劳动者报酬占初次分配收入的构成比重基本上呈下降趋势，由 2000 年的 53.3% 下降为 2011 年的 47.5%，下降了 5.8 个百分点。生产税净额占初次分配收入的构成比重由 2000 年的 12.2% 上升至 2007 年达到最大为 13.3%，然后又回落至 2009 年的 12.3%，再又回升至 2011 年的 13.3%，2011 年与 2000 相比上升了 1.1 个百分点，上升幅度不大。财产收入占初次分配收入的构成比重由 2000 年的 12.1% 下降至 2004 年的 10.2%，自 2005 年以后基本呈上升趋势，2011 年达到 20.1%，与 2000 年相比上升了 8 个百分点；其中，居民部门的财产收入占财产收入总额的比重基本呈下降趋势，从 2000 年的 25.74% 下降到 2011 年的 19.98%，下降了 5.76 个百分点；政府部门的财产收入占财产

---

① 调整的办法是，首先用金融部门利息收支的净额替代该部门利息项目的数据，当净额为正时，记入利息"来源"方，否则记入利息"运用"方，再将其与原资金流量表中的红利和其他财产收入结合，得到调整后的该部门的财产收入。同时，也需相应地调整资金流量表国内合计项中的财产收入数据。

② 白重恩，钱震杰. 谁在挤占居民的收入——中国国民收入分配格局分析 [J]. 中国社会科学，2009，05：99-115+206.

表 3 - 2　2000～2011 年初次分配各类要素在部门间的分配（b_{ij}%）和总收入的构成（c_j）

年份	劳动者报酬		生产税净额		财产收入				经营性留存			
	c_j	住户 $b_{i,居民}$	c_j	政府 $b_{i,政府}$	c_j	住户 $b_{i,居民}$	政府 $b_{i,政府}$	企业 $b_{i,企业}$	c_j	住户 $b_{i,居民}$	政府 $b_{i,政府}$	企业 $b_{i,企业}$
2000	0.533	100%	0.122	100%	0.121	25.74%	4.20%	70.06%	0.224	48.01%	1.78%	50.21%
2001	0.532	100%	0.120	100%	0.107	25.42%	6.51%	68.07%	0.240	41.46%	0.10%	58.63%
2002	0.542	100%	0.124	100%	0.105	23.86%	9.46%	66.67%	0.230	34.09%	2.40%	63.52%
2003	0.531	100%	0.130	100%	0.103	23.13%	6.11%	70.76%	0.236	36.32%	0.07%	63.60%
2004	0.508	100%	0.129	100%	0.102	23.11%	6.46%	70.43%	0.261	30.71%	0.60%	68.69%
2005	0.507	100%	0.129	100%	0.111	21.92%	7.32%	70.76%	0.252	32.13%	1.93%	65.95%
2006	0.493	100%	0.128	100%	0.150	22.41%	8.77%	68.82%	0.229	35.32%	1.77%	62.90%
2007	0.480	100%	0.133	100%	0.160	23.12%	8.09%	68.79%	0.227	34.70%	0.86%	64.44%
2008	0.476	100%	0.125	100%	0.179	20.84%	9.80%	69.35%	0.220	33.28%	2.08%	64.63%
2009	0.491	100%	0.123	100%	0.163	20.47%	11.27%	68.26%	0.223	37.18%	1.83%	60.99%
2010	0.477	100%	0.132	100%	0.165	19.60%	10.80%	69.60%	0.225	42.21%	0.13%	57.66%
2011	0.475	100%	0.133	100%	0.201	19.98%	11.57%	68.45%	0.191	48.06%	-1.26%	53.20%

资料来源：本表根据国家统计局出版的各年《中国统计年鉴》编制。注：企业部门是非金融部门和金融机构部门的合并结果，财产收入是资金流量表中各部门财产收入的来源项，经营性留存是各部门生产留存；生产税净额和财产收入后的剩余项。劳动增加值扣除劳动者报酬、生产税净额和财产收入后的剩余项。

收入总额的比重不断上升，2000 年为 4.20%，2011 年占到 11.57%，上升了 7.37 个百分点；企业部门的财产收入比重变化幅度不大，基本保持在财产收入总额的 68% 左右。经营性留存占初次分配收入总额的比重变动幅度较小，各年基本上保持在 22% 左右，仅在 2011 年下降幅度较大，下降为 19.1%；其中，住户部门经营性留存的比重从 2000 年的 48.01%，下降至 2004 年的最低水平为 30.71%，后又上升至 2011 年的 48.06%，与 2000 年基本保持平衡；政府部门的经营性留存比例变化程度很不规则，升降相间，2011 年与 2000 年相比下降了 3.04 个百分点；企业部门的经营性留存比重变化呈现先升后降，由 2000 年的 50.21% 上升为 2004 年的 68.69%，后又降至 2011 年的 53.20%，总的来说 2011 年比 2000 年上升了 2.99 个百分点。

另外，通过表 3 – 3 计算得到，劳动收入大约占到居民收入的 80%，资本收入占到 20%。居民收入部门占初次分配收入比重的下降来自两方面原因：一方面，劳动要素占初次分配的收入比重下降，由 2000 年的 53.3% 下降为 2011 年的 47.5%，下降了 5.8 个百分点；另一方面，资本要素（财产收入和经营性留存的总和）所占比重也在不断下降，由 2000 年的 13.82% 下降为 2011 年的 11.60%，下降了 2.22 个百分点。不过，以居民部门劳动要素与资本要素的对比来看，2000 ~ 2011 年这一比值变动幅度不大，由 2000 年的 3.84 上升至 2008 年的 4.83，后又下降至 2011 年的 4.10，总的来看，在此期间上升了 0.72 个百分点。

表 3 – 3　　　　　2000 ~ 2011 年居民部门初次分配收入中劳动要素与资本要素的收入比例

年份	居民部门劳动要素收入占初次分配的比重（%）	居民部门资本要素收入占初次分配的比重（%）	劳动要素收入占居民部门收入的比重（%）	资本要素收入占居民收入部门的比重（%）	劳动要素与资本要素的对比
2000	53.3	13.82	79.41	20.59	3.84
2001	53.2	13.03	80.33	19.67	4.08
2002	54.2	10.73	83.48	16.52	5.05
2003	53.1	11.37	82.36	17.64	4.67
2004	50.8	10.81	82.45	17.55	4.70
2005	50.7	10.75	82.52	17.49	4.72
2006	49.3	10.80	82.03	17.97	4.56
2007	48.0	10.67	81.81	18.19	4.50
2008	47.6	9.84	82.86	17.14	4.83
2009	49.1	10.77	82.01	17.99	4.56
2010	47.7	11.87	80.08	19.92	4.02
2011	47.5	11.60	80.38	19.62	4.10

我们再以各部门收入占初次分配总收入的比重来反映不同部门收入比重的变化，如表3-4所示。可以看出，2000～2011年居民部门占初次分配收入的比重由67.15%下降为60.67%，下降了6.48个百分点；政府部门的收入比重由13.13%上升为15.38%，上升了2.25个百分点；企业部门的比重由19.72%上升为23.95%，上升了4.23个百分点，其中金融机构的收入比重由0.81%上升为3.70%，增加了2.89个百分点，非金融企业的收入比重由18.91%上升到20.24%，增加了1.33个百分点。

表3-4　　　　　　　2000～2011年各部门收入占初次分配总收入的比重

年份	居民部门占初次分配收入的比重（%）	政府部门占初次分配收入的比重（%）	企业部门占初次分配收入的比重（%）		
			金融机构	非金融企业	企业部门比重总和
2000	67.15	13.13	0.81	18.91	19.72
2001	65.93	12.67	1.39	20.00	21.40
2002	64.49	13.94	1.70	19.87	21.57
2003	64.09	13.62	2.18	20.10	22.28
2004	61.14	13.71	1.93	23.19	25.12
2005	61.28	14.20	1.90	22.62	24.52
2006	60.72	14.53	2.42	22.32	24.74
2007	59.61	14.74	2.56	23.09	25.65
2008	58.66	14.73	3.00	23.61	26.61
2009	60.69	14.58	3.20	21.53	24.73
2010	60.50	14.99	3.65	20.86	24.51
2011	60.67	15.38	3.70	20.24	23.95

通过对2000～2011年资金流量表的分析可以看出，这一时期我国初次分配中居民部门的收入比重整体上呈下降趋势，而政府部门和企业部门的收入比重均有不同程度的上升，所以政府部门和企业部门对居民住户部门的收入有"挤出效应"，这两个部门的收入比重增长伴随着居民部门收入的下降，显然政府部门和企业部门挤占了居民部门的收入。具体来分析，居民住户部门的收入比重下降主要源于劳动者报酬比重不断下降；政府部门收入比重的上升的原因有两个方面：一方面来自是生产税净额的比重上升；另一方面来自财产收入比重的增长，企业部门收入比重的上升很大程度上来自财产收入的增加。

3.3 国民收入的再分配格局分析

国民收入再分配格局是指居民、政府和企业三个部门的可支配收入份额及比例关系。由于居民、政府和企业三个部门的再分配格局体现了再分配政策的效应，反映了政府在初次分配后对国民收入格局的调整力度；另外，因为居民、政府和企业三个部门在消费、投资与储蓄等领域有不同的运作模式，如果它们的收入分配比例发生变动，必然会引起宏观经济领域发生相应的变化，所以分析国民收入再分配格局具有重要的意义。

3.3.1 各部门的可支配收入来源

测算国民收入再分配格局的前提是取得居民、政府和企业三个部门的可支配收入数据，而资金流量表是国家统计局唯一公报这三个部门可支配收入数据的报表，我们继续以资金流量表来分析国民收入的再分配格局与变化。国民收入再分配是以各部门的初次分配收入总额为分配起点，经过收入所得税、社会保险福利或补助、社会保险缴款以及其他经常性转移等再分配项目的运作，最终形成可支配收入的过程①。根据国家统计局资金流量表的编制方法说明，其他经常性转移项目的组成是比较复杂的，一般包括保险赔付和国内外之间的经常转移等，它在政府和企业部门可支配收入中的比重变动幅度较大，所以在书中分析时将忽略这一项②。

在资金流量表中，转移分为经常转移和资本转移两大类，经常转移包括收入所得税、社会保险福利、社会保险缴款、社会补助和其他经常转移五项。收入所得税是居民和企业部门向政府缴纳的所得税。由于居民部门向政府部门的社会保险缴款一直高于政府部门向居民部门的社保福利支出，因此社会保险一般表现为居民部门向政府部门的净转移。在实践中，社会保险缴款分为个人和企业缴款两部分。在统计核算时，初次分配阶段的社会保险缴款被归入劳动者报酬，再分配阶段的企业和个人缴款被归入居民部门向政府部门缴纳的社保缴款中，而社会保险福利是政府部门向居民部门的资金转移。社会补助是政府和企业部门向居民部门的收

---

① 白重恩，钱震杰. 谁在挤占居民的收入——中国国民收入分配格局分析 [J]. 中国社会科学，2009，05：99－115＋206.

② 在忽略国内外部门间的经常性转移时，由于保险赔付的数量不大，所以可支配收入总额大约等于初次分配收入总额，与资金流量表仅有微小出入，但不会对我们的定量结论有明显的影响。

入转移支付,以政府部门财政支出为主。各个部门可支配收入的计算公式为:

居民可支配收入 = 居民初次分配收入 - 居民缴纳的收入所得税 + 居民取得的社会补助

政府部门可支配收入 = 政府初次分配收入 + 政府征收的收入所得税

- 政府向居民支付的社会补助 + 社会保险净收入

企业部门可支配收入 = 企业部门初次分配收入 - 企业缴纳的收入所得税

- 企业向居民支付的社会补助

3.3.2 资金流量表中的再分配收入

在再分配阶段,资金流量表反映了居民、企业和政府部门之间的收支往来以及形成可支配收入的过程,所以通过资金流量表分析国民收入再分配格局、变化趋势及其变动原因方面具有很重要的意义。

在表 3 - 5 中,居民住户部门收入占可支配总收入的比重从 2000 年的 67.54% 下降至 2011 年的 60.78%,下降了 6.76 个百分点;政府部门收入占可支配总收入的比重变化大体上呈上涨趋势,从 2000 年的 14.53% 上升至 2011 年的最高水平为 19.19%,上升了 4.66 个百分点;企业部门收入占可支配总收入的比重从 2000 年的 17.93% 上升至 2008 年的最高水平为 22.74%,自 2009 年以后又稍有下降,2011 年达到 20.03%,但与 2000 年相比仍然上涨了 2.10 个百分点,其中金融机构收入占再分配总收入的比重从 2000 年的 0.53% 上升为 2011 年的 3.23%,上涨了 2.7 个百分点,非金融企业收入占再分配收入的比重在 2000 ~ 2011 年先上升后下降,从 2000 年的 17.41% 上升至 2008 年的 20.52%,自 2009 年又出现下降,2011 年最低达到 16.80%,总的来看 2011 年比 2000 年下降了 0.61 个百分点。

表 3 - 5　　　　　2000 ~ 2011 年各部门收入占可支配收入的比重　　　　　单位:%

年份	住户部门占可支配收入的比重	政府部门占可支配收入的比重	企业部门占可支配收入的比重		
			金融机构	非金融企业	企业部门比重总和
2000	67.54	14.53	0.53	17.40	17.93
2001	66.07	15.01	1.15	17.77	18.92
2002	64.43	16.23	1.60	17.74	19.34
2003	63.97	16.09	2.10	17.84	19.94
2004	61.05	16.43	1.91	20.61	22.52
2005	60.84	17.55	1.67	19.94	21.61

续表

年份	住户部门占可支配收入的比重	政府部门占可支配收入的比重	企业部门占可支配收入的比重		
			金融机构	非金融企业	企业部门比重总和
2006	60.25	18.21	1.97	19.57	21.54
2007	58.89	19.01	1.96	20.14	22.10
2008	58.28	18.98	2.23	20.51	22.74
2009	60.53	18.28	2.45	18.74	21.19
2010	60.40	18.41	3.28	17.91	21.19
2011	60.78	19.19	3.23	16.80	20.03

表 3-6 中给出了政府取得的收入所得税、社保净收入与社保补助分别在国民收入中所占的比重，由此可以看出转移支付对我国国民收入再分配格局的影响变化。其中，政府取得的收入所得税在国民收入分配中的比重逐年增加，由 2000 年的 2.16% 增加至 2011 年的 4.87%，上升了 2.71 个百分点；社保净收入在国民收入中的占比先增加后减少，由 2000 年的 0.07% 增至 2008 年的 0.70%，后又降至 2011 年的 0.31%，总的变化幅度比较微弱，居民取得的社会补助的比重在近年来不断增加。

表 3-6　　　　　　　2000~2011 年国民收入再分配的主要项目占比　　　　单位:%

年份	收入所得税占国民收入的比重	社保净收入占国民收入的比重	社保补助占国民收入的比重
2000	2.16	0.07	2.43
2001	3.11	0.00	2.54
2002	2.97	0.01	2.91
2003	3.11	0.23	2.98
2004	3.39	0.34	2.90
2005	3.78	0.49	2.94
2006	4.08	0.56	3.00
2007	4.49	0.64	2.96
2008	4.71	0.70	3.14
2009	4.55	0.62	3.62
2010	4.42	0.28	4.05
2011	4.87	0.31	4.35

资料来源：本表根据国家统计局出版的各年《中国统计年鉴》编制。

在表 3 - 6 中, 2000 年政府的收入税和社保净收入两项比重合计为 2.23%, 政府社保补助支出比重为 2.43%, 所以三项比重合计后为 - 0.2%; 同理, 2008 年三项比重合计后最高为 2.27%, 2011 年三项比重合计后为 0.83%。在再分配阶段, 政府取得的收入所得税与社保净收入的比重都有所上升, 即使政府支付的社保补助比重也有所上升, 但不如前两项之和增加的多, 故经过再分配后, 政府部门收入占比有所上升。

3.4　国民收入分配格局的变化特征

3.4.1　政府部门收入、企业部门收入对居民部门收入的 "挤占效应"

经过对资金流量表的分析可以看出, 2000~2011 年各部门的收入比重变化情况。这里有一个很明显的特征, 就是无论是在初次分配阶段还是在再分配阶段, 都存在政府部门和企业部门对居民部门收入发生 "挤占", 即政府部门和企业部门的收入比重都有上升趋势, 而居民收入比重却有下降趋势; 也就是说, 在国民收入初次分配和再分配环节上, 居民部门收入的占比下降都源于其他两个部门收入比重的上升所致。

在表 3 - 7 中, 初次分配阶段居民部门所占的收入比重 2011 年比 2000 年下降了 6.48 个百分点, 同期政府部门的收入比重上升了 2.25 个百分点, 企业部门的收入比重上升了 4.23 个百分点, 可以说政府部门挤占了居民部门收入比重变化的 34.72%, 企业部门挤占了其余的 65.28%; 在再分配阶段, 居民部门所占的收入比重 2011 年与 2000 年相比下降了 6.76 个百分点, 而同期政府部门的收入比重上升了 4.66 个百分点, 企业部门的收入比重上升了 2.10 个百分点, 这意味着政府部门在再分配阶段挤占了居民部门收入比重变化的 68.93%, 而企业部门挤占了其余的 32.07%。

表 3 - 7　　　　　　　　2000~2011 年各部门的收入比重变化　　　　　　　单位:%

分配阶段	居民部门			政府部门			企业部门		
	2000 年	2011 年	差额	2000 年	2011 年	差额	2000 年	2011 年	差额
初次分配	67.15	60.67	- 6.48	13.13	15.38	2.25	19.72	23.95	4.23
再分配	67.54	60.78	- 6.76	14.53	19.19	4.66	17.94	20.03	2.10

总的来看, 2011 年与 2000 年相比, 在初次分配阶段企业部门占比上升了

4.23 个百分点，占居民部门降幅的 65.27%，这似乎意味着企业部门大约挤占了居民部门收入的 2/3，剩余 1/3 的收入被政府部门所挤占；而同期在再分配阶段，政府部门的收入占比上升了 4.66 个百分点，占居民部门降幅的 68.93%，所以政府部门挤占了居民部门收入的 2/3，剩余 1/3 的收入被企业部门所挤占。可见，企业和政府部门分享了经济增长所带来的大部分利益好处。

我们可以通过图 3-1 和图 3-2 反映 2000~2011 年初次分配中居民、政府和企业部门的收入比重变化情况。在初次分配阶段，居民部门收入占比一直最高，它从 2000 年开始下降，在 2007 年降至最低点，自 2008 年开始上升；在这一时期内，企业部门的收入占比与居民部门正好相反，它自 2000 年开始上升，2007 年达到最高点，然后开始下降；相比之下，政府部门占比最低，其在 2000~2011 年变动幅度不大，稍有上升。所以在初次分配阶段，政府和企业部门共同对居民部门的收入进行挤占，导致居民部门收入表现为整体下降趋势。

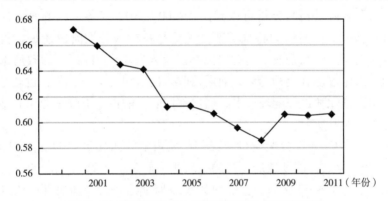

图 3-1　资金流量表中居民部门初次分配的结果

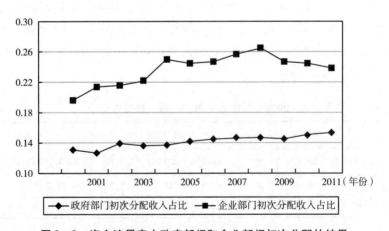

图 3-2　资金流量表中政府部门和企业部门初次分配的结果

我们再以图3-3和图3-4反映2000~2011年再分配中居民、政府和企业部门的收入比重变化情况。在再分配阶段,虽然居民部门收入占比相比于其他两个部门来说也是最高,但它从2000年起不断下降,同样在2007年降至最低点,自2008年开始又出现上升趋势;同期企业部门的收入占比有较大的波动,总的来看还是呈上升趋势,而政府部门的收入占比一直呈现上升趋势。由此看来,在再分配阶段,同样出现政府部门与企业部门联合对居民部门的收入的挤压,这两个部门收入的上升是以居民部门收入的下降为代价的。

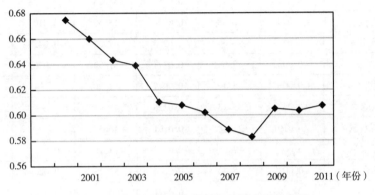

图3-3　资金流量表中居民部门再分配的结果

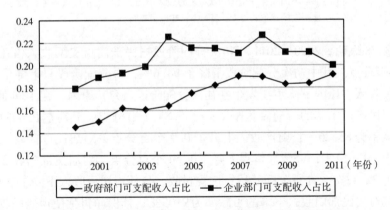

图3-4　资金流量表中政府部门和企业部门再分配的结果

3.4.2 居民收入占比下降主要发生在初次分配阶段

我们利用资金流量表提供的2000~2011年初次分配和再分配数据,计算初次分配和再分配中各项收支对各部门可支配收入占比的影响,以此来分析国民收入分配格局在不同收入环节上的变化以及引起这种变化的主要因素，如表3-8所示。

表3-8　　　　　　2000～2011年国民收入初次分配和再分配格局的变化

分配门类	居民部门		政府部门		企业部门	
	绝对值	贡献率（%）	绝对值	贡献率（%）	绝对值	贡献率（%）
劳动者报酬	-0.0584	85.26	—	—	—	—
生产税净额	—	—	0.0107	22.72	—	—
财产收入	0.0090	-13.14	0.0182	38.64	0.0528	246.73
经营性留存	-0.0154	22.48	-0.0064	-13.59	-0.0105	-49.07
小计：初次分配	-0.0648	94.60	0.0225	47.77	0.0423	197.66
收入所得税	-0.0062	9.05	0.0271	57.54	-0.0209	-97.66
社保净付款	-0.0037	5.40	0.0037	7.86	—	—
其中：社保缴款	-0.0228	33.28	0.0228	48.41	—	—
社保福利	0.0191	-27.88	-0.0191	-40.55	—	—
社会补助	0.0062	-9.05	-0.0062	-13.16	0	0
小计：再分配	-0.0037	5.40	0.0246	52.23	-0.0209	-97.66
可支配收入	-0.0685	100	0.0471	100	0.0214	100

注：绝对值反映了各部门不同项目在全国初次分配总收入中的变化幅度；贡献率为各部门不同项目的变化幅度与可支配收入变化幅度的比值；"-"表示不存在此类项目。

表3-8表明，2000～2011年初次分配阶段居民部门可支配收入占比下降了个6.85百分点，其中初次分配阶段下降了94.6%，再分配阶段只下降了5.4%，可见居民收入占比的下降主要发生在初次分配阶段。究其原因，在于同期初次分配中占居民部门主体的劳动者报酬下降了5.84个百分点，其对居民部门收入下降的贡献率为85.26%；财产收入上升了0.9个百分点，对居民部门收入下降的贡献率为-13.14%；经营性留存下降了1.54个百分点，对居民部门收入下降的贡献率为22.48%。在再分配阶段，因支付收入税使得居民收入下降了0.62个百分点，其对居民部门收入下降的贡献率为9.05%；社保净付款使得居民收入下降了0.37个百分点，其对居民部门收入下降的贡献率为5.04%；社会补助使得居民收入上升了0.62个百分点，其对居民部门收入下降的贡献率为-9.05%。

在表3-8中，政府部门的可支配收入占比在2000～2011年增加了4.71个百分点，初次分配和再分配两个阶段的贡献比率分别是47.77%和52.23%。同期政府部门收入占比上升的原因既有初次分配阶段生产税净额和财产收入占比都上升，也有再分配阶段收入所得税占比仍在上升。具体来看，初次分配中政府部门生产税净额的比重上升了1.07个百分点，其对政府部门收入上升的贡献率为

22.72%;政府部门财产收入的比重上升了1.82个百分点,其对政府部门收入上升的贡献率为38.64%。在再分配阶段,政府部门收入税的比重上升了2.71个百分点,其对政府部门收入上升的贡献率为57.54%;社保净付款的比重上升了0.37个百分点,其对政府部门收入上升的贡献率为7.86%。

企业部门的可支配收入占比在2000~2011年上升了2.14个百分点,初次分配和再分配两个阶段的贡献比率分别是197.66%和-97.66%,同期企业部门收入占比上升的主要原因在于初次分配中财产性收入占比的大幅上升。具体分析来看,初次分配阶段企业部门的财产收入比重上升了5.28个百分点,其对企业部门收入占比的贡献率是246.73%;取得的经营性留存的占比下降了1.05个百分点,其对企业部门收入上升的贡献是-49.07%;然而在再分配阶段,缴纳的收入税使得企业部门收入占比降低了2.09个百分点,其对企业部门收入上升的贡献为-97.66%。

综上可见,居民收入占比的下降主要发生在初次分配环节,而不是在再分配环节。以收入所得税为例,尽管近年来居民支付的收入所得税在不断上升,但即使是在收入所得税最高的2011年,其也仅占国民收入的1.29%,占居民部门初次分配总收入的2.12%,因此即使免除居民部门所有收入所得税,也无法大幅度提高居民部门的收入占比①。也就是说,初次分配阶段居民收入占比下降决定了最终居民可支配收入的下降趋势,即使经过再分配阶段的转移支付也并不能改变这一趋势。

3.4.3 初次分配阶段劳动收入份额的下降幅度较大

2000~2011年在收入分配的各个环节上,居民住户部门的占比都有所下降,初次分配阶段下降了6.48个百分点,再分配阶段又下降了0.37个百分点;总的来看,经过两个分配阶段之后居民住户部门的收入下降了6.85个百分点。研究居民收入占比下降的原因对调整居民收入分配格局、缩小居民收入差距具有政策启发意义。

究其原因,居民劳动收入份额的大幅度降低导致初次分配居民收入占比发生下降,其对居民收入占比下降的贡献率为85.26%。实际上,居民劳动收入份额的下降很大程度上是我国市场经济发展阶段的必然结果,由于在劳动供给远远高于资本供给时,导致我国劳动与资本要素之间的替代弹性几乎接近于1,长期以

---

① 白重恩,钱震杰. 谁在挤占居民的收入——中国国民收入分配格局分析 [J]. 中国社会科学,2009,05:99-115+206.

来我国以劳动力价格低廉优势而成为"世界工厂"，当政府试图采用各种举措试图来提高劳动力价格时，反而造成资本替代劳动力，劳动力就业不足，从长期来看可能造成失业率上升，出现居民劳动收入份额的下降①。

初次分配环节居民劳动要素收入的最主要来源是劳动者报酬，可是实践中出现我国居民劳动收入份额过低，且劳动者报酬的收入比重又不断降低，这样必然导致居民部门收入比重降低，而同时政府部门和企业部门的收入比重增加，这种不断降低的居民部门收入在内部分配时可能会出现收入分配的不平等。

与其他市场经济国家相比，自改革开放以来我国居民劳动者报酬占 GDP 的比重一直较低，而且劳动者报酬的比重出现先降后升的趋势。目前，西方发达市场经济国家初次分配后劳动报酬占 GDP 的比重，美国最高大约为 70%，企业盈利的比重为 12% 左右，而其他市场经济国家劳动报酬占 GDP 的比重在 54% ~ 65% 之间，但我国的劳动者报酬比重相对降低。如表 3 - 9 所示，分别列示了1980 ~ 2011 年劳动者报酬占 GDP 的比重与职工工资总额占初次分配总收入的比重。具体来看，1980 ~ 2006 年，劳动者报酬占 GDP 的比重由 51.28% 下降到最低为 40.61%，下降了 10.67 个百分点；2006 ~ 2011 年，这一比重又从 40.61% 上升到 49.55%，增加了 8.94 个百分点，这一阶段总体趋势是上升的。平均来看，1980 ~ 2011 年我国劳动者报酬占 GDP 的比重为 50.11%，其变动趋势是先下降后上升的。

同样的规律通过职工工资在初次分配总收入中的比重较低，而且变动趋势出现先下降后上升得到验证。在表 3 - 9 中，一方面我国职工工资总额在初次分配收入中的占比较小，平均来看只占到 GDP 的 12% 左右，即使加上农民工的工资收入（这一比重不到 GDP 的 10%），我国劳动者工资总额占 GDP 的比重大约为 22%，美国这一比重为 58%；在发达市场经济国家，工资一般会占到企业运营成本的 50% 左右，我国则不到 10%②；另一方面，职工工资总额占初次分配收入的比重从 1980 年的 16.99% 下降到 2004 年最低为 10.59%，下降了 6.4 个百分点，这一阶段是下降趋势；2004 ~ 2011 年，这一比重又从 10.59% 上升为 12.68%，增加了 2.09 个百分点，总的来看，职工工资总额占初次分配收入总额的比重变化趋势与劳动者报酬占 GDP 的比重是一致的。由此可见，劳动者报酬占初次分配比重的下降，或者说劳动要素的收入占比降低是造成居民收入在初次分配中份额下降的主要因素。

---

① 白重恩，钱震杰. 谁在挤占居民的收入——中国国民收入分配格局分析 [J]. 中国社会科学，2009，05：99 - 115 + 206.

② 李晓宁，马启民. 中国劳资收入分配差距与关系失衡研究 [J]. 马克思主义研究，2012，06：48 - 58.

表 3 - 9　　　　1980~2011 年劳动者报酬比重与职工工资总额比重的变化　　　单位:%

年份	劳动者报酬 总额/GDP	职工工资总额/ 初次分配总收入	年份	劳动者报酬 总额/GDP	职工工资总额/ 初次分配总收入
1980	51.28	16.99	2000	51.38	12.07
1985	57.36	15.34	2001	51.45	12.35
1990	53.42	15.81	2002	50.92	12.66
1991	52.16	15.26	2003	49.62	12.63
1992	50.09	14.78	2004	47.1	10.59
1993	50.67	14.22	2005	41.4	10.81
1994	51.15	14.26	2006	40.61	11.03
1995	52.84	14.08	2007	41.21	13.55
1996	53.4	13.58	2008	47.99	13.18
1997	52.79	12.86	2009	50.01	12.74
1998	53.14	12.08	2010	48.99	11.77
1999	52.38	12.26	2011	49.55	12.68

注:此表中的数据是根据相关《中国统计年鉴》中的数据计算整理所得。

　　世界银行的研究报告也反映了这样一个结论:自 20 世纪 90 年代中期以来,中国劳动者工资性收入占 GDP 的份额是不断下降的,特别是近年来下降速度进一步加快,这意味着在国民收入的分配过程中,居民劳动要素分享到的收入份额在不断减少,而政府税收收入和企业资本收益所获得的收入份额在不断增加[①]。为什么在国民收入不断增长的情况下,劳动要素的收入份额会出现减少呢? 这也与劳动要素收入的增长速度低于国民收入的增长速度有关。由表 3 - 10 可以看出,分别考察 1979~2007 年和 1991~2007 年两个不同时间段,可以看出我国职工平均工资的年均增长速度均低于人均国内生产总值的年均增长速度;只有在 2001~2007 年,人均职工平均工资的增长速度超过了人均 GDP 的增长速度,这说明在改革前期工资的增长速度赶不上经济的增长速度,反映出我国普通劳动者并没有从经济增长中同步获益。

表 3 - 10　　　　职工平均工资与人均国内生产总值的年均增长速度比较　　　单位:%

年份	职工平均工资年均增长速度	人均国内生产总值年均增长速度
1979~2007	6.9	8.6
1991~2007	9.2	9.4
2001~2007	13.2	9.5

注:摘自《1978~2007 年中国经济社会发展统计数据摘编》(载《经济研究参考》,2008 年第 51 期)。

---

① 李晓宁,马启民. 中国劳资收入分配差距与关系失衡研究 [J]. 马克思主义研究,2012,06:48-58.

因此，在"大分配"视角下，政府部门和企业部门对居民部门收入有"挤出效应"，居民部门收入占比不断降低，作为居民部门主要收入来源的劳动报酬份额也不断下降，而居民部门收入占比下降主要发生在初次分配阶段，所以居民部门从经济增长中获利相对不多。因此，若想提高居民部门收入比重，必然存在企业部门收入比重与政府部门收入比重之和下降的态势。

由于政府部门收入比重的稳定是政府进行再分配的前提，在政府部门收入比重不断下降的情况下将很难保证政府为社会提供充足的公共服务。政府收入减少，必然导致政府支出缩减，这些行为将对城乡居民获得收入的能力和机会产生影响，并最终引起城乡居民收入差距发生变化。例如，分税制改革后，地方政府财政自给能力不断下降，地方政府的公共服务水平、社会保障水平等都随之减弱。基于此，只有不断降低企业部门收入比重、保持政府部门收入比重稳定，才能达到提高居民部门收入比重的目标。

第 4 章

居民收入差距过大的多维
分析："小分配"视角

在"大分配"的视角下，居民部门收入占比不断下降，居民部门可供分配的"蛋糕"比例是不断受到挤压的。从"小分配"的视角来看，这种不断下降的居民部门收入又是一种怎样的分布形态呢？这里，"小分配"是指以居民部门为整体，研究居民之间的收入分配关系，包括城乡之间、行业之间、地区之间、劳资之间以及城镇居民内部之间等。我们从规模收入分配的视角分析居民部门内部的收入分配问题，对研究居民收入分配是否公平具有重要意义。

4.1 居民收入差距的不同表现形式

4.1.1 行业收入差距：垄断与非垄断

改革开放后，我国行业收入差距迅速拉大成为不争的事实，而且行业收入差距促使居民整体收入差距不断拉大，成为居民收入差距拉大的主因。例如，1990~2008 年我国行业收入差距的基尼系数由 0.067 上升至 0.181，增加了 0.114，年均增长 6.5%，而同期我国整体的居民收入差距基尼系数增幅只有 1.5%[①]。目前，我国的垄断行业主要是电力、电信、水电气供应、金融、保险、烟草、证券行业等。另据调查显示，电力、通信、金融等垄断行业的最低工资都远远高于非垄断的交通运输、机械、纺织等行业的平均工资。可见，单纯由于选择的行业不同导致劳动者的收入可能相差许多倍，很显然这偏离了按劳分配的原则规定，对社会经济的发展是相当不利的。当行业收入差距超过一定限度时，劳

---

① 武鹏. 行业垄断对中国行业收入差距的影响 [J]. 中国工业经济，2011，10：76 - 86.

动者会不愿意在低收入行业就业，而想方设法进入高收入行业就业，这样就会慢慢弱化基础产业的发展，限制了低收入行业的创新，形成行业收入差距鸿沟，甚至会出现社会贫富悬殊，不利于社会的安定和谐。

2008年劳动和社会保障部副部长步正发说："目前，电力、电信、金融、保险烟草等行业职工的平均工资是其他行业职工平均工资的2～3倍；如果再加上工资外收入和职工福利待遇上的差异，实际收入差距可能在5～10倍之间①"。此言一出，更是引发了久蓄于公众心中对垄断行业畸高收入和优厚福利的诸多不满。用民间通俗的说法来形容就是"银行加证保（证券、保险），两电（电力、电信）加一草（烟草），石油加石化，看门的也拿不少"。

垄断行业的产生一般分为两种：第一种是凭借技术上的优势进行垄断行业，被称为技术性垄断行业；第二种是国家行政控制保护不允许大量私有资本进入的行业，只允许国有资本垄断独家经营或少数经营者控制经营，被称为行政性垄断行业。我国的垄断行业基本上是都属于后一种，它们依靠国家行政保护或垄断某种生产要素，或者垄断经营范围，或者垄断产品定价。国家发展改革委就业和收入分配司编辑出版的《中国居民收入分配年度报告（2008）》显示，我国行政性垄断行业收入有三分之一是靠各类特许经营权获得的②。这样的话，在生产经营过程中他们就可以不承担或只承担较少的竞争风险，但却能获得较多的垄断利润，从而产生垄断行业与非垄断行业的收入差距。马克思的"平均利润率"规律一般只在普通行业发挥作用，对这些垄断行业并不能形成制约。

通过表4-1的数据，我们来反映近年来我国城镇居民的工资收入因行业不同而表现出来的特征。在表4-1中，我们把2003～2012年不同行业的城镇居民的人均工资与该年的城镇平均工资进行对比。我们发现，凡是具有垄断行业特征的城镇就业人员的人均工资与平均工资对比，其比值均高于1，如电力燃气及水生产与供应业、信息计算机服务和软件业、金融业等；而竞争性行业的人均工资与平均工资的比值几乎都低于1，如制造业、建筑业、批发和零售业等。按时间的纵向来看，电力燃气及水生产与供应业的人均工资与平均工资的比值变化不大，基本上维持在1.30左右，2003～2012年仅下降了0.09个单位，而金融业的比值上升了0.43个单位，上升幅度较大；与此相对照，有些竞争性行业的工资比值却一直处于下降趋势，例如，住宿和餐饮业的工资比值在这一期间从0.80下降为0.67，下降了0.13个单位。另外，我们通过2003～2012年不同行业工资与平均工资的最高比值来看，2003～2008年均是信息计算机服务和软件业的比

① 朱树彬，涂小雨. 社会转型时期利益分化问题探析 [J]. 学习论坛，2012，07：72-75.
② 吴睿鹉. 缩小行业收入差距宜从国企工资预算肇始 [J]. 中关村，2011，03：78.

值最高，而 2009～2012 年是金融行业的比值最高，而这两个行业都具有明显的垄断特征①。

表 4－1　　　　　　　　2003～2012 年不同行业城镇就业人员的
人均工资与城镇平均工资的对比

行业分类	2003 年	2004 年	2005 年	2006 年	2007 年	2008 年	2009 年	2010 年	2011 年	2012 年
农林牧渔业	0.49	0.47	0.45	0.44	0.44	0.43	0.45	0.46	0.47	0.49
采矿业	0.98	1.05	1.12	1.16	1.14	1.18	1.18	1.21	1.25	1.22
制造业	0.91	0.90	0.88	0.87	0.86	0.84	0.83	0.85	0.88	0.89
电力燃气及水供应业	1.33	1.35	1.36	1.36	1.35	1.33	1.30	1.29	1.26	1.24
建筑业	0.81	0.79	0.78	0.78	0.75	0.73	0.75	0.75	0.77	0.78
交通运输仓储邮政业	1.13	1.14	1.14	1.16	1.13	1.11	1.10	1.11	1.13	1.14
信息计算机和软件业	2.21	2.10	2.10	2.08	1.93	1.90	1.80	1.76	1.70	1.72
批发和零售业	0.78	0.82	0.82	0.85	0.85	0.89	0.90	0.92	0.97	0.99
住宿和餐饮业	0.80	0.79	0.79	0.73	0.69	0.67	0.65	0.64	0.66	0.67
金融业	1.49	1.53	1.53	1.7	1.78	1.87	1.87	1.92	1.94	1.9
房地产业	1.22	1.16	1.16	1.07	1.06	1.04	1.00	0.98	1.02	1.00
租赁和商务服务业	1.22	1.18	1.18	1.18	1.12	1.14	1.10	1.08	1.12	1.14
科研技术地质勘查业	1.46	1.47	1.47	1.47	1.55	1.57	1.56	1.54	1.54	1.48
水利环境公共管理业	0.84	0.81	0.81	0.81	0.74	0.73	0.72	0.70	0.69	0.69
居民服务其他服务业	0.91	0.86	0.86	0.86	0.82	0.79	0.78	0.77	0.79	0.75
教育	1.02	1.01	1.01	1.01	1.05	1.03	1.07	1.07	1.03	1.02
卫生社会保障福利业	1.16	1.15	1.15	1.15	1.13	1.11	1.11	1.1	1.11	1.12
文化体育和娱乐业	1.22	1.29	1.29	1.29	1.23	1.18	1.17	1.13	1.15	1.15
公共管理和社会组织	1.10	1.09	1.09	1.09	1.12	1.12	1.10	1.05	1.01	0.99

资料来源：本表所有的原始数据来源于国家统计局网站 http：//data. stats. gov. cn/workspace/index？m＝hgnd，经作者计算取得，下表同。

我们再以不同行业城镇就业人员的人均工资与当年最低行业工资进行对比。从表 4－2 中可以看出，不同行业的人均工资相对于最低行业工资的对比变化情况，也就是最高工资收入差距的变化情况。这里需要说明的是，2003～2012 年工资最低的行业均为农林牧渔业，因此我们都是把其他行业的人均工资与其对

① 由于中国的通信行业一直属于国家垄断，它又归属于信息计算机服务和软件业，因此信息计算机服务和软件业的比值高反映了垄断行业与非垄断行业的差别。

比。由表4-2可以看出，2003～2008年最高工资收入差距出现在信息计算机服务和软件业与农林牧渔业之间，前者的工资收入是后者工资收入的4倍以上；而2009～2012年最高工资收入差距出现在金融业与农林牧渔业之间，这两个行业的工资收入差距也基本在4倍左右。

表4-2　　　2003～2012年不同行业城镇就业人员的人均工资与
当年最低行业工资的对比

行业分类	2003年	2004年	2005年	2006年	2007年	2008年	2009年	2010年	2011年	2012年
农林牧渔业	1.00	1.00	1.00	1.00	1.00	1.00	1.00	1.00	1.00	1.00
采矿业	1.98	2.24	2.49	2.60	2.60	2.73	2.65	2.64	2.68	2.51
制造业	1.84	1.90	1.94	1.97	1.95	1.94	1.87	1.85	1.88	1.84
电力燃气及水供应业	2.70	2.87	3.02	3.07	3.09	3.07	2.92	2.83	2.71	2.57
建筑业	1.65	1.68	1.72	1.74	1.70	1.69	1.68	1.65	1.65	1.61
交通运输仓储邮政业	2.29	2.41	2.55	2.60	2.57	2.55	2.46	2.42	2.42	2.35
信息计算机和软件业	4.49	4.46	4.73	4.69	4.4	4.37	4.05	3.85	3.64	3.55
批发和零售业	1.58	1.74	1.86	1.92	1.94	2.06	2.03	2.01	2.09	2.04
住宿和餐饮业	1.63	1.68	1.69	1.64	1.57	1.54	1.45	1.40	1.41	1.38
金融业	3.02	3.24	3.56	3.83	4.06	4.29	4.21	4.20	4.17	3.96
房地产业	2.48	2.46	2.47	2.40	2.40	2.40	2.25	2.15	2.20	2.06
租赁和商务服务业	2.47	2.50	2.59	2.64	2.56	2.62	2.47	2.37	2.41	2.34
科研技术地质勘查业	2.97	3.11	3.31	3.41	3.54	3.62	3.49	3.37	3.30	3.05
水利环境公共管理业	1.71	1.72	1.75	1.69	1.69	1.68	1.61	1.53	1.48	1.43
居民服务其他服务业	1.84	1.82	1.92	1.95	1.88	1.82	1.75	1.69	1.70	1.55
教育	2.06	2.15	2.22	2.26	2.39	2.38	2.41	2.33	2.22	2.10
卫生社会保障福利业	2.35	2.45	2.54	2.55	2.57	2.56	2.48	2.41	2.37	2.32
文化体育和娱乐业	2.48	2.74	2.76	2.79	2.81	2.72	2.63	2.48	2.46	2.36
公共管理和社会组织	2.23	2.32	2.47	2.43	2.56	2.57	2.46	2.29	2.16	2.03

根据表4-2的数据，我们可以整理得到2003～2012年最高行业工资差距的数据，如表4-3所示。可以看出，如果仅仅通过工资收入差距的数据来反映，我国最高收入行业与最低收入行业的工资比值在4倍左右；另外，2003～2012年最高收入行业与最低收入行业的工资比值有先上升后下降的趋势，由2003的4.49最高上升为2005的4.73，再下降为2012年的3.96；总的来看，这一阶段最高行业工资与最低行业工资比值下降了0.53个单位，由此说明近年来我国的行业收入差距是稍有下降的。

表4-3 2003~2012年最高行业工资与最低行业工资的比值

指标	2003年	2004年	2005年	2006年	2007年	2008年	2009年	2010年	2011年	2012年
最高收入行业与最低收入工资比值	4.49	4.46	4.73	4.69	4.40	4.37	4.21	4.20	4.17	3.96

若以不同行业私营企业就业人员的人均工资与当年的最低行业工资进行对比，反映私营企业的最高行业收入差距变化。如表4-4所示，可以看出2009年最高行业工资收入差距出现在金融业与公共管理和社会组织之间，为3.72倍；2010~2012年最高行业工资收入差距均出现在信息计算机服务和软件业与公共管理和社会组织之间，分别为3.51、3.03、3.64倍。可见，近年来我国私营企业不同行业的最高工资收入差距维持在3倍以上。

表4-4 2009~2012年不同行业私营企业职工的人均工资与当年最低行业工资的对比

行业分类	2009年	2010年	2011年	2012年
农林牧渔业	1.78	1.83	1.64	2.02
采矿业	2.27	2.36	2.17	2.73
制造业	2.11	2.26	2.06	2.60
电力燃气及水生产供应业	2.17	2.12	1.88	2.35
建筑业	2.43	2.50	2.22	2.85
交通运输仓储和邮政业	2.40	2.47	2.21	2.59
信息计算机服务和软件业	3.44	3.51	3.03	3.64
批发和零售业	2.17	2.24	1.94	2.51
住宿和餐饮业	1.91	1.97	1.78	2.20
金融业	3.72	3.43	2.44	3.01
房地产业	2.60	2.61	2.30	2.83
租赁和商务服务业	2.61	2.68	2.31	2.93
科研技术服务地质勘查业	3.20	3.25	2.67	3.37
水利环境公共设施管理业	2.10	2.20	1.96	2.43
居民服务其他服务业	1.92	2.06	1.75	2.22
教育	2.57	2.46	2.01	2.45
卫生社会保障福利业	2.28	2.42	2.18	2.69
文化体育和娱乐业	2.12	2.49	1.93	2.41
公共管理和社会组织	1.00	1.00	1.00	1.00

总的来看，我国的行业收入差距是比较显著的，垄断行业与非垄断行业的工资差距维持在3~4倍以上，如果考虑工资以外的其他收入，两者之间的收入差

距可能会更大。例如，我国收入最高10%居民群体和收入最低10%居民群体的收入差距，从1988年前者是后者的7.3倍已经上升到2013年的23倍。另据研究显示，我国的行业收入差距已超过国外最高水平，发达国家一般在1.5倍左右，发展中国家一般在2~3倍之间；例如，以2006~2007年收入最高和最低行业工资差距来看，英国、日本、法国为1.6~2倍，加拿大、德国、美国、韩国在2.3~3倍之间①。

蔡昉（1996）认为运用效率工资理论解释行业收入差距问题，他认为不同的行业对员工人力资本的要求不同，影响劳动者效率提高的环境也不同，最终效率工资的影响使行业收入存在差距；吴淑姣（2005）认为人力资本的外部性是影响行业工资差异的重要因素，因为行业平均受教育程度越高，则行业收入溢出就越大②。可见，相当一部分学者认为不同行业员工的人力资本水平不同，造成行业之间会出现收入差距。当然，我们不可否认这些观点的正确性，他们一定程度上解释了行业收入差距的产生原因。不过，我国更多学者都认为所有制垄断是造成不同行业职工收入差距的主要原因，因为我国计划经济体制遗留下来的对国有资本在某些领域的保护性，导致不同行业国有经济比重有较大差异，即"所有制垄断"，这种所有制垄断的程度对行业的劳动力价格水平有重大影响，也就是说行业的市场化程度差异造成了行业收入差异。

总之，我国的行业收入差距是异常突出的，尤其表现为垄断行业与非垄断行业之间存在收入差距鸿沟。如果不平抑这种行业收入差距，将很难缩小居民收入差距。因为目前社会公众对垄断造成的收入差距非常排斥，它违背了按劳分配的原则，更是违反市场平等竞争秩序所取得的高收入，因此，如何消除垄断一直是社会公众热议的话题，更是收入分配政策改革的重点。

4.1.2 城乡收入差距：城镇与乡村

长期以来我国经济发展的一个重要特征是城乡二元经济结构，它起初产生于城市工商业同传统农业的差距，后来国家出台了一系列限制城乡生产要素自由流动的户籍政策以及阻碍农业与农村经济组织方式创新的体制因素、过度向城市倾斜的投资和补贴等政策因素造成城乡之间存在明显差距。毋庸置疑，城乡经济结构的差异必然带来城乡经济差距，而这种由城乡分割所导致的城乡居民收入差距

---

① 宋晓梧. 调整收入分配结构 转变经济发展方式 [J]. 财经界（学术版），2011，01：3-6.

② 金玉国，崔友平. 行业属性对劳动报酬的边际效应及其细部特征——基于分位数回归模型的实证研究 [J]. 财经研究，2008，07：4-15.

成为居民收入差距的显著特征，也是造成总的居民收入差距拉大的主要元素。

自改革开放以来，我国城乡居民之间的收入差距有不断拉大的趋势。城镇居民可以获得较好的资源，享受就业、医疗、教育和失业保障等各方面的优厚权利和待遇，而农民受户籍制度限制却无法获得必要的待遇。学术界基本认同中国城市的发展是以牺牲农村为代价的。因此，我国城乡居民之间的收入"鸿沟"异常明显。根据国际劳工组织的调查，世界上只有很少一部分国家的城乡收入之比大于 2，而我国的城乡收入之比基本上大于 3[①]。

我国城乡居民收入差距的存在是毋庸置疑的，近年来城乡居民收入差距的扩大趋势也是社会各界普遍公认的事实。以《中国统计年鉴》提供的数据分析，2000～2012 年我国城镇居民与农村居民人均收入的绝对数在不断增加，城镇居民人均可支配收入由 2000 年的 6280 元增加到 2012 年的 24564.7 元，年均增长速度为 12.04%，农村居民人均纯收入由 2253.4 元增加到 2012 年的 7916.6 元，年均增长速度为 11.04%。虽然城乡居民的收入都有所增加，但是农村居民相对于城镇居民而言收入增长的速度较慢，两者之间存在较大的收入差距，这里我们以城乡居民收入的绝对差距和相对差距来表示，如表 4-5 所示。

表 4-5　　　　　　2000～2012 年城乡居民收入的绝对差距与相对差距

年份	城镇居民人均可支配收入（元）	农村居民人均纯收入（元）	城乡居民收入的绝对差距（元）	城乡居民收入的相对差距（以农村居民收入=1）
2000	6280.0	2253.4	426.6	2.79
2001	6859.6	2366.4	4492.8	2.90
2002	7702.8	2475.6	5227.2	3.11
2003	8472.2	2622.2	5850.0	3.23
2004	9421.6	2936.4	6485.2	3.21
2005	10493.0	3254.9	7238.1	3.22
2006	11759.5	3587.0	8172.5	3.28
2007	13786.0	4140.4	9645.6	3.32
2008	15780.8	4760.6	11020.2	3.31
2009	17174.7	5153.2	12021.5	3.33
2010	19109.4	5919.0	13190.4	3.23
2011	21809.8	6977.3	14832.5	3.13
2012	24564.7	7916.6	16648.1	3.10

---

① 梁淑英，杜程程. 城乡居民收入差距问题研究 [J]. 理论学习，2010，12：59-61.

在表 4 - 5 中，可以看出我国城乡居民收入的绝对差距不断增加，由 2000 年的 426.6 元增加到 2012 年的 16648.1 元，后者是前者的 39.03 倍，这种城乡居民绝对收入差距的年均增长速度达到 35.71%，可见城乡居民之间的确在以较高的速度拉大收入差距；另外，以城乡居民收入的相对差距来看，2000 年为 2.79 倍，2009 年达到最大为 3.33 倍，2012 年又降为 3.10 倍，虽然这一阶段该指标经历了先升后降，但总体上看也呈现上升趋势，而且 2000 年以来城乡居民相对收入差距基本上维持在 3 以上。总之，以城乡居民人均收入的对比分析来看，我国城乡居民收入的差距在不断拉大，收入差距的"鸿沟"越来越明显。

若再以城乡居民收入来源的比较来分析两者之间的收入差距，如表 4 - 6 所示。在表 4 - 6 中，城乡居民人均总收入的比值是用城镇居民人均总收入与农村居民家庭平均每人纯收入来对比计算的，该比值也反映了城乡居民收入差距的变化情况，2000 年该比值为 2.79，2009 年达到最大为 3.66，至 2012 年又降为 3.41，也经历了先升后降，但总体来看表现为上升趋势。可见，以城乡居民不同收入来源反映的城乡居民收入差距变化趋势，与表 4 - 5 中的城乡居民收入的相对差距指标表现基本一致。

按照收入来源划分，城乡居民的总收入可分为工资性收入、经营性收入、财产性收入和转移性收入四个部分。这里我们分别对城乡居民的这四类收入进行比较，具体分析城乡居民收入变化的内在变动趋势，如表 4 - 6 所示。

表 4 - 6   2000 ~ 2012 年城乡居民收入不同来源的对比

（以农村居民收入 = 1）

年份	城乡居民人均总收入的比值	城乡居民人均工资性收入的比值	城乡居民人均经营性收入的比值	城乡居民人均财产性收入的比值	城乡居民人均转移性收入的比值
2000	2.79	6.38	0.17	2.85	18.28
2001	2.92	6.26	0.19	2.86	18.98
2002	3.03	6.83	0.22	2.01	20.40
2003	3.46	6.98	0.26	2.05	21.82
2004	3.45	7.16	0.28	2.10	20.09
2005	3.48	6.64	0.37	2.18	17.98
2006	3.55	6.38	0.42	2.43	16.03
2007	3.60	6.41	0.43	2.72	15.22
2008	3.59	6.10	0.60	2.61	12.15
2009	3.66	6.01	0.60	2.58	11.34
2010	3.55	5.64	0.60	2.57	11.24
2011	3.44	5.20	0.69	2.84	10.13
2012	3.41	5.03	0.72	2.84	9.28

首先，以人均工资性收入来分析，城镇居民的人均工资性收入是农村居民的5~7倍，人均工资的城乡收入差距是很明显的，而且城乡居民人均工资性收入的比值由2000年的6.38倍最大上升为2004年的7.16倍，自2005年以来又不断下降，2012年该比值为5.03倍，因此，总的来说城乡居民的工资性收入比值是下降的。其次，城乡居民人均经营性收入的比值是不断增大的，但仅在此一项方面城镇居民比农村居民的人均收入要低，其他方面均高于农村居民，该比值从2000年的0.17倍一直上升为2012年的0.72倍，可以说在经营性收入方面城乡居民的差距是不断缩小的；以人均财产性收入来分析，城乡居民的人均财产性收入差距维持在2倍以上，该比值2000年为2.85倍，其间最低降至2.01倍，后又升至2012年的2.84倍。最后，城乡居民人均转移性收入的差距是非常显著的，该比值2003年最大达到21.82倍，2012年最低为9.28倍，可见城乡居民通过政府再分配所获得的转移性收入存在很大差距，城镇居民所得的再分配转移性收入要远远高于农村居民，这是形成城乡居民收入差距较大的一个重要原因，这是因为转移性收入对居民收入差距的拉大有正向促进作用。

这里，我们以2000~2012年城乡居民收入的相对差距和城乡居民人均总收入的比值来共同反映城乡收入差距的变化趋势，这两个指标都体现了城乡居民收入差距的相对差异，如图4-1所示，它们都先增大后稍有下降，但整体的变化趋势是基本一致的，所以总体来说城乡居民收入差距在这一阶段是上升的。这里需要说明的是，这两个指标的变化趋势在2000~2002年基本重合，从2003年以后城乡居民收入的相对差距指标要比城乡居民人均总收入的比值指标大，这主要是由于前一个指标在计算时利用城镇居民人均可支配收入指标来计算，而后一个指标在计算时是用城镇居民人均总收入指标计算的。

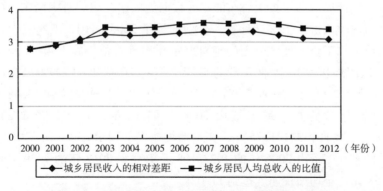

图4-1　2000~2012年城乡居民收入差距的变化趋势

总之，我国城乡居民收入差距是很显著的，而且近年来城乡居民收入差距总体上有拉大趋势，这对经济发展和社会和谐造成了极大威胁。如果任由城乡居民收入差距继续存在或恶化而不加干涉，这将严重制约经济的持续发展，更不利于社会公平与稳定。因此，协调城乡居民收入差距是政府分配制度改革与改善民生的重要之举，更是迫在眉睫的政治任务。

4.1.3 地区收入差距：东部与中西部

我国是一个经济文化发展不平衡的大国，东、中、西三大区域之间由于自身资源禀赋的差异，以及政府采取的"梯度推进"地区发展战略，使东、中、西三大区域的人均收入差距较大。改革开放之初，我国针对沿海开放城市、经济特区和沿海经济开发区等东部地带实施优先发展战略，在投资、信贷、税收、人才引进等方面给予了许多优惠政策，实行了有别于中西部地区发展的特殊政策，加之这些地区具有对外贸易的经济地理优势，从而造成东部地区经济快速发展起来，造成人口迁移出现"孔雀东南飞"和"下海潮"，可以说东部地区的发展给全国经济的发展树立了榜样并提供了经验模式。

实际上，在东部经济已崛起腾飞时，中西部经济还在原地徘徊不前，所以地区经济的差距自然也就出现了。虽然政府后来曾提出西部大开发、中部崛起等战略规划，但中西部特别是西部地区经济发展仍然比较缓慢，由此造成的地区收入差距应该在很长时间内仍旧会存在。虽然区域差异化发展加剧中国经济失衡的表现，表面上是经济指标的差异，其本质是与国民经济初次分配制度缺陷相关联的，主要体现在东部发达地区有意无意地过度利用了国民经济初次分配制度缺陷[①]。

以国家统计局网站主页上公布的年度数据为依据，我们对中国东、中、西三个不同区域的收入进行了统计计算，分别计算了2006～2012年这三大区域的城镇就业人员平均工资、地区收入的绝对差距和相对差距，如表4-7所示。在表4-7中，东部地区城镇就业人员的平均工资由2006年的24795.18元上涨为2012年的52952.09元，增加了28156.91元，年均增长速度达到13.48%；中部地区城镇就业人员的平均工资由2006年的16667.88元上涨为2012年的39789.63元，增加了23121.75元，年均增长速度达到15.6%；而西部地区城镇就业人员的平均工资由2006年的19235.08元上涨为2012年的43293.08元，增加了24058元，年均增长速度达到11.02%。

---

① 巫文强. 中国经济失衡根源在于国民经济初次分配制度的缺陷——基于人的发展经济学视角[J]. 改革与战略，2010，06：1-9.

表 4 - 7　　　　　　　　2006 ～ 2012 年分地区城镇单位就业人员平均工资

指　标	2006 年	2007 年	2008 年	2009 年	2010 年	2011 年	2012 年
城镇就业人员的平均工资（元）：							
东部地区	24795.18	28968.55	33742.55	37194.73	42357.27	48032.09	52952.09
中部地区	16667.88	20157.13	23476.88	26461.13	30349.88	35135.13	39790.63
西部地区	19235.08	23666.75	27283.17	30393.83	34206.17	38585.50	43293.08
地区收入的绝对差距（元）：							
东部 - 中部	8127.30	8811.42	10265.67	10733.60	12007.39	12897.96	13162.46
东部 - 西部	5560.10	5301.80	6459.38	6800.90	8151.10	9446.59	9659.01
中部 - 西部	- 2567.20	- 3509.62	- 3806.29	- 3932.70	- 3856.29	- 3450.37	- 3503.45
地区收入的相对差距：							
东部/中部	1.33	1.37	1.40	1.41	1.44	1.44	1.49
东部/西部	1.22	1.24	1.24	1.22	1.24	1.22	1.29
中部/西部	0.92	0.91	0.89	0.87	0.86	0.85	0.87

　　在表 4 - 7 中，由不同地区城镇单位就业人员的工资计算的地区收入的绝对差距和相对差距反映了地区收入的差异。以地区收入的绝对差距为例，东部与中部之间的绝对差距由 2006 年的 8127.30 元增加到 2012 年的 13162.46 元，增加了 5035.16 元；东部与西部之间的绝对差距由 2006 年的 5560.10 元增加到 2012 年的 9659.01 元，增加了 4098.91 元；中部与西部之间的绝对差距由 2006 年的 - 2567.20 元增加到 2012 年的 - 3503.45 元，降低了 936.25 元。由此可见，东部地区的城镇单位就业人员工资远远高于中西部地区，西部地区的城镇单位就业人员工资稍高于中部地区。以地区收入的相对差距来看，东部城镇单位就业人员的工资平均为中部的 1.41 倍，东部平均是西部的为 1.24 倍，中部平均仅为西部的 0.88 倍。因此，中、西部地区的居民收入有趋同的趋势，而东部地区与中、西部地区的居民收入有趋异的趋势。

表 4 - 8　　　　　　　　2002 ～ 2012 年分地区城镇居民人均可支配收入

年份	城镇居民人均可支配收入（元）			地区收入的绝对差距（元）			地区收入的相对差距		
	东部	中部	西部	东部 - 中部	东部 - 西部	中部 - 西部	东部/中部	东部/西部	中部/西部
2002	9355.67	6369.46	6674.88	2986.21	2680.79	- 305.42	1.47	1.40	0.95
2003	10365.80	7036.35	7235.39	3329.45	3130.41	- 199.04	1.47	1.43	0.97
2004	11522.88	7828.80	7996.10	3694.08	3526.78	- 167.30	1.47	1.44	0.98
2005	12883.96	8743.16	8700.14	4140.80	4183.82	43.02	1.47	1.48	1.00

年份	城镇居民人均可支配收入（元）			地区收入的绝对差距（元）			地区收入的相对差距		
	东部	中部	西部	东部－中部	东部－西部	中部－西部	东部/中部	东部/西部	中部/西部
2006	14482.57	9803.13	9545.13	4679.44	4937.44	258.00	1.48	1.52	1.03
2007	16488.95	11409.69	11149.76	5079.26	5339.19	259.93	1.45	1.48	1.02
2008	18788.17	12948.99	12741.78	5839.18	6046.39	207.21	1.45	1.47	1.02
2009	20484.90	14062.44	13896.03	6422.46	6588.87	166.41	1.46	1.47	1.01
2010	22789.90	15593.43	15389.21	7196.47	7400.69	204.22	1.46	1.48	1.01
2011	25917.32	17891.31	17550.53	8026.01	8366.79	340.78	1.45	1.48	1.02
2012	29021.06	20233.14	19890.06	8787.92	9131.00	343.08	1.43	1.46	1.02

若以城镇居民人均可支配收入来分析地区收入差距的存在状况，如表4－8所示。在表4－8中，东部地区的城镇居民人均可支配收入由2002年的9355.67增加为2012年的29021.06元，增加了19665.39元，年均增长速度达到11.99%；中部地区城镇居民人均可支配收入由2002年的6369.46元上涨为2012年的20233.14元，增加了13863.68元，年均增长速度达到12.25%；而西部地区城镇居民人均可支配收入由2002年的6674.88元上涨为2012年的19890.06元，增加了13215.18元，年均增长速度达到11.54%。从绝对收入差距来看，东部与中部地区城镇居民人均可支配收入差距从2002年的2986.21元增加到2012年的8787.92元，收入差距比之前拉大了5801.71元；东部与西部之间的收入差距由2002年的2680.79元增加到9131元，收入差距拉大了6450.21元；中部与西部之间的收入差距由2002年的－305.42元增加到343.08元，收入差距仅仅拉大了648.5元。另外，从相对收入差距来看，东部地区城镇居民人均可支配收入都为中、西部地区的1.45倍左右，而中部与西部地区之间的收入差距不明显，两地区之间的相对收入差距比值大约为1，如图4－2所示。

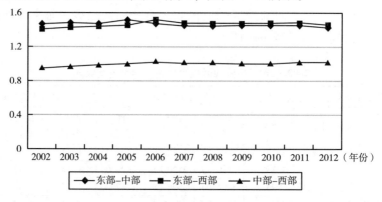

图4－2　2002～2012年不同地区城镇居民人均可支配收入的相对差距

　　再以不同地区农村居民人均纯收入来反映地区收入差距状况，如表 4 - 9 所示。在表 4 - 9 中，东部地区的农村居民人均纯收入由 2002 年的 3916.28 元增加为 2012 年的 11808.04 元，增加了 7891.76 元，年均增长速度达到 11.67%；中部地区农村居民人均纯收入由 2002 年的 2292.23 元上涨为 2012 年的 7670.66 元，增加了 5378.43 元，年均增长速度达到 12.84%；而西部地区农村居民人均纯收入由 2002 年的 1791.73 元上涨为 2012 年的 6008.33 元，增加了 4216.6 元，年均增长速度达到 12.86%。

表 4 - 9　　　　　　　　　2002～2012 年分地区农村居民人均纯收入

年份	农村居民人均纯收入（元）			地区收入的绝对差距（元）			地区收入的相对差距		
	东部	中部	西部	东部 - 中部	东部 - 西部	中部 - 西部	东部/中部	东部/西部	中部/西部
2002	3916.28	2292.23	1791.73	1624.05	2124.55	500.50	1.71	2.19	1.28
2003	4160.43	2407.36	1920.98	1753.07	2239.45	486.38	1.73	2.17	1.25
2004	4564.78	2770.19	2135.78	1794.59	2429.00	634.41	1.65	2.14	1.30
2005	5123.41	3029.18	2355.63	2094.23	2767.78	673.55	1.69	2.17	1.29
2006	5656.43	3359.13	2575.73	2297.30	3080.70	783.40	1.68	2.20	1.30
2007	6395.92	3917.95	3004.23	2477.97	3391.69	913.72	1.63	2.13	1.30
2008	7238.79	4551.04	3481.25	2687.75	3757.54	1069.79	1.59	2.08	1.31
2009	7855.26	4880.93	3788.37	2974.33	4066.89	1092.56	1.61	2.07	1.29
2010	8925.89	5654.53	4392.43	3271.36	4533.46	1262.10	1.58	2.03	1.29
2011	10485.55	6736.86	5220.97	3748.69	5264.58	1515.89	1.56	2.01	1.29
2012	11808.04	7670.66	6008.33	4137.38	5799.71	1662.33	1.54	1.97	1.28

　　另外，东部与中部地区农村居民人均纯收入的绝对差距从 2002 年的 1624.05 元增加到 2012 年的 4137.38 元，收入差距比之前拉大了 2513.33 元；东部与西部之间的收入绝对差距由 2002 年的 2124.55 元增加到 5799.71 元，收入差距拉大了 3675.16 元；中部与西部之间的收入绝对差距由 2002 年的 500.50 元增加到 1662.33 元，收入差距拉大了 1161.83 元。以相对收入差距来看，东部地区农村居民人均纯收入为中部地区的 1.6 倍左右，东部地区为西部的 2 倍左右，而中部地区是西部的收入差距不明显，两地区之间的相对收入差距比值大约为 1.2 倍以上，如图 4 - 3 所示。

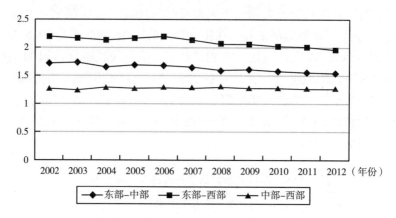

图 4-3　农村居民人均纯收入的地区收入相对差距

总之，通过不同地区城镇单位就业人员平均工资、城乡居民人均收入对比分析来看，东部地区的收入要远远高于中西部地区。可见，受地理位置优势和国家倾向性发展政策的影响，东部地区与中西部地区的收入差距鸿沟比较明显，而中西部地区之间收入相差不大。

4.1.4　劳资收入差距：劳动与资本

在初次分配中，企业把劳动者报酬分配给居民，将生产税等分配给政府，自身获得了企业盈余，也即获得了资本要素的报酬，由此通过再投资、扩大生产等获得更多的价值。因此，初次分配环节企业盈余分配的多少是体现劳资分配是否公平至关重要的问题。如果企业留给自己的盈余较少、资本要素所得比例过低，就会影响企业内部积累，导致企业没有后续扩大再生产的能力；如果企业盈余较多、资本要素所得比例过高，其必然造成资本剥削劳动，导致收入分配的不公平性。

据统计，1993～2006 年，我国工业企业的利润总额增长比较迅速，工业企业利润的年均增速达到37.6%，而职工工资年均增长仅为9.11%，工业企业利润的增长速度远远高于职工工资的增长速度[1]；另外，把 2006 年与 1993 年的绝对数据进行比较，在工业企业税后利润方面前者是后者的 12.17 倍，在职工工资总额方面前者仅为后者的 3.39 倍。可见，在政府税收并未减少的情况下，企业利润的快速增长一定程度上是以职工工资的低速增长为代价的，也就是说出现了利润"侵蚀"工资现象[2]。利润"侵蚀"工资一般是通过挤压正常的劳动力成本

---

①②　李晓宁，马启民. 中国劳资收入分配差距与关系失衡研究 [J]. 马克思主义研究，2012，06：48－58.

支出而实现企业利润的扩大，往往表现为利润在快速增长而工资增长很慢或者保持不变。由于这些被利润所"侵蚀"的工资，一部分转化为企业再生产投资，另一部分转化为资本所有者的收益或高层管理者的薪金，由此导致资本所有者的收入远远高于普通劳动者的收入，形成了居民劳资收入分配差距①。

　　毫无疑问，利润"侵蚀"工资是收入分配不公一种外在体现。一般来说，利润"侵蚀"工资通过两种方式实现：一是企业通过压低职工工资总额直接提升利润总额，如拖欠工资、同工不同酬、以当地政府划定的最低工资指导线支付职工工资或职工工资增长缓慢等；二是有些企业不交、少交或欠交职工社会保险费用等，从而通过减少职工福利支出达到间接提升企业利润总额的目的。例如，2010年南京城市户口的环卫"正式工"的月薪在2000元左右，每月还有800元左右的奖金，而临时工的月工资只有400元左右，除此之外再无任何奖金。又如中国劳动学会副会长兼薪酬专业委员会会长苏海南研究员提供的一项调查结果显示，普通劳动者的工资增长非常缓慢。他们以2010年1月作为基期，通过将2011年6月中国15个城市4个行业的工资数据与之对比发现，扣除通货膨胀因素之后，普通劳动者的实际工资在此期间仅名义增长了1%，实际工资反而下降了5%，这说明普通劳动者的工资增幅很慢，没有超过物价增幅，所以实际工资是下降的②。

　　如表4-10所示，据全国总工会对垄断行业上市公司职工与高管的薪酬调查，2006~2008年普通职工薪酬大约为高管薪酬的3%，沪市A股上市公司职工平均薪酬约为高管薪酬的10%；国有控股上市公司职工占高管薪酬的比重，2006年为14.87%，2007年下降为7.41%，2008年更是降至5.57%；央企上市公司职工薪酬占高管薪酬的比重大约为3.5%，由此可见劳动要素所得与资本要素所得差距很大。

表4-10　　　　全国总工会对上市公司职工与高管的薪酬调查

上市公司	年份	职工平均薪酬（元）	高管平均薪酬（元）	职工薪酬占高管薪酬的比重（%）
垄断行业上市公司	2006	13103	376299	3.48
	2007	17199	443329	3.88
	2008	13114	575496	2.28
沪市A股上市公司	2006	31285	250045	12.51
	2007	38537	329257	11.70
	2008	34832	378614	9.20

① 李晓宁，马启民. 中国劳资收入分配差距与关系失衡研究 [J]. 马克思主义研究，2012，06：48-58.
② 邢少文. 制造业劳资分配新格局 [J]. 南风窗，2011，21：62-65.

续表

上市公司	年份	职工平均薪酬（元）	高管平均薪酬（元）	职工薪酬占高管薪酬的比重（%）
国有控股上市公司	2006	37833	254365	14.87
	2007	25675	346562	7.41
	2008	21259	381686	5.57
央企上市公司	2006	14908	391081	3.81
	2007	17230	423370	4.07
	2008	12742	468691	2.72

注：根据张苏仲等著《沪市 A 股公司高管与职工的薪酬调查》提供的数据计算所得，该文载《改革内参》2010 年第 22 期。

我国富豪阶层的人数日益增多，这很大程度上源自劳资分配的不平等性。瑞信研究院 2011 年 10 月发布的《全球财富报告》表明，若以美元来计，中国百万富翁已达百万人以上，个人净资产超过 5000 万美元的富翁有 5400 名，仅次于美国名列第二①；《福布斯》2011 年中国富豪榜显示，中国个人或家族资产超过 10 亿美元的富豪有 146 人之多②。实际上，还有大批富豪隐藏在人们视线之外，并未出现在统计之列。与西方发达国家相比，中国的富豪数量仅次于美国，居然比其他一切发达资本主义国家都多！因此，这些富豪阶层的出现很难说与我国分配政策中提倡的"共同富裕"的目标相一致③。

按收入法来核算，国内生产总值被分为劳动者报酬、固定资产折旧、生产税净额与营业盈余四个部分，它们之间的变动关系反映了国内生产总值的结构，从宏观上体现劳资分配的份额比例。如表 4－11 所示，劳动者报酬从 1990 年的 53.42% 降为 2012 年的 45.60%，总共降低了 7.82 个百分点；营业盈余却从 1990 年的 21.85% 增加到 2012 年的 25.70%，增加了 3.85 个百分点；同期固定资产折旧从 11.67% 增加到 12.90%，增加了 1.23 个百分点；生产税净额从 13.06% 增加到 15.90%，增加了 2.84 个百分点。

① 卢映西. 财富的生产和分配：中外理论与政策——"中国经济规律研究会第 22 届年会"综述 [J]. 马克思主义研究，2012，05：151－156.

② 卫兴华. 我国当前贫富两极分化现象及其根源 [J]. 西北师范大学报（社会科学版），2012，05：1－9.

③ 本刊记者. 按照社会主义本质要求处理财富分配关系——访中国社会科学院马克思主义研究院特聘研究员卫兴华教授 [J]. 马克思主义研究，2012，06：11－20.

表4-11　　　　　　　1990~2012年按收入法核算的我国国内生产总值　　　单位:%

年份	劳动者报酬	固定资产折旧	生产税净额	营业盈余	年份	劳动者报酬	固定资产折旧	生产税净额	营业盈余
1990	53.42	11.67	13.06	21.85	2002	50.92	15.67	14.04	19.36
1991	52.16	12.33	13.27	22.24	2003	49.62	15.90	14.29	20.19
1992	50.09	12.87	13.37	23.66	2004	—	—	—	—
1993	50.67	11.66	13.82	23.92	2005	41.40	14.93	14.12	29.56
1994	51.15	11.91	13.62	23.25	2006	40.61	14.56	14.16	30.67
1995	52.84	12.35	12.85	21.96	2007	39.74	14.16	14.81	31.29
1996	53.40	12.80	12.57	21.23	2008	—	—	—	—
1997	52.79	13.64	13.13	20.34	2009	46.62	13.51	15.20	24.67
1998	53.14	14.43	13.34	18.91	2010	45.01	12.87	15.24	26.88
1999	52.38	15.07	13.54	19.01	2011	44.94	12.92	15.61	26.53
2000	51.38	15.40	14.16	19.06	2012	45.60	12.90	15.90	25.70
2001	51.45	15.72	14.08	18.76					

注：由中宏数据库 http://edu1.macrochina.com.cn/tjdata_new/xlsdb/525.xls 中地区数据汇总或《中国统计年鉴》中的数据计算得来。

一般来说，国内生产总值中的固定资产折旧与营业盈余部分都属于企业所有，所以两者合计可以看作是资本要素所得，而劳动者报酬是居民的劳动要素所得[1]。在表4-11中，1990年我国企业资本所得的比重为33.52%，2012年该比重上升到38.6%，其间虽有升降变化，但总体来说该比重增加了5.08个百分点，所以劳动者要素收入份额减少部分中的64.96%被资本要素收入份额所占有。由此可以看出，劳动要素分配的收入份额在减少，资本要素分配的收入份额却在增加，而且资本要素收入的比重也较大。1970~1974年美国收入分配中资本要素收入始终只占较少部分，该比重为16.6%[2]。相比而言，我国资本要素收入的比重较高。

根据表4-11的数据，2006年我国营业盈余与劳动者报酬的比值为0.755∶1，如表4-12所示。与此相对照，2006年美国营业盈余和劳动者报酬的比重约为19.50%和63.95%，两者的比值为0.305∶1，这一比值远远低于中国，这反映出我国资本要素的报酬率要高于美国。若分析劳动要素与资本要素收入的分配比例，该指标在1990年和1998年相继达到最大比值为1.6，其余年份该比值都

① 李晓宁，马启民. 中国劳资收入分配差距与关系失衡研究 [J]. 马克思主义研究，2012，06：48-58.
② 刘润芳，杨建飞. 我国居民收入份额下降的原因分析及对策建议——基于1992~2008年资金流量表数据分析 [J]. 西安财经学院学报，2011，05：5-11.

小于 1.6；另外，1992～1998 年劳资分配比值基本呈上升趋势，1998～2007 年又呈下降趋势，2009 年略有上升，如图 4－4 所示。

表 4－12　　　　　　2006 年中国和美国营业盈余与劳动者报酬的对比

国家	劳动者报酬/GDP	营业盈余/GDP	营业盈余/劳动者报酬
中国	40.61%	30.67%	0.755：1
美国	63.95%	19.50%	0.305：1

注：根据李济广著《劳资分配比例的中外比较》一文数据资料计算所得，该文载《统计研究》2008 年第 10 期。

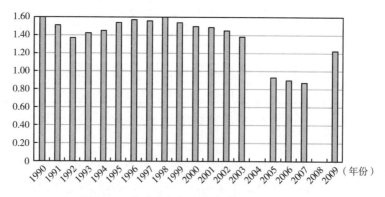

图 4－4　劳动要素与资本要素收入分配比例

　　总之，我国初次分配向资本所有者偏斜，导致资本要素的收入出现膨胀，而劳动要素的收入产生萎缩，形成很大的劳资分配差距；另外，以资本要素收入为主的群体收入增长比较迅速，而以劳动要素收入为主的群体收入增长一直比较缓慢，这促使劳资收入差距越拉越大，显然这不符合公平分配的要求。从经济伦理的角度来看，社会主义实施以"按劳分配为主体"的分配依据，原因在于劳动是社会财富创造的主要源泉①。但实践中出现了"以按劳分配为主体"原则被边缘化，非劳动要素的报酬所得高于劳动要素所得。因此，我国劳资分配中劳动要素的不公平待遇偏离了社会主义"共同富裕"的基本目标。

4.1.5　城镇居民内部收入差距：贫富分化

　　受计划经济体制的约束，改革开放之前我国城镇居民内部的收入分配基本

① 李晓宁，马启民. 中国劳资收入分配差距与关系失衡研究［J］. 马克思主义研究，2012，06：48－58.

上处于高度平均状态；自改革开放之后，在市场经济体制改革的影响下原先高度平均的分配格局被打破，例如，国企改革导致一部分城镇居民下岗，使他们的收入下降，城镇居民内部的收入分配开始出现分化，高收入阶层与低收入阶层之间的收入差距越来越明显，而且伴随着居民收入水平的提高收入差距有扩大趋势。当前，城镇居民内部的收入差距是客观存在的，而且这种收入差距是非常显著的。

如表 4 - 13 所示，列出了 2002 ~ 2012 年城镇居民不同收入分组与全部人均可支配收入的对比情况，由此反映出城镇居民的收入已发生了分层，不同阶层之间的收入差距比较大，而且随着时间的推移，不同阶层的收入差距均有拉大趋势。

表 4 - 13　　　　　　　2002 ~ 2012 年城镇居民不同收入分组与
全部人均可支配收入的比较

分组	2002 年	2003 年	2004 年	2005 年	2006 年	2007 年	2008 年	2009 年	2010 年	2011 年	2012 年
最低收入户（10%）	0.31	0.31	0.30	0.30	0.30	0.31	0.30	0.31	0.31	0.31	0.31
困难户（5%）	0.25	0.25	0.25	0.24	0.24	0.24	0.24	0.24	0.25	0.25	0.27
较低收入户（10%）	0.47	0.47	0.47	0.47	0.47	0.47	0.47	0.48	0.49	0.49	0.51
中等偏下收入户（20%）	0.64	0.63	0.64	0.64	0.64	0.64	0.65	0.65	0.66	0.66	0.68
中等收入户（20%）	0.86	0.86	0.87	0.87	0.88	0.87	0.89	0.90	0.90	0.90	0.91
中等偏上收入户（20%）	1.15	1.15	1.17	1.17	1.20	1.19	1.22	1.22	1.21	1.21	1.21
较高收入户（10%）	1.53	1.55	1.59	1.59	1.64	1.62	1.66	1.65	1.62	1.63	1.61
最高收入户（10%）	2.47	2.58	2.69	2.69	2.74	2.72	2.76	2.73	2.69	2.70	2.60

在表 4 - 13 中，占城镇居民 10% 的最低收入户的人均可支配收入与全部人均可支配收入对比，其比值为 0.3，也就是说，最低收入户的人均收入相当于全部人均可支配收入的 30%；而占城镇居民 5% 的困难户的人均可支配收入仅占 25% 左右，2002 ~ 2012 年该比值由 0.25 增加到 0.27，上升了 2 个百分点；较低收入户的比值由 2000 年的 0.47 增加为 2012 年的 0.51，上升了 4 个百分点；中等偏

下收入户的比值由 2000 年的 0.64 增加为 2012 年的 0.68，也上升了 4 个百分点；中等收入户的比值由 2000 年的 0.86 增加为 2012 年的 0.91，上升了 5 个百分点；中等偏上收入户的比值由 2000 年的 1.15 增加为 2012 年的 1.21，上升了 6 个百分点，该组的人均可支配收入是全部人均可支配收入的 1.2 倍左右；较高收入户的比值由 2000 年的 1.53 增加为 2012 年的 1.61，上升了 8 个百分点，上升幅度较大，该组的人均可支配收入是全部人均可支配收入的 1.6 倍左右；而最高收入户的比值由 2000 年的 2.47 增加为 2012 年的 2.60，总共上升了 13 个百分点，上升幅度最大，该组的人均可支配收入是全部人均可支配收入的 2.6 倍左右。

　　另外，我们可以通过城镇居民不同收入分组与全部人均总收入的对比，反映了同样的规律，如表 4 - 14 所示。虽然此次是用人均总收入指标来分析，但不同收入户分组与全部人均总收入的比值与表 4 - 13 所计算的结果非常接近。由表 4 - 14 可以看出，占全部城镇居民 10% 的最低收入户的人均总收入仅占全部人均总收入的 30%，而占全部城镇居民 10% 的最高收入户的人均总收入是全部人均总收入的 2.6 倍。由此可以看出，城镇居民不同分组之间的收入差距是显而易见的。

表 4 - 14　　2002 ~ 2012 年城镇居民不同收入分组与全部人均总收入的比较

分组	2002 年	2003 年	2004 年	2005 年	2006 年	2007 年	2008 年	2009 年	2010 年	2011 年	2012 年
最低收入户（10%）	0.31	0.30	0.30	0.30	0.30	0.31	0.30	0.32	0.32	0.33	0.34
困难户（5%）	0.25	0.25	0.25	0.24	0.25	0.25	0.25	0.26	0.26	0.27	0.28
较低收入户（10%）	0.47	0.46	0.46	0.48	0.47	0.47	0.46	0.47	0.49	0.49	0.51
中等偏下收入户（20%）	0.64	0.63	0.63	0.64	0.64	0.64	0.64	0.65	0.66	0.66	0.68
中等收入户（20%）	0.86	0.86	0.86	0.87	0.87	0.87	0.88	0.89	0.90	0.89	0.91
中等偏上收入户（20%）	1.15	1.15	1.17	1.20	1.20	1.19	1.22	1.22	1.21	1.21	1.22
较高收入户（10%）	1.54	1.55	1.60	1.65	1.63	1.62	1.65	1.65	1.63	1.64	1.61
最高收入户（10%）	2.47	2.59	2.72	2.76	2.74	2.68	2.72	2.72	2.68	2.69	2.59

　　为了突出反映城镇居民内部收入的分化以及收入差距的拉大，我们以占城镇

居民总数 5% 的困难户的收入与总收入以及最高收入组进行对比,如表 4-15 所示。以人均可支配收入来分析,城镇居民困难户收入占全部人均可支配收入的比重 2002 年为 25.41%,2012 年为 26.54%;若把城镇居民困难户的人均可支配收入与最高收入组进行对比,2000 年为 10.30%,2012 年仅为 10.22%。另外,以人均总收入来分析,城镇居民困难户收入占全部人均总收入的比重 2002 年为 25.24%,2012 年为 27.90%,上升了 2.66 个百分点;若把城镇居民困难户的人均总收入与最高收入组进行对比,2000 年为 10.21%,2012 年上升为 10.76%。

表 4-15　　　　　2002~2012 年城镇居民困难户（5%）与

全部人均收入的比较　　　　　　单位:%

年份	人均可支配收入		人均总收入	
	与全部人均可支配收入比较	与最高收入组（10%）比较	与全部人均总收入比较	与最高收入组（10%）比较
2002	25.41	10.30	25.24	10.21
2003	24.77	9.61	25.14	9.70
2004	25.54	9.11	24.99	9.20
2005	23.79	8.67	24.14	8.75
2006	24.14	8.88	24.60	8.98
2007	24.36	9.13	25.12	9.36
2008	23.66	8.56	24.53	8.83
2009	24.44	8.96	26.17	9.61
2010	24.80	9.21	26.07	9.72
2011	24.75	9.17	26.88	10.00
2012	26.54	10.22	27.90	10.76

除此之外,我们再把城镇居民最高收入组与最低收入组进行对比,如表 4-16 所示。2002 年最低收入组的人均可支配收入是 2408.60 元,最高收入组的人均可支配收入为 18995.90 元,后者是前者的 7.89 倍;2005 年两者的人均可支配收入分别为 3134.90 元、28773.20 元,比值最高达到 9.18 倍,2012 年两者的比值降为 7.77 倍,因此最高收入组与最低收入组的人均可支配收入比值经历了先上升后下降的过程,不过总体来说前者是后者的 8 倍左右,可见收入差距是非常突出的。再以城镇居民人均总收入来看,最高收入组与最低收入组的人均总收入比值 2000 年为 7.99 倍,2005 年达到最高为 9.25 倍,2012 年又降为 7.59 倍,同样经历了先上升后下降的过程,也反映了城镇居民之间的收入差距非常明显。

表 4 -16 2002～2012 年城镇居民最高收入组（10%）
与最低收入组（10%）的比较

年份	城镇居民人均可支配收入			城镇居民人均总收入		
	最低收入组（10%）人均可支配收入（元）	最高收入组（10%）人均可支配收入（元）	最高收入组与最低收入组的对比	最低收入组（10%）人均可支配收入（元）	最高收入组（10%）人均可支配收入（元）	最高收入组与最低收入组的对比
2002	2408.60	18995.90	7.89	2527.70	20208.40	7.99
2003	2590.20	21837.30	8.43	2762.40	23484.00	8.50
2004	2862.40	25377.20	8.87	3084.80	27506.20	8.92
2005	3134.90	28773.10	9.18	3377.70	31237.50	9.25
2006	3568.70	31967.20	8.96	3871.40	34834.40	9.00
2007	4210.10	36784.50	8.74	4604.60	40019.20	8.69
2008	4753.60	43613.80	9.17	5203.80	47422.40	9.11
2009	5253.20	46826.10	8.91	5950.70	51349.60	8.63
2010	5948.10	51431.60	8.65	6703.70	56435.20	8.42
2011	6876.10	58841.90	8.56	7819.40	64460.70	8.24
2012	8215.10	63824.20	7.77	9209.50	69877.30	7.59

总之，我国城镇居民之间已存在明显的贫富分化，这种收入差距反映了城镇居民内部没有出现收入趋同，即没有形成相当数量的中产阶级，而出现了收入的不同分层，尤其是高、低收入人群比值在持续拉大。

综上所述，从"小分配"视角来审视居民收入差距的不同表现形态，我国目前行业收入差距、城乡收入差距、地区收入差距、劳资收入差距以及城镇居民内部的收入差距都是非常显著的，而且各种收入差距鸿沟近年来有不同程度的上升。

4.2　居民收入差距的整体变化趋势与评价

虽然我们对居民收入差距进行了一些具体表现形态的统计分析，但我们有必要从整体的角度对居民收入差距进行衡量，这样可以让我们"知其全貌，而非仅窥一斑"了。目前世界上公认的定量测定一个居民收入差距程度的指标是基尼系数。

4.2.1 我国居民收入分配基尼系数

居民收入水平从整体上反映了居民收入的高低,自改革开放以来,我国居民的收入水平不断提升。居民收入分配基尼系数反映了居民之间收入分配的差异性,它与收入水平的高低之间没有必然的联系①。所谓基尼系数 G(Gini Coefficient)是由意大利统计学家科拉多·基尼(Corrado Gini)于1912年在美国经济学家马克斯·奥托·洛伦茨(Max Otto Lorenz)1905年提出的洛伦茨曲线(Lorenz Curve)的基础上,提出来衡量一个地区或一个国家收入分配平均程度的相对指标。基尼系数的计算含义是在全部居民收入中,用于不平均分配的那部分收入占总收入的比重。按照国际通用标准来衡量,基尼系数小于0.2为收入高度平均,0.2~0.3表示收入比较平均,0.3~0.4表示收入相对合理,0.4~0.5表示收入差距较大,大于0.6为收入高度不平均。通常国际上把基尼系数0.4看作是收入分配贫富差距的"警戒线",超过0.4的基尼系数反映了收入分配已处于不合理状态,需要加强治理。因此,我们在对居民收入差距的各种表现形态进行分析之后,有必要利用基尼系数对我国居民收入差距的总体状态进行研究。

国家统计局2013年首次对外公布了经过最新计算的、衡量收入差距的指数——全国居民收入基尼系数,如表4-17所示。数据显示,2012年国内居民收入基尼系数为0.474,较2000年上升了0.062个基点。自2000年以来我国收入分配的基尼系数均高于0.4,基本上都处于较高水平,表明居民收入分配差距很大。国家统计局最新数据表明,2014年全国居民收入基尼系数为0.469,低于2013年的0.473,已实现了自2008年以来的"六连降"。

表4-17　　　　2000~2014年国家统计局公布的我国收入分配基尼系数

年份	2000	2003	2004	2005	2006	2007	2008	2009	2010	2011	2012	2013	2014
基尼系数	0.412	0.479	0.473	0.485	0.487	0.484	0.491	0.490	0.481	0.477	0.474	0.473	0.469

资料来源:均来自官方统计局公布的数据。

一个国家的基尼系数大体上体现了一个国家的利益分配格局状况。我国的收入分配基尼系数由改革之初1978年的0.16发展到2008年最高为0.491,然后从2009年基尼系数开始下降,到2014年为0.469(见图4-5),这种变化是非常显著的,可以说30多年的改革历程让我国收入分配从绝对平均发展到差距悬殊,

① 陈昌兵. 各地区居民收入基尼系数计算及其非参数计量模型分析 [J]. 数量经济技术经济研究,2007,01:133-142.

不可否认我国的收入分配从一个极端走向另一个极端。按照国家统计局公布的基尼系数来看，我国的利益分配格局已达到贫富分化很严重的程度。例如，经济学家马光远分析指出，即使是按国家统计局的基尼数据来比照，0.4 以上也意味着我国是世界上贫富差距较大的国家之一。

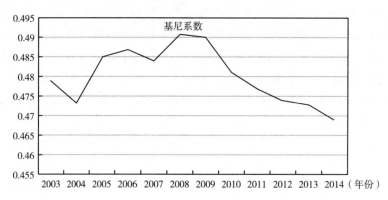

图 4 - 5　2003 ~ 2014 年国家统计局公布的收入分配基尼系数

　　如果说国家统计局的基尼系数测算比较保守的话，民间研究机构对基尼系数的测算结果比较令人震惊。2012 年 12 月西南财经大学中国家庭金融研究中心研究显示，2010 年我国家庭收入的基尼系数为 0.61，新华社两位研究员也指出2010 年我国的基尼系数超过了 0.5。与此相对照，国家统计局公布 2010 年的基尼系数为 0.481，世界银行公布 2010 年全球基尼系数平均为 0.44。虽然我国这些出处的基尼系数数据有差异，但它们均高于世界平均水平 0.4，这说明我国财富分配确实非常不均，缩小收入差距具有一定的必要性和紧迫性，若不加控制的话，将引发经济萎缩和社会动荡。

4.2.2　我国居民收入差距的适度性判断

　　美国史学家汤因比曾经指出：人不仅仅是靠面包过活的。也就是说，即使人们的物质生活达到很高的程度，也无法治愈人们对社会公平的精神需求。因为大多数人都有嫉妒偏好，别人的收入高低与他的幸福感呈"负相关"，即别人的收入与自己相对而言越高时，他就越感到不幸福、痛苦和不满①。经济学家将此称为"收入的外部效应"，就是指一个人对收入的满足感不仅取决于自己的绝对收

---

① 施峰. 缩小居民收入差距：中国和平发展亟待解决的一个重要问题 [J]. 经济研究参考，2005，38：2 - 20.

入，同时也取决于他的相对收入，即与社会上其他人收入的相对水平。

在经济增长的情况下，从个人收入的纵向比较来看，一般来说，居民的收入总是较之以前有了很大的提升，但是因为存在"收入的外部效应"，居民对自己的收入并非很满足，他们往往对居民收入存在横向比较，这种相对收入的比较更能影响他们对收入的满足感，所以关于居民收入差距的判断是影响收入分配是否合理的主要议题。改革开放以来，全国人民的生活水平都有很大提高，但同时"端起碗吃肉，放下碗骂娘"的现象不仅没有得到缓解，反而有加剧的趋势。

对居民收入差距合理与否的判断来自特定历史时期社会上绝大多数人的主观价值认识，它与居民对收入差距的心理承受能力密切相关，而居民对收入差距的承受能力不仅取决于居民之间收入差距的大小，也取决于居民收入差距拉大的速度①。在一定时期内，居民收入差距拉大速度越快，居民所承受的心理压力越大，越易引起社会矛盾和冲突。所谓适度的居民收入差距，是指一种既有助于实现社会资源的有效配置，又有利于实现社会和谐稳定的收入差距协调状态，社会居民对这种收入差距是比较接纳的②。对居民收入差距是否合理的判断，一方面可以通过利益格局来判断，另一方面可以通过居民收入分布的结构来分析。

基尼系数是反映一个国家或地区收入分配格局平均状态的重要指标，根据基尼系数的大小可以把社会划分四种不同的利益格局。第一种：良性而和谐的利益格局。当基尼系数在0.2～0.3时就属于良性和谐的社会利益格局，这时社会的收入分配体制比较合理，政府的公共政策能完全体现公平正义。第二种：轻度利益格局被扭曲。这时基尼系数大体维持在0.3～0.4，收入分配制度本身存在少数不合理因素，但是政府的公共政策能比较完善地体现公平公正性。第三种：被中度扭曲的利益格局。这时对应的基尼系数在0.4～0.5，收入分配制度存在许多不合理之处，政府的公共政策存在明显的不公平，或者说有失公正。第四种：被严重扭曲的利益格局。这时整个社会的基尼系数在0.5以上，收入分配制度非常不合理合理，政府公共政策的公平公正性大大缺乏③。实际上，被中度扭曲的利益格局和被严重扭曲的利益格局都面临收入分配改革，后者改革的迫切性和彻底性要求更强烈。

自2000年以来，我国居民收入分配基尼系数一直处在0.4～0.5，所以可以判断我国社会属于第三种利益分配格局，这是一种被中度扭曲的利益格局状态。实际上，我国居民收入差距的确从改革初期所处的差距合理区间已转入目前所处的差距过大区间，这种利益格局反映了居民收入差距已经比较突出，贫富分化很

①　李玉菊. 对我国居民收入分配差距及其变动趋势的分析 [J]. 中国软科学，2003，06：67－71.

②　张敏，张一川. 我国城镇居民收入差距适度性分析 [J]. 郑州航空工业管理学院学报，2010，01：13－15.

③　邱永建. 也谈我国的基尼系数 [J]. 全国商情（理论研究），2013，06：6－7.

严重，所以改革的重点在于加强收入分配制度的公平性。

另一个判断居民收入差距是否合理的标准来自对居民收入分布结构的分析。世界各国的经验显示，一个社会具有合理的居民收入分配格局时它的分布形态是呈"橄榄"形的，即"两头小、中间大"。在这样的分配格局中，过富和过贫的人占整个社会的人数比重较少，中产阶级应该是社会的中流砥柱，占相当大比例。在西方市场经济国家，中等阶级的人数比重为40% ~ 60%①。"橄榄"形的收入分配格局既反映出社会存在一定程度的收入差距，而这种收入差距又不是非常悬殊，所以它既有效率提升的动力刺激，又有社会和谐稳定的基础，能够实现公平与效率的统一。事实证明，只要居民收入分布的结构保持"橄榄"形特征，或者朝着"橄榄"形特征演变，就可以认为总体上居民收入差距是良性、正常的。

目前，我国居民收入的分布结构是"金字塔"形的，具体表现为中低收入阶层居民比重过大，中产阶级人数较少，中高收入阶层的人数比例过低。据学者杨继绳的研究结果显示：如果把中国社会划分为5个阶层，各个阶层在全国总从业人数中的比重分别为：上等阶层为1.4%，中上等阶层为4.1%，中等阶层为12.04%，中下阶层为73.5%，下等阶层为9.5%；其中，中产阶级以上比重只占17%左右，而收入低下的阶层占83%左右。可见，我国居民的收入分布结构是"金字塔"形，而不是"橄榄"形的，这是一种不合理的收入分配形态。

总之，无论从基尼系数来判断，还是通过居民收入分布形态来分析，我国居民收入差距已经处于过大的不合理区间，需要尽快通过收入分配改革平抑居民收入差距。因为过大的居民收入差距已经影响到了社会公众对收入分配合理性的主观价值判断，已有相当一部分社会公众对收入分配状况不满或感到义愤；更进一步来说，因这些价值判断导致有些民众做出危及社会安定和谐的事情，甚至频频出现报复社会的行为。

4.2.3 是否需要对居民收入差距扩大进行干预

我国居民收入差距的扩大是由市场经济转轨的现实决定的，很难避免。实际上，世界上绝大多数国家发展过程中都经历了居民收入差距的扩大，必须予以正确对待。但是我国居民收入差距拉大的速度非常快，在不到一代人的时间内，从收入相当均等变化到收入分配严重不均，这比其他国家经过若干代人才拉开收入差距的情况，冲击力要大得多②。因此，对我国过大的居民收入差距应采取措施进行治理。

---

① 王金柱. 构建和谐社会中的效率与公平［M］. 长沙：湖南人民出版社，2007，09：214.
② 李强，楼继伟. 我国收入分配差距扩大，过程不公最为严重［J］. 资料通讯，2006，Z1：88 - 89.

1955年，库兹涅茨（Kuznets）通过对美、英、德等国历史数据的研究发现，收入差距与经济发展水平之间似乎有倒"U"型曲线关系。即伴随着经济水平的提高，这些国家的收入分配不平等状况都经历了"先扩大后缩小"的共同发展历程，学者们将其称为"库兹涅茨曲线"。库兹涅茨还认为，收入差距并不会无条件地随着经济增长先上升后下降，而是受到一系列经济、社会、政治和人口等因素综合影响的结果。因此，他认为发展中国家不应像早期资本主义国家那样听任收入差距扩大，而应当深入分析其影响因素，采取适当措施及时缩小差距。

库兹涅茨设想，一个国家在工业化发展的早期阶段，由于劳动力市场供过于求必然导致低工资和工资差距的扩大，收入分布不平等的程度增大，这必然使整个社会的收入差距拉大；等到人均GDP超过一定水平或继续增加时，劳动力市场供求关系缓和，收入会向平等化方向转变，收入差距又出现缩小的趋势。可见，"库兹涅茨曲线"告诉我们收入分配长期变动轨迹是"先恶化后改进"，似乎收入分配在恶化之后有自动修复的功能，但理论分析和实践检验都并没有给予倒"U"型假说的普遍性和必然性充分证明。有学者认为，库兹涅茨假说"5%是经验材料，95%是推测，其中还可能有如意算盘之嫌疑"[①]。

国内很多学者对倒"U"型假说表示认同，把它看成是经济增长过程所必然出现的普遍规律，但对倒"U"型假说提出的由恶化到改进演变的"拐点"具体在哪里，又没有准确的答案，这在一定程度上放任了收入分配差距扩大。他们主张任由居民收入分配差距扩大趋势蔓延下去，在适当的时候由其自行转变。显然，这种观点是不被社会公众所接受的。其实，美国经济学家罗利认为，经济发展中收入分配的倒"U"型变化并不是依数据而推导得出的，它仅仅是一种推测。没有证据表明，在所有情况下倒"U"型都是不可避免的，所以倒"U"型假设的预测价值很有限[②]。例如，"拉美化"现象和我国居民贫富悬殊问题，都反映了收入差距并没有随着经济发展而缩小；相反，亚洲一些国家在经济发展过程中采取了一些实现收入分配公平的举措，既实现了经济的快速增长，又避免了收入分配状况的恶化，它们并不支持倒"U"型假说。

实际上，在市场经济转型过程中居民收入差距的变化还是有规律可循的。一般说来，收入差距扩大是市场经济发展的阶段性特征：在市场经济发展的初期收入差距会急剧上升，待工业化和城镇化基本完成之后，人均国民生产总值提高达到一定水平时，收入差距扩大的趋势才会减缓。当然，这种收入差距的减缓并不

---

① 谷亚光.中国收入分配差距的状态、原因及治理对策 [J].马克思主义研究，2010，04：64-74.

② 罗利：《经济发展与收入分配》，参见阿西马科普洛斯主编：《收入分配理论》，赖得胜等译，北京：商务印书馆，1995年，第252页。

是自然发生的，市场没有自动平抑收入差距的功能，它只能是与市场相配套的体制的逐步完善以及政府主动调控干预的结果①。

4.3 居民收入差距的不同国际比较

4.3.1 不同国家的基尼系数及贫富分化

根据联合国开发计划署（UNDP）发布的部分国家基尼系数，如表 4 – 18 所示，可以看出 2001 年以来日本、丹麦、美国、法国和韩国的基尼系数基本维持不变，日本的基尼系数为 0.249，丹麦为 0.247，美国为 0.408，法国为 0.327，韩国为 0.316；除此之外，加拿大为 0.32 左右，德国大概为 0.29，意大利为 0.36，墨西哥为 0.50 以上，英国为 0.36。在这些样本国家里，墨西哥的基尼系数最高，美国次之，丹麦最低。另外，通过 10% 最富裕人口占比与 10% 最贫困人口的占比（R/P 10%）可以看出，墨西哥的比例最高，美国次之，日本最低，由此反映出这些样本国家中墨西哥的贫富差距最大，美国的贫富差距也比较大，而日本属于一个贫富相对平均的国家。

表 4 – 18　　　　　　部分国家基尼系数及 10% 最贫富人群的比较

指标	日本	加拿大	丹麦	德国	意大利	墨西哥	美国	法国	英国	韩国
基尼系数：										
2001 年	0.249	0.315	0.247	0.30	0.273	0.519	0.408	0.327	0.361	0.316
2009 年	0.249	0.326	0.247	0.283	0.36	0.481	0.408	0.327	0.36	0.316
2010 年	0.249	0.326	0.247	0.283	0.36	0.516	0.408	0.327	0.36	0.316
2011 年	—	0.326	—	0.283	0.36	0.517	0.408	—	—	—
10% 最富裕占比	21.7	24.8	21.3	22.1	26.8	37.9	29.1	25.1	28.5	22.5
10% 最贫困占比	4.8	2.6	2.6	3.2	2.3	1.8	1.9	2.8	2.1	2.9
R/P 10%	4.5	9.4	8.1	6.9	11.6	21	15.9	9.1	13.8	7.8

资料来源：孙章伟. 日本基尼系数与再分配制度研究、现代日本经济，2013（03）. 原文数据来源于联合国年度报告 "Human Development Report"。

根据欧盟统计局数据库公布的部分国家的基尼系数来看，如表 4 – 19 所示。欧盟 27 国的基尼系数由 2005 年的 0.306 变化为 2011 年的 0.307，欧元区

① 潘毅刚. 理性看待当前居民收入差距扩大 [J]. 浙江经济，2007，01：47 – 49.

17 国的基尼系数由 2005 年的 0.292 变化为 2011 年的 0.305，而欧元区 15 国的基尼系数由 2000 年的 0.29 上升为 2011 年的 0.308，增加了 0.018 个基数点。另外，英国、德国、法国、意大利、西班牙、葡萄牙和希腊这七个欧盟成员国中 2000～2011 年基尼系数最高的为葡萄牙，2000 年其基尼系数为 0.36，2005 年上升为 0.381，到 2011 年下降为 0.342，其他六个国家的基尼系数均低于葡萄牙的基尼系数。但若与中国的基尼系数相比，欧盟国家的基尼系数都低于中国的基尼系数，由此反映出欧盟国家的收入分配比较合理，贫富差距并不很大。

表 4 – 19　　　　　　　　　　　欧盟部分国家的基尼系数

国　　家	2000 年	2005 年	2009 年	2010 年	2011 年
欧盟 27 国	—	0.306	0.304	0.305	0.307
欧元区 17 国	—	0.292	0.301	0.302	0.305
欧元区 15 国	0.29	0.299	0.304	0.305	0.308
英国	0.32	0.346	0.324	0.330	0.330
德国	0.25	0.261	0.291	0.293	0.290
法国	0.28	0.277	0.299	0.298	0.308
意大利	0.29	0.328	0.315	0.312	0.319
西班牙	0.32	0.318	0.323	0.339	0.340
葡萄牙	0.36	0.381	0.354	0.337	0.342
希腊	0.33	0.332	0.331	0.329	0.336

资料来源：余芳东．国外基尼系数、调研世界，2013（05）．原文数据来源于欧盟统计局数据库。

　　根据世界银行数据库的调查数据显示，发展中国家的基尼系数普遍比较高，如表 4 – 20 所示。1990～1992 年 12 个样本国家中基尼系数最高的为巴西，达到 0.610，其次为南非，为 0.593，中国排第 10 位，基尼系数为 0.324，印度尼西亚基尼系数最低，为 0.292；2000～2002 年巴西的基尼系数仍然是最高，但较之前有所下降，哥伦比亚的基尼系数次之，为 0.587，中国排第 7 位，基尼系数上升为 0.426，印度尼西亚仍然是最低，仅为 0.297；2005～2007 年南非的基尼系数最高，达到 0.674，巴西次之，为 0.574，中国的基尼系数排名第 6 位，上升为 0.485，巴基斯坦最低，为 0.312；2009～2011 年南非的基尼系数仍然最高，但较之前有所下降，为 0.631，哥伦比亚次之，为 0.559，中国排名第 5 位，为 0.483，巴基斯坦仍然处于最低，为 0.300。

表 4-20　　　　　　　　　　　　部分发展中国家基尼系数

国家	1990~1992 年	2000~2002 年	2005~2007 年	2009~2011 年
中国	0.324	0.426	0.485	0.483
巴西	0.61	0.601	0.574	0.547
俄罗斯	0.484	0.396	0.375	0.401
印度	0.308	0.334	—	—
南非	0.593	0.578	0.674	0.631
墨西哥	0.511	0.519	0.481	0.483
阿根廷	0.466	0.511	0.493	0.445
智利	0.533	0.553	0.518	0.521
哥伦比亚	0.513	0.587	0.561	0.559
印度尼西亚	0.292	0.297	0.34	0.368
巴基斯坦	0.332	0.304	0.312	0.300
斯里兰卡	0.325	0.412	0.403	—

资料来源：余芳东．国外基尼系数、调研世界，2013（05）．原文数据来源于世界银行数据库。

　　另外，我们对"金砖"四国的基尼系数进行研究，由于所收集的数据并不完整，我们仅能从现有数据中对四个国家的收入分配情况进行大致判断，如表4-21所示。基尼系数最高的为南非，2005 年和 2007 年的基尼系数分别为 0.650 和 0.670；次高的国家为巴西，2003 年巴西的基尼系数为 0.545，2009 年降为 0.509；中国的基尼系数排名第 3 位，2003~2012 年基本上维持在 0.47，在此期间 2008 年达到最大值为 0.491；"金砖"四国中基尼系数最低的位俄罗斯，2003 年基尼系数为 0.403，2010 年上升为 0.423，上升了 0.2 个基数点。

表 4-21　　　　　　　　　　　　"金砖"国家的基尼系数

国家	2003 年	2005 年	2007 年	2008 年	2009 年	2010 年	2011 年	2012 年
中国	0.479	0.485	0.484	0.491	0.490	0.480	0.477	0.474
巴西	0.545	0.532	0.520	0.514	0.509	—	—	—
俄罗斯	0.403	0.409	0.423	0.422	0.422	0.423	—	—
南非	—	0.650	0.670	—	—	—	—	—

资料来源：余芳东．国外基尼系数、调研世界，2013（05）．原文数据来源于金砖国家联合手册 2012。

　　由世界银行的统计资料对比分析，虽然 2000 年以来我国的收入分配不均状况令人担忧，但并不属于分配严重不均的国家之列。当前，中国的基尼系数大大高于东欧国家的数字，略高于美国，接近东亚各国的平均数，但远远低于拉丁美洲和撒哈拉以南非洲的数字。可是值得警惕的是,在改革开放30多年的时间内,我国由一个收入相对平均的国家迅速演变为收入分化比较严重的国家,中国基尼系数的增长幅度确实令人震惊,是同期变化最大的。总的来说,我国的基尼系数虽然不属于高度不平均的行列,但也处于收入差距较大的行列。在发展中国家基尼系数普遍较高的情况下,我国的基尼系数并不很突出,但与发达国家以及欧盟国家较低的基尼系数来比较,我国的基尼系数又显得相对较高了。特别是自2000年以来,我国的基尼系数维持在0.4~0.5,均超出了0.4的"警戒线",这是值得警惕的。

4.3.2　部分国家初次分配与再分配的基尼系数

基尼系数可以分别用于对初次分配阶段和再分配阶段衡量社会收入差距形态。一般来说,初次分配阶段社会收入差距较大,经过再分配的调节,收入差距会有所降低。这里我们通过部分OECD国家初次分配和再分配的基尼系数,来反映两个分配阶段收入差距状况。

在表4-22中,列举了部分OECD国家1985~2010年关键年份的初次分配基尼系数。1985年日本、加拿大和丹麦三国的初次分配基尼系数低于0.4,而德国、意大利、墨西哥、英国和美国的初次分配基尼系数均高于0.4,这些OECD国家初次分配基尼系数的均值为0.410;1990年,日本和墨西哥的数据缺失,现有的数据中仅有丹麦的初次分配基尼系数低于0.4,其他国家均高于0.4,这些OECD国家初次分配基尼系数的均值为0.426;1995年和2000年,意大利和墨西哥的初次分配基尼系数均高于0.5,而其他国家的初次分配基尼系数均在0.4~0.5,平均来看这两个年份OECD国家的初次分配基尼系数分别为0.460和0.466;2005年和2010年这些OECD国家初次分配的基尼系数大体上都较之前有所上升,其均值分别达到0.472和0.474。总的来看,1985~2010年这些OECD国家的初次分配基尼系数是不断上升的,其平均值由1985年的0.410上升为2010年的0.474,增加了0.064个基数点。

表4-22　　　　　　　部分OECD国家初次分配基尼系数

国　　家	1985 年	1990 年	1995 年	2000 年	2005 年	2010 年
日本	0.345	—	0.403	0.432	0.443	0.462
加拿大	0.395	0.403	0.430	0.440	0.436	0.441
丹麦	0.373	0.396	0.417	0.415	0.417	0.416

续表

国　家	1985 年	1990 年	1995 年	2000 年	2005 年	2010 年
德国	0.439	0.429	0.459	0.471	0.499	0.504
意大利	0.420	0.437	0.508	0.516	0.557	0.534
墨西哥	0.453	—	0.532	0.517	0.491	0.494
英国	0.419	0.439	0.453	0.458	0.445	0.456
美国	0.436	0.450	0.477	0.476	0.486	0.486
OECD 国家均值	0.410	0.426	0.460	0.466	0.472	0.474

资料来源：孙章伟.日本基尼系数与再分配制度研究、现代日本经济，2013（03）.原文数据来源于 OECD 统计局 http：//stats. oecd. org/Index. aspx? QueryId ＝26067&Lang ＝ en。

其次，我们再来看这些 OECD 国家再分配基尼系数的变化情况，如表 4－23 所示。1985~2010 年这些 OECD 国家的再分配基尼系数均值由 0.272 上升为 0.378，上升了 0.106 个基数点。很显然，经过再分配调节后，这些 OECD 国家的基尼系数已经较初次分配阶段有所降低了，除少数个别国家外，大部分国家的基尼系数已降至 0.4 以下，由此说明这些国家的再分配调节力度很大，政府政策很好地发挥了平抑收入差距的作用。

表 4－23　　　　　　　　　　部分 OECD 国家再分配基尼系数

国家	1985 年	1990 年	1995 年	2000 年	2005 年	2010 年
日本	0.304	—	0.323	0.337	0.321	0.329
加拿大	0.293	0.287	0.289	0.318	0.317	0.324
丹麦	0.221	0.226	0.215	0.226	0.232	0.248
德国	0.251	0.256	0.266	0.264	0.285	0.295
意大利	0.309	0.297	0.348	0.343	0.352	0.337
墨西哥	0.452	—	0.519	0.507	0.474	0.476
英国	0.309	0.354	0.336	0.351	0.331	0.342
美国	0.337	0.348	0.361	0.357	0.38	0.378
OECD 国家均值	0.272	0.295	0.332	0.338	0.337	0.341

资料来源：孙章伟.日本基尼系数与再分配制度研究、现代日本经济，2013（03）.原文数据来源于 OECD 统计局 http：//stats. oecd. org/Index. aspx? QueryId ＝26067&Lang ＝ en。

具体地来看，上述 OECD 国家初次分配和再分配基尼系数的前后变化情况如表 4－24 所示。可以看出，有些国家的再分配调节效应非常明显，把初次分配基尼系数与再分配基尼系数相比较，下降幅度比较大。例如，1985 年丹麦和德国的基尼系数再分配比初次分配分别下降了0.152和0.188个基数点,这些OECD国家的基尼系数均值下降了0.138个基数点;1990年、1995年、2000年和2005年四个年份中,丹麦和德国在这些OECD样本国家地区中再分配调整幅度基本都处于前列,而2010年德国和意大利两国的调整力度较大。1985～2010年,这些OECD国家的初次分配与再分配基尼系数对比,它们调整的均值几乎都达到0.13个基数点左右,这使原有的初次分配基尼系数几乎在0.4以上,而经过再分配调整后,除墨西哥之外,这些OECD样本国家的基尼系数都低于0.4的贫富差距"警戒线",属合理、公平范围。可见,这些OECD国家很好地发挥了再分配的调节作用,很大程度上平抑了初次分配阶段所产生的贫富差距。

表4-24 部分OECD国家基尼系数改善度

国家	1985年	1990年	1995年	2000年	2005年	2010年
日本	0.041	—	0.080	0.095	0.122	0.133
加拿大	0.102	0.116	0.141	0.122	0.119	0.117
丹麦	0.152	0.170	0.202	0.189	0.185	0.168
德国	0.188	0.173	0.193	0.207	0.214	0.209
意大利	0.111	0.140	0.160	0.173	0.205	0.197
墨西哥	0.001		0.013	0.010	0.017	0.018
英国	0.110	0.085	0.117	0.107	0.114	0.114
美国	0.099	0.102	0.116	0.119	0.106	0.108
OECD国家均值	0.138	0.131	0.128	0.128	0.135	0.133

资料来源:表中的数据根据表4-22和表4-23计算而来。

综上所述,虽然这些OECD国家初次收入差距在不断扩大,但通过政府再分配政策调节,以税收和社会保障等手段最大限度促进社会公平,使初次分配的不平等得以平等化,再分配基尼系数一直处于"警戒线"以下。例如,日本政府自20世纪60～70年代开始就构建完整的社会保障制度,包括社会福利、社会保险、最低生活保障、残疾及高龄人士就业、卫生医疗保健和失业救济6项制度,又实施了"国民收入倍增计划""福利八法""三层建筑"的年金(养老金)制度等;除此之外,日本政府还实施了所得税、资产税、消费税等涉及国民收入再分配的税收制度,这些再分配调节政策的实施使基尼系数得到了实质上的改善。

4.4　居民收入差距过大的经济与社会影响

4.4.1　经济影响：消费断层与内需不足

驱动国民经济增长的"三驾马车"分别是消费、投资和出口，其中消费是三者之中最重要的增长因素。在全球性的金融危机导致的出口受阻以及投资有限的情况下，经济增长的动力来自国内消费，但要保持消费对经济增长的刺激效应，就需要加强居民消费衔接，不能出现消费断层；否则经济发展的动力不足，很难保持经济的有效增长。

所谓消费断层是指不同收入群体之间的消费意愿水平高低不同，高收入者有较高的投资倾向和储蓄意愿，消费意愿却不强烈，而中低收入者有较高的消费意愿，但收入水平并不能保证其意愿的实现，因此不能实现消费的有效衔接，导致居民消费结构出现断档。例如，占我国人口总数 1/3 的城镇居民的消费额是农村居民消费额的两倍。消费断层使居民的消费结构升级缺乏动力，消费水平提高缓慢，导致国内消费的有效需求不足，内需拉动力不强，很难发挥消费对经济增长的拉动作用，使经济缺乏可持续发展的动力。造成消费断层的主要原因在于中低收入者的人数比例过大，而中低收入者尤其是低收入者有较高的消费倾向，高收入者对收入支配却有较低的消费倾向。

消费断层的本质是购买力断层，而购买力断层又是由收入断层所引起。实际上，收入断层主要是分配过程中贫富差距过大所形成，因为收入分配差距决定了社会低收入阶层与高收入阶层之间存在巨大的消费差距。据学者估计，目前我国城镇居民的边际消费倾向为 0.72%，农村居民的边际消费倾向为 0.85%①。由于高收入群体的边际消费倾向相对较低，他们对消费品的需求已经基本饱和，这使高收入群体持有较多的收入却无从消费；虽然低收入群体的边际消费倾向比高收入群体高，但由于受到较低收入水平的限制以及对未来不确定性预期支出的考虑，许多中低收入者的储蓄意愿却十分强烈，显然我国的国内储蓄率不断提升，同时消费率却不断下降。数据显示，在 20 世纪 90 年代我国国内储蓄率平均为 GDP 的 40%，2005 年上升至 GDP 的 75.88%，2014 年该比重为 76.28%；与此相对照，储蓄率不断上升伴随着最终消费率持续走低，2014 年我国最终消费率已降到 51.23%。因此，贫富差距造成购买力断层，使低收入群体想消费却又无

---

① 张飞. 后危机时代扩大农村消费需求的研究 [J]. 经济研究参考，2010 (9).

钱增加消费的消费断层状况，最终使居民的平均消费倾向处于较低水平，导致整个社会的有效需求不足。

消费断层的突出表现是居民消费率不断降低。近年来，我国国内的居民消费一直低迷不振，居民消费率的下降趋势非常明显，如表4-25所示。2008年我国居民消费率为36.36%，印度为54.7%，美国为70.1%。按照世界银行的统计资料，2010年低收入国家居民消费率平均达到75%，高收入国家达到62%，中等收入国家平均为57.5%，全球平均为61.5%，我国仅为35.92%左右；2014年我国居民消费率为37.69%，与2000年相比下降了9.26个百分点，下降幅度较大。可以说，我国的居民消费率一直处在一个偏低的水平，这种较低的居民消费率造成最终消费率较低，并是形成消费对经济增长贡献率偏低的主要原因。

表4-25　　　　　　　2000～2014年消费率与消费对经济增长的贡献率　　　　　单位:%

年份	居民消费率	政府消费率	最终消费率	最终消费支出对国内生产总值增长贡献率
2000	46.95	16.73	63.68	78.2
2003	43.17	14.77	57.94	35.8
2005	40.07	14.04	54.11	43.5
2006	38.34	14.03	52.36	56.0
2007	37.03	13.60	50.63	42.7
2008	36.36	13.37	49.74	46.1
2009	36.56	13.40	49.96	44.7
2010	35.92	13.15	49.07	57.7
2011	36.71	13.53	50.24	46.9
2012	37.13	13.69	50.81	62.7
2013	37.26	13.78	51.04	56.7
2014	37.69	13.54	51.23	50.2

资料来源：根据国家统计局网站提供的数据计算得来。

另外，在表4-25中政府消费率同样处于下降趋势，由2000年的16.73%下降为2014年的13.54%，下降了3.19个百分点；居民消费率与政府消费率的总和为最终消费率，其反映了一个国家生产的产品用于最终消费的比重，该比率从2000年的63.68%最低下降至2010年的49.07%，后又升至2014年的51.23%，总的来看该比率在2000～2014年是处于下降趋势。若来考察最终消费支出对国内生产总值增长贡献率，2000年该比重为78.2%，2014年为50.2%，与2000年相比下降了28个百分点，可见我国国内消费对经济增长的贡献较低。一般情况下，国内消费在经济发展的促进因素中应该占主导地位，比重达到70%左右，如美国国内消费对经济增长的贡献为78%，日本则达到85%①。然而，我国的国内消费增长速度不仅低于国内投资的增长速度和经济增长速度，也远低于国际平均水平，所以很难发挥国内消费应有的拉动内需作用。

总之，由于过大的居民收入差距造成消费断层，从而导致经济增长的内需动力不足。这些不良经济影响的深层原因在于初次分配中普通劳动报酬过低且工资增长缓慢，收入的贫富分化程度比较严重，由此造成占人口比重大多数的中低收入群体缺乏消费购买力，最终导致社会整体的购买力低下，这种内需不足成为制约经济持续发展的"瓶颈"因素。

4.4.2 社会影响：和谐危机与潜在风险

根据联合国开发计划署（UNDP）的调查显示，中国收入分配不公的状况已比美国严重，为此UNDP提出警告：中国不断扩大的贫富差距可能会威胁其他社会稳定②。事实证明，我国过大的居民收入差距已经成为社会不稳定的诱发因素。

国内学者试图对中国的社会结构形状进行描述，以反映收入分配不公所引起的社会不稳定状态。李强（2005）通过描述社会经济地位指标分析我国就业人口时，发现占全部就业者的63.2%的农民和5.2%的其他体力劳动者共同构成一个处在很低社会经济地位上的庞大群体，它形似于倒过来的汉字"丁"字的一横，而仅占全部就业者的0.5%的群体形成了"丁"字的一竖，这是一个以官员、商人为主的社会经济地位较高的群体，他们共同构成了一个很长的立柱形分组，所以我国不同社会地位的群体构成了倒"丁"字形社会结构③。

周建国（2008）通过对中国社会阶层与分层结构的分析认为，中国社会阶层结构是"金字塔"形的，或者说更像一个"洋葱头"形，至于未来社会结构如何变化，关键取决于社会分配这个变量④。目前，过大的居民收入差距或者说贫富差距是造成倒"丁"字形或"金字塔"形社会结构的直接原因，这些社会分层结构导致不同社会群体之间甚至整个社会处于一种"结构紧张"的状态，严重影响和谐社会的构建。由于收入分配的公正问题是威胁社会安定、和谐的最严重的风险因素。如果解决不好收入分配的公平问题，将严重影响社会安全运行和健康发展。

社会结构紧张已经诱发了一系列的社会问题不断出现，并蕴含着其他许多潜

---

① 张飞. 后危机时代扩大农村消费需求的研究 [J]. 经济研究参考, 2010 (9).

② 贺蕊莉. 中国财富非市场归集路径研究 [M]. 大连：东北财经大学出版社, 2007：23.

③ 李强. "丁"字型社会结构与"结构紧张" [J]. 社会学研究, 2005 (2).

④ 周建国. 金字塔还是橄榄球? ——中国社会阶层结构变化趋势探析 [J]. 学习与实践, 2008, 09：148－154.

在的社会风险存在。特别是在我国正处于经济转轨时期时，社会结构的不合理分化导致不同社会力量的角逐，强势群体因占据过多的社会资源引发公众不满，而弱势群体因获得的社会资源较少更是产生抱怨，甚至出现报复社会的过激行为。究其原因，各种社会不和谐问题深层次上都来自收入分配不公平，因为过大的居民收入差距与社会稳定呈负相关关系。从经济层面上来讲，这是多元利益主体之间收入分配的不公正而引发的不同群体之间的利益矛盾，但这种利益矛盾会通过不合理的社会行为而展现出来，最终会对社会稳定造成不良影响。从社会层面上来讲，贫困阶层往往有"仇富"心理，尤其是对那些通过非正当渠道富裕起来的人们更是恨之入骨，由此自然而然地滋生了社会底层对上层的绝望心态，特别是在他们的利益受到侵犯时，他们一般会以破坏社会团结稳定为代价而维权，这样不利于和谐社会的建设。

"长期积蓄的矛盾和危机不利于和谐社会的建设，而且把整个中国社会推向风险之中"①。目前几乎所有的社会矛盾都可以从倒"丁"字形结构和"金字塔"形的社会结构上得到解释，而这种紧张的社会结构其实是收入差距过大、贫富分化严重的外在表现而已。例如，贩卖人口、偷窃、卖淫乃至受雇杀人等影响社会和谐稳定的事件屡见报端，但这却是倒"丁"字形结构下层或"金字塔"形底部一些人的谋生方式。

总之，当一个社会存在过大的居民收入差距时，往往促使低收入群体中的很少一部分人心理失衡，导致贫富阶层之间出现很大的利益冲突，必然引起教育失衡、人口流动失序、民族矛盾等问题，这些都严重削弱了社会公众对现任政府和现行政策的认同感，影响了社会稳定。因此经验表明，协调收入差距与治理社会稳定是息息相关的，我们应该从调整分配秩序入手来协调社会矛盾，而社会的和谐稳定又是经济持续发展的必然保证。

可见，在"大分配"视角下，政府部门和企业部门对居民部门收入有"挤出效应"，居民部门收入占比不断降低，作为居民部门主要收入来源的劳动报酬份额也不断下降，而居民部门收入占比下降主要发生在初次分配阶段，所以居民部门从经济增长中获利相对不多。同时，在"小分配"视角下，我国贫富分化非常鲜明，居民收入差距的不同表现形式大体上都有扩大趋势。

---

① 童星. 社会转型与社会保障［M］. 北京：中国劳动社会保障出版社，2007：42.

第 5 章

居民收入差距拉大的主要
阶段：初次分配阶段

初次分配过程是形成居民收入分配差距的"主力场"，再分配对初次分配格局的调节力度较小，调节乏力，再分配前后居民收入分配格局前后变动不大，所以初次分配形成的较大收入差距，奠定了我国收入分配格局的大局，再分配的微调并不能扭转收入差距较大的局面，从而导致整体的居民收入分配差距还是过大。我们通过对不同阶段居民收入差距基尼系数进行来源分解，体现初次分配居民收入差距的内部变化，重点反映初次分配过程对整体居民收入差距的影响以及再分配的调节失灵。

5.1 初次分配下的居民收入差距状态

5.1.1 城镇居民初次分配收入差距的来源分解

通常可以将基尼系数表示的总收入差距在不同分项收入差距之间进行分解，这样便于分析各项收入来源在总收入中的比重、不均等程度及对各自总收入差距的贡献大小。总收入差距的基尼系数（G）与不同分项收入之间的关系可以表示为[①]：

$$G_i = \sum (u_i \times c_i) \tag{5-1}$$

其中，G_i 是总收入差距的基尼系数；u_i 是第 i 项收入在总收入中所占的比

---

① 赵人伟，李实，卡尔．李思勤．中国居民收入分配再研究［M］．北京：中国财政经济出版社，1999，5.

重，c_i 是第 i 项收入的集中率或"拟基尼"比率。这里，某项收入的集中率表明一定比例的最低收入人口所分到的该种收入的比例。对某项收入的集中率的估算与估计基尼系数一样，也是由相应的洛伦茨分布推出，只不过该洛伦茨分布中的人口不是按该项收入的人均水平排序，而是按人均总收入来排序。因此，G_i 是针对于总体收入的基尼系数，而 c_i 是针对于分项收入的集中率。

某项收入对总收入差距的贡献大小 e_i，可以用该项收入能够解释的基尼系数的百分比来表示，它取决于该项收入的集中率 c_i 及其相对于总收入的规模的大小 u_i，即：

$$e_i = 100(u_i \times c_i)/G_i \qquad (5-2)$$

若某项收入的贡献率 e_i 大于其在总收入中的比重 u_i，则它在总收入中的份额上升会使总收入的基尼系数提高，说明它对总收入差距有拉大作用，即有扩大分配不平等的作用。反之，如果某项收入的贡献率 e_i 小于其在总收入中的比重 u_i，则它对总收入差距有抑制作用，即它有促使收入分配均等化的作用。

按照统计年鉴划分，对城镇居民的收入统计有两类指标：第一类是家庭总收入，包括工薪收入、经营净收入、财产性收入和转移性收入；第二类是可支配收入。城镇居民收入统计的第一类指标家庭总收入中的前三个部分可视为城镇居民的初次分配收入，由于其没有经过政府再分配作用，完全是在市场作用下所取得的各项收入来源，所以我们可以把城镇居民的初次分配收入看作是工资性收入、经营性收入和财产性收入三项之和。

通过《中国城市（镇）生活与价格年鉴》和《中国城镇居民家庭收支调查资料》提供的数据资料，我们将 2000~2010 年城镇居民家庭现金收入的统计资料进行归并后，采取基于收入来源对基尼系数进行分解的方法，对我国城镇居民初次分配收入差距进行了分解，如表 5-1 所示。值得注意的是，在表中我们统一用 c_i 表示收入分配基尼系数或分项收入集中率，下同。

表 5-1　　　　　　　　2000~2010 年城镇居民初次分配收入差距来源分解

项目	2000 年			2001 年			2002 年			2003 年		
	u_i%	c_i	e_i%	u_i%	c_i	e_i%	u_i%	c_i	e_i%	u_i%	c_i	e_i%
初次分配收入	100	0.339	100	100	0.351	100	100	0.409	100	100	0.419	100
工薪收入	92.28	0.343	93.32	92.2	0.358	94.1	92.97	0.417	94.69	92.25	0.425	93.54
经营净收入	5.07	0.222	3.32	5.23	0.198	2.95	5.38	0.228	2.3	5.81	0.259	3.59
财产性收入	2.66	0.431	3.36	2.57	0.402	2.95	1.65	0.573	2.31	1.94	0.62	2.86

续表

项目	2004 年			2005 年			2006 年			2007 年		
	u_i%	c_i	e_i%	u_i%	c_i	e_i%	u_i%	c_i	e_i%	u_i%	c_i	e_i%
初次分配收入	100	0.442	100	100	0.452	100	100	0.447	100	100	0.443	100
工薪收入	91.61	0.446	92.51	89.94	0.454	90.31	89.27	0.445	88.89	88.81	0.439	88.01
经营净收入	6.33	0.320	4.58	7.84	0.380	6.59	8.24	0.404	7.45	8.16	0.399	7.35
财产性收入	2.06	0.623	2.91	2.22	0.631	2.91	2.49	0.657	3.66	3.02	0.680	4.64

项目	2008 年			2009 年			2010 年			平均		
	u_i%	c_i	e_i%	u_i%	c_i	e_i%	u_i%	c_i	e_i%	u_i%	c_i	e_i%
初次分配收入	100	0.462	100	100	0.447	100	100	0.438	100	100	—	100
工薪收入	85.99	0.451	83.87	86.33	0.436	84.20	85.99	0.424	83.27	89.79	—	89.70
经营净收入	11.06	0.495	11.84	10.66	0.474	11.30	10.75	0.478	11.73	7.68	—	6.64
财产性收入	2.95	0.673	4.29	3.01	0.668	4.50	3.260	0.670	5.00	2.53	—	3.66

资料来源：2005～2010 年数据根据《中国城市（镇）生活与价格年鉴》2006～2011 年提供的数据计算而来；2000～2004 年数据根据《中国城镇居民家庭收支调查资料》2001～2005 年提供的数据计算而来，《中国城市（镇）生活与价格年鉴》曾用名《中国城镇居民家庭收支调查资料》。表 5 - 4 和表 5 - 7 的数据来源同 5 - 1。

从表 5 - 1 可以看出，我国城镇居民初次分配收入差距具有以下特点。

（1）初次分配收入比重的变化

工薪收入是城镇居民初次分配收入的主体，其收入比重 2000 年为 92.28%，随后基本上呈下降趋势，2010 年工薪收入在初次分配中的比重为 85.99%，较 2000 年下降了 6.29 个百分点；经营净收入的比重 2000 年为 5.07%，2010 年为 10.75%，上升了 5.68 个百分点，上升幅度比较明显，实际上在 2000～2010 年经营净收入的比重大体上呈上升趋势；财产性收入的比重 2000 年为 2.66%，2010 年为 3.26%，在此期间该收入比重有升有降，但总的来说财产性收入的比重仍然比较低。可见，在我国城镇居民的初次分配收入结构中，工薪收入是居民的主要收入来源。随着市场经济改革的完善，我国城镇居民的收入来源出现多样化，工薪收入的比重开始有下降趋势，而其他形式收入的比重有上升趋势，尤其是个体私营经济的发展，来自经营净收入和财产性收入的比重有增加趋势。平均来看，2000～2010 年初次分配收入比重中工薪收入占到 89.79%，经营净收入占到 7.68%，而财产性收入的比重仅为 2.53%。

（2）初次分配收入基尼系数或集中率的变化

一般来说，当分项收入的集中率大于总收入的基尼系数时，此分项收入对总收入差距就有正向促增作用，称为差距促增；反之，就有反向促减作用，称为差距促减。在表 5 - 1 中，2000 ~ 2005 年工薪收入的集中率均大于初次分配基尼系数，这说明工薪收入对初次分配的差距拉大有促增作用，例如，2005 年工薪收入的集中率为 0.454，而初次分配基尼系数为 0.452，前者大于后者，2006 ~ 2010 年工薪收入的集中率小于初次分配的基尼系数，由此可见这一时期工薪收入对初次分配的差距拉大有促减作用；在 2000 ~ 2008 年经营净收入集中率小于初次分配的基尼系数，起到差距促减的作用，而 2009 ~ 2010 年经营净收入的集中率却大于初次分配的基尼系数，起到差距促增的作用；2000 ~ 2010 年财产性收入的集中率均明显大于初次分配的基尼系数，可见财产性收入对总收入差距有促增作用。

另外，如图 5 - 1 所示，通过对初次分配各分项收入的集中率与初次分配基尼系数进行对比，可以看出，初次分配基尼系数的变化主要受到工薪收入集中率的影响，两者的走势基本重合。2007 年以前，经营净收入是初次分配差距的主要促减因素，而工薪收入与财产性收入是初次分配差距的主要促增因素；2007 年以后，经营净收入与财产性收入是促增因素，而工薪收入是初次分配差距的促减因素。这是因为自 2007 年党的十七大以来，中央政府通过许多措施不断加强劳动者收入报酬制度改革，以确保劳动收入的合法性以及减少劳动要素之间的收入差距，例如，对垄断行业的收入分配制度进行改革等，因此工薪收入成为初次分配收入差距的促减因素。可是，近年来国家实施的其他一些收入分配政策，如继续扶持和保护个体私营经济有序发展的政策，以及创造条件让更多群众拥有财产性收入的政策，却使不同城镇居民的经营净收入与财产性收入的增长幅度有所不同，所以经营净收入与财产性收入成为初次分配收入差距的促增因素。

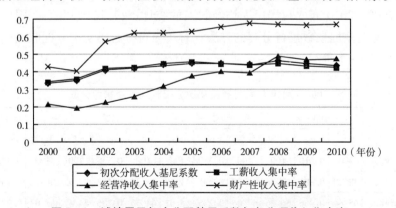

图 5 - 1　城镇居民初次分配基尼系数与各分项收入集中率

（3）初次分配收入差距贡献率的分析

2006 年以前工薪收入对初次分配收入差距的贡献率基本上保持在 90% 以上，自 2006 年以来，其贡献率都处于 90% 以下，总的来看，工薪收入的贡献率一直呈缓慢下降趋势，2010 年与 2000 年相比，工薪收入的差距贡献率下降了 10.05 个百分点。2000~2010 年经营净收入和财产性收入的差距贡献率大体上呈上升趋势，前者上升了 8.41 个百分点，后者上升了 1.64 个百分点。平均来看，工薪收入、经营净收入和财产性收入三者的差距贡献率分别为 89.7%、6.64% 和 3.66%，所以初次分配收入差距主要来源于工薪收入差距。若要缩小城镇居民初次分配收入差距，需要政府采取必要的举措对工薪收入差距进行调节和干预。

5.1.2 农村居民初次分配收入差距的来源分解

一般对农村居民收入进行统计的指标有三类：农村居民总收入、农村居民纯收入与农村居民现金收入。实际上，按照农村居民的收入来源划分，这三类收入指标均可被分解为工资性收入、家庭经营收入、财产性收入与转移性收入四个部分。由于农民人均纯收入是按人口平均计算的纯收入水平，反映的是一个地区农村居民的平均收入水平，是比较有代表性的一个统计指标。因此，我们按照农村居民人均纯收入的来源统计数据进行初次分配和再分配收入差距分析。这里，农村居民初次分配收入包括工资性收入、家庭经营收入与财产性收入这三类收入，而农村居民的再分配收入指的是转移性收入。

通过《中国农村住户调查年鉴》和《中国农村统计年鉴》提供的数据资料，我们将 2000~2010 年农村居民人均纯收入的统计资料进行归并后，同样应用基于收入来源对基尼系数进行分解的方法，对我国农村居民初次分配收入差距进行分解，如表 5-2 所示。

表 5-2   2000~2010 年农村居民初次分配收入差距来源分解

项目	2000 年			2001 年			2002 年			2003 年		
	$u_i\%$	c_i	$e_i\%$	$u_i\%$	c_i	$e_i\%$	$u_i\%$	c_i	$e_i\%$	$u_i\%$	c_i	$e_i\%$
初次分配收入	100	0.310	100	100	0.320	100	100	0.335	100	100	0.346	100
工资性收入	32.20	0.389	40.48	33.88	0.395	41.79	35.34	0.407	42.97	36.37	0.409	43.03
家庭经营收入	65.64	0.266	56.26	64.06	0.275	55.01	62.53	0.286	54.42	61.03	0.300	52.96
财产性收入	2.16	0.489	3.26	2.06	0.496	3.20	2.13	0.567	3.61	2.60	0.532	4.01

续表

项目	2004 年			2005 年			2006 年			2007 年		
	$u_i\%$	c_i	$e_i\%$	$u_i\%$	c_i	$e_i\%$	$u_i\%$	c_i	$e_i\%$	$u_i\%$	c_i	$e_i\%$
初次分配收入	100	0.337	100	100	0.348	100	100	0.344	100	100	0.345	100
工资性收入	35.40	0.405	42.52	37.80	0.385	41.81	40.36	0.373	43.73	40.74	0.364	42.94
家庭经营收入	61.89	0.290	53.23	59.36	0.317	54.06	56.69	0.314	51.71	55.99	0.322	52.20
财产性收入	2.71	0.527	4.25	2.84	0.505	4.13	2.95	0.532	4.56	3.27	0.513	4.86

项目	2008 年			2009 年			2010 年			平均		
	$u_i\%$	c_i	$e_i\%$	$u_i\%$	c_i	$e_i\%$	$u_i\%$	c_i	$e_i\%$	$u_i\%$	c_i	$e_i\%$
初次分配收入	100	0.353	100	100	0.359	100	100	0.353	100	100	—	100
工资性收入	41.77	0.364	43.13	43.35	0.366	44.14	44.48	0.363	45.76	38.34	—	42.94
家庭经营收入	54.89	0.333	51.85	53.14	0.341	50.41	51.82	0.333	48.91	53.14	—	52.82
财产性收入	3.33	0.530	5.02	3.51	0.557	5.45	3.70	0.508	5.33	3.51	—	4.24

资料来源：根据各年《中国农村统计年鉴》与《中国农村住户调查年鉴》提供的统计数据计算得来。表5-5和5-8的数据来源同表5-2。

从表5-2可以看出，我国农村居民初次分配收入差距具有以下特点。

（1）初次分配收入比重的变化

在农村居民的初次分配收入中，家庭经营收入是第一大收入来源，工资性收入次之，近年来工资性收入的比重更是有不断上升趋势，2000年工资性收入的比重为32.20%，2010年该比重为44.48%，上升了12.28个百分点；家庭经营收入一直是农村居民的最主要收入来源，不过该收入比重自2000年以来基本上呈下降趋势，2000年家庭经营收入的比重为65.64%，2010年为51.82%，下降了13.82个百分点；农村居民的财产性收入比重虽然也有所上升，但变动幅度不大，从2000年的2.16%增加为2010年的3.70%，增加了1.54个百分点。平均来看，农村居民的初次分配收入中，工资性收入比重占到38.34%，家庭经营收入占到53.14%，而财产性收入仅占3.51%。

（2）初次分配收入基尼系数或集中率的变化

在表5-2中，2000~2010年工资性收入的集中率均大于初次分配基尼系数，所以农村居民的工资性收入对初次分配收入差距有促增作用；家庭经营收入的集中率却一直都小于初次分配基尼系数，可见家庭经营收入对初次分配收入差距起到促减作用；财产性收入的集中率几乎都明显高于初次分配基尼系数，起到差距促增作用。

再如图 5-2 所示，工资性收入与财产性收入的集中率曲线一直处于初次分配基尼系数曲线上方，所以它们对初次分配收入差距有促增作用，或者说对初次分配差距有拉大作用，而家庭经营收入的集中率曲线处于初次分配基尼系数曲线下方，所以起到差距促减或平抑差距的作用。

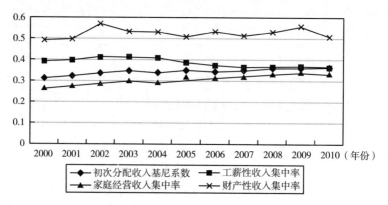

图 5-2　农村居民初次分配基尼系数与各分项收入集中率

（3）初次分配收入差距贡献率的变化

工资性收入差距对初次分配收入差距的贡献率基本上处于递增趋势，由 2000 年的 40.48% 上升为 2010 年的 45.76%，增加了 5.28 个百分点；而家庭经营收入差距对初次分配收入差距的贡献率大体上呈递减趋势，由 2000 年的 56.26% 下降为 2010 年的 48.91%，下降了 7.35 个百分点；另外，财产性收入差距对初次分配收入差距的贡献率虽然有所增加，但变动幅度不大，2010 年仅比 2000 年增加了 2.07 个百分点。平均来看，工资性收入差距对初次分配收入差距的贡献率为 42.94%，家庭经营收入差距的贡献率为 52.82%，财产性收入差距的贡献率为 4.24%。由此可见，农村居民的收入差距主要来源于家庭经营收入与工资性收入，而且家庭经营收入差距的贡献作用有减弱趋势，而工资性收入差距的贡献作用有加强的趋势。

5.1.3　全国居民初次分配收入差距的基尼系数

Sundrum（1990）提出一种城乡加权基尼系数计算方法，用来计算仅由"富人"和"穷人"两个群体组成社会群体的基尼系数。他设"富人"群体的基尼系数、人口比重、平均收入分别为 G_1、P_1、μ_1，"穷人"群体的基尼系数、人口比重、平均收入分别为 G_2、P_2、μ_2，全体人口的平均收入设为 μ，则整个社会群体的基尼系数 G 可分解为：

$$G = P_1^2 \frac{u_1}{u} G_1 + P_2^2 \frac{u_2}{u} G_2 + P_1 P_2 \left| \frac{u_1 - u_2}{u} \right| \tag{5-3}$$

$$u = P_1 u_1 + P_2 u_2 \tag{5-4}$$

应用上述计算方法时需要满足一个很严格的条件："富人"与"穷人"的收入分布不能重叠。当然完全满足这一条件的分布是不存在，我们这里近似地认为城乡居民的收入分布符合这一要求，就是把城镇居民看作"富人"，相对而言农村居民就可以算作"穷人"，并且可以近似认为农村居民收入与城镇职工收入不重叠。

利用上述城乡加权基尼系数计算方法，我们把表 5-1 中的城镇居民初次分配基尼系数与表 5-2 中的农村居民初次分配基尼系数进行加权，以此计算全国居民城乡加权的初次分配基尼系数，如表 5-3 所示。

表 5-3　　　　　以城乡加权方法计算的 2000~2010 年全国
居民的初次分配基尼系数

年份	2000	2001	2002	2003	2004	2005	2006	2007	2008	2009	2010
初次分配基尼系数	0.351	0.363	0.405	0.424	0.429	0.438	0.444	0.448	0.458	0.460	0.449

在表 5-3 中，2000~2009 年全国居民城乡加权的初次分配基尼系数一直处于上涨趋势，从 2000 年的 0.351 上升至 2009 年的 0.460，增加了 0.109 个单位；但随后该系数却有所下降，2010 年为 0.449，与 2009 年相比下降了 0.011 个单位，下降幅度并不显著。总的来看，2000~2010 年全国居民城乡加权的初次分配基尼系数是不断上升的，如图 5-3 所示。

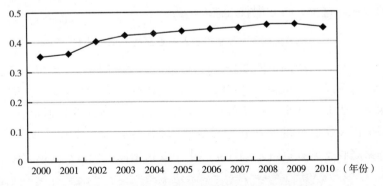

图 5-3　全国居民城乡加权的初次分配基尼系数

5.2　再分配对居民收入差距的调节效应

5.2.1　城镇居民再分配收入差距的来源分解

城镇居民收入统计的第二类指标是可支配收入。该指标是指家庭成员可用于最终消费支出和其他非义务性支出以及储蓄的总和，即居民家庭可以用来自由支配的全部收入；它是家庭总收入扣除交纳的个人所得税、个人交纳的社会保障费以及调查户的记账补贴后的收入。其计算公式为：

$$可支配收入 = 家庭总收入 - 交纳的个人所得税$$

$$- 个人交纳的社会保障支出 - 记账补贴 \qquad (5-5)$$

政府再分配政策指政府运用税收与转移支付两种手段对城镇居民初次分配收入进行调控。这里的税收仅指直接税，包括个人所得税和社保缴费。这是由于个人缴纳的社会保障支出与社会保障税实质意义相同，所以把个人所得税和社会保障税合称为直接税。一般认为，诸如增值税、消费税等间接税只是影响居民的初次收入分配，因而未进入再分配作用过程。因此式（5-5）可以写为：

$$可支配收入 = 家庭总收入 - 直接税 - 记账补贴$$

$$= 工资性收入 + 经营净收入 + 财产性收入 + 转移性收入 - 直接税 - 记账补贴$$

$$= 初次分配收入 + 再分配收入 \qquad (5-6)$$

可见，可支配收入是政府利用再分配的税收和转移支付工具对初次分配收入调节后的收入。这里，再分配收入被表示为：

$$再分配收入 = 转移性收入 - 直接税 - 记账补贴 \qquad (5-7)$$

城镇居民总收入中的第四部分是转移性收入，是指国家、单位、社会团体对居民家庭的各种转移支付和居民家庭间的收入转移，包括政府对个人的收入转移的离退休金、失业救济金、赔偿等；单位对个人收入转移的辞退金、保险索赔、住房公积金以及家庭间的赠送和赡养等[①]。转移性收入在 2002 年以前在《中国城镇居民家庭收支调查资料》统计年鉴中主要包括以下项目：离退休金、赡养收

---

① 参照《中国城镇居民家庭收支调查资料》和《中国城市（镇）生活与价格年鉴》附录部分对转移性收入的定义。

入、价格补贴、赠送收入、记账补贴、亲友搭伙费、出售财物收入、其他 8 项构成①；在 2002 年以后在《中国城镇居民家庭收支调查资料》和《中国城市（镇）生活与价格年鉴》中主要包括以下项目：养老金或离退休金、社会救济收入、捐赠收入、保险收入、赔偿收入、赡养收入、辞退金、亲友搭伙费、提取住房公积金、记账补贴、其他转移性收入 11 项构成。

因此，《中国城镇居民家庭收支调查资料》和《中国城市（镇）生活与价格年鉴》中提供的转移性收入构成与政府再分配中的转移性收入概念上是稍有出入的，但是政府为主导的转移收支部分是这些转移性收入的主体。这里，我们把年鉴中提供的转移性收入划分为三类，即②：

$$转移性收入 = 政府为主导的转移收入 + 单位为主导的转移收入$$

$$+ 居民间转移收入 + 记账补贴 \qquad (5-8)$$

其中，政府为主导的转移收入包括养老金或离退休金、社会救济收入、其他转移性收入三部分，由于其他转移性收入以政府抚恤金、社会福利救助为主，故并入政府主导的转移收入；单位为主导的转移收入包括辞退金、赔偿收入、保险收入以及提取住房公积金四个部分；居民间转移收入包括捐赠收入、赡养收入、亲友搭伙费三部分③。虽然记账补贴被归入转移性收入，但这部分收入被排除在再分配收入与可支配收入之外，为了体现再分配过程收入差距的客观变化，故我们将其不归入上述三种转移收入之内。

另外，由于直接税也是发生在政府与居民之间的收支转移，因此我们把“政府为主导的转移收入”扣除掉“直接税”以后的部分称为“政府为主导的转移收支”，这部分收入体现了政府对居民收入进行再分配的效果。只有经过调整以后的“政府为主导的转移收支”才与政府进行再分配的转移性收入概念完全吻合。这里，我们把政府为主导的转移收支表示为：

$$政府为主导的转移收支 = 政府为主导的转移收入 - 直接税 \qquad (5-9)$$

因此，再分配收入式（5-7）可以另写为：

---

① 按照黄祖辉等（2003）的分析，对 2002 年以前的年鉴中提供的转移性收入中的离退休金、价格补贴和其他（其中的抚恤和社会福利救济部分）可视为政府为主导的转移收入；除去这些之后剩余的赡养收入、赠送收入、亲友搭伙费、记账补贴基本上是发生在居民家庭内部的收入转移，所以将其归入居民间转移性收入。

② 按照统计口径，2002 年以前的年鉴中提供的转移性收入只能划分为两类，包括以政府为主导的转移性收入和居民间的转移性收入，而没有以单位为主导的转移性收入。

③ 黄祖辉，王敏，万广华. 我国居民收入不平等问题：基于转移性收入角度的分析［J］. 管理世界，2003，03：70-75.

再分配收入 = 政府为主导的转移收支 + 单位为主导的转移收入

\+ 居民间的转移收入   (5 – 10)

实际上，式（5 – 10）中的政府为主导的转移收支部分就是所谓的二次分配，而基于民间自愿以及道德影响下的居民间的转移收入就是所谓的三次分配。单位为主导的转移收入在再分配收入中的比例较小，一般占到5%以下。政府转移收支部分是由政府财政主导对城镇居民的收入转移支付，一方面它通过直接税的形式，把一部分收入从居民手中转移至政府手中；另一方面它又通过离退休金、价格补贴、政府抚恤金和社会保障收入形式把一部分收入从政府手中转移到居民手中，两者的净收支部分就是政府转移收支，也即政府的再分配调控。一般来说，政府的再分配调控遵从公平普惠的原则，它是保持社会稳定、维护社会公平的最主要的手段。居民转移收入部分实际上就是三次分配，它表现为中高收入家庭与低收入家庭之间或者家族内的财富转移。

通过《中国城市（镇）生活与价格年鉴》和《中国城镇居民家庭收支调查资料》提供的数据资料，我们对城镇居民转移性收入进行分类统计，分别得到政府转移收支部分、居民转移收入部分以及单位转移收入部分三项，然后把这三项汇总为再分配收入，据此对城镇居民再分配收入差距的来源分解计算，如表5 – 4所示。

表 5 – 4   **2000 ~ 2010 年城镇居民再分配收入差距来源分解**

项目	2000 年			2001 年			2002 年			2003 年		
	$u_i\%$	c_i	$e_i\%$	$u_i\%$	c_i	$e_i\%$	$u_i\%$	c_i	$e_i\%$	$u_i\%$	c_i	$e_i\%$
再分配收入	100	0.395	100	100	0.409	100	100	0.463	100	100	0.432	100
政府转移收支	83.36	0.378	79.81	84.79	0.395	81.95	74.97	0.440	71.25	72.41	0.398	66.70
居民转移收入	16.64	0.479	20.19	15.21	0.485	18.05	19.59	0.500	21.15	21.83	0.509	25.72
单位转移收入	—			—			5.44	0.646	7.6	5.76	0.569	7.58
项目	2004 年			2005 年			2006 年			2007 年		
	$u_i\%$	c_i	$e_i\%$	$u_i\%$	c_i	$e_i\%$	$u_i\%$	c_i	$e_i\%$	$u_i\%$	c_i	$e_i\%$
再分配收入	100	0.427	100	100	0.405	100	100	0.397	100	100	0.382	100
政府转移收支	73.14	0.392	67.20	74.59	0.367	67.62	73.92	0.349	64.91	78.65	0.344	70.76
居民转移收入	21.33	0.501	25.05	20.19	0.476	23.74	21.45	0.504	27.20	17.45	0.481	21.95
单位转移收入	5.53	0.597	7.75	5.22	0.670	8.64	4.63	0.677	7.89	3.90	0.715	7.29

续表

项目	2008 年			2009 年			2010 年			平均		
	$u_i\%$	c_i	$e_i\%$	$u_i\%$	c_i	$e_i\%$	$u_i\%$	c_i	$e_i\%$	$u_i\%$	c_i	$e_i\%$
再分配收入	100	0.387	100	100	0.421	100	100	0.416	100	100	—	100
政府转移收支	77.92	0.349	70.19	77.95	0.388	71.88	79.74	0.387	74.12	77.40	—	71.49
居民转移收入	18.36	0.482	22.84	18.49	0.499	21.93	16.94	0.488	19.86	18.86	—	22.52
单位转移收入	3.72	0.726	6.97	3.56	0.731	6.19	3.32	0.755	6.02	3.74	—	5.99

在表 5－4 中可以看出，我国城镇居民再分配收入差距具有以下特点。

（1）再分配收入比重的变化

政府转移收支占城镇居民再分配收入的主体部分，其收入比重 2000 年为 83.36%，2001 年稍有上升，达到 84.79%，2003 年却降至最低为 72.41%，2004 年以后又缓慢上升，2010 年该收入比重为 79.74%，与 2000 年相比下降了 3.62 个百分点；居民转移收入的比重维持在 20% 左右，2000 年该比重为 16.64%，2010 年为 16.94%，期间虽然有升有降，但都围绕在 20% 上下浮动变化；单位转移收入的比重较低，而且大体上呈下降趋势，2000 年该收入比重为 5.44%，2010 年为 3.32%，下降了 2.12 个百分点。平均来看，在城镇居民再分配收入比重中，政府转移收支部分占再分配收入的 77.40%，居民转移收入占 18.86%，单位转移收入占 3.74%。

（2）再分配收入基尼系数或集中率的变化

在表 5－4 中，2000～2010 年政府转移收支的集中率一直都小于再分配收入的基尼系数，起收入差距促减作用，可见这部分收入在再分配过程中真正发挥了缩小收入差距的作用。居民转移收入和单位转移收入的集中率一直都大于再分配收入的基尼系数，这两项收入对再分配收入的差距促增作用比较明显。

如图 5－4 所示，城镇居民再分配基尼系数的变化趋势与政府转移收支集中率的变化大体相似，两者在 2000～2002 年有上升趋势，2002 年以后有缓慢的下降趋势，从 2007 年以后又有微弱的上涨趋势；另外，政府转移收支集中率曲线一直处于再分配基尼系数曲线下方，所以很显然政府转移收支对再分配收入差距有平抑作用。除此之外，居民转移收入与单位转移收入的集中率曲线均高于再分配收入基尼系数曲线，特别是单位转移收入的集中率曲线先下降后上升，变动趋势比较明显，由此显示它们对再分配收入差距的拉大有正向的促进作用。

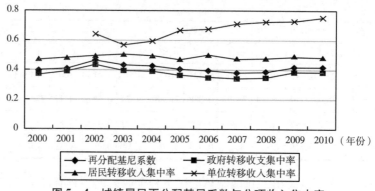

图 5 - 4　城镇居民再分配基尼系数与分项收入集中率

（3）再分配收入差距贡献率的变化

2000 年政府转移收支对城镇居民再分配收入差距的贡献率为 79.81%，2004 年为 64.91%，2010 年为 74.21%，基本上经历了先下降后上升的过程，但若把 2000 年与 2010 年政府转移收支贡献率进行比较的话，后者比前者下降了 5.6 个百分点。居民转移收入的贡献率保持在 20% 左右，2000 年为 20.19%，2010 年为 19.86%，前后变化幅度不大。单位转移收入的贡献率 2002 年为 7.60%，2005 年为 8.64%，2010 年下降为 6.02%，经历了先上升后下降的过程。在表 5 - 4 中，平均来看各分项收入对再分配收入差距的贡献率，政府转移收支为 71.49%，居民转移收入为 22.52%，单位转移收入为 5.99%。可见，城镇居民再分配收入主要受政府转移收支多少的影响，若想缩小城镇居民再分配收入差距，必须加强政府的再分配宏观调控力度。

5.2.2　农村居民再分配收入差距的来源分解

由于在《中国农村住户调查年鉴》和《中国农村统计年鉴》提供的数据资料中，并没有提供农村居民转移性收入的分类数据，因此对农村居民的再分配收入研究不能像城镇居民那样进行细分，我们只能根据各年的转移性收入数据直接计算再分配收入集中率，也即再分配收入基尼系数，如表 5 - 5 所示。

表 5 - 5　　　　　　2000 ~ 2010 年农村居民再分配收入基尼系数

年份	2000	2001	2002	2003	2004	2005	2006	2007	2008	2009	2010
再分配收入基尼系数	0.412	0.431	0.454	0.442	0.38	0.36	0.342	0.337	0.294	0.309	0.313

在表5-5中，农村居民再分配收入基尼系数2000年为0.412，2002年上升
至最高为0.454，2008年又降至最低为0.294，2010年稍有上升为0.313，总的
来看2010年比2000年下降了0.099个单位，而且可以看出该基尼系数经历了先
上升后下降又上升的过程，其变化趋势如图5-5所示。农村居民再分配收入基
尼系数的变化趋势与我国政府自2000年以来针对农村居民所实施的一系列社会
保障政策的发展历程有关。例如，2001年我国政府开始探索实施新型农村合作
医疗制度、2002年党的十六大提出"有条件的地区探索建立农村低保制度"、
2009年中央政府决定在全国进行农民养老保险试点等，这些政策的综合实施使
农村居民从政府财政中得到的转移性收入有所增加，由此导致再分配收入的基
尼系数在总体上有下降趋势。

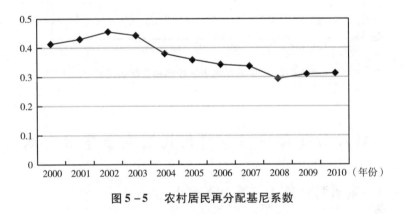

图5-5　农村居民再分配基尼系数

5.2.3　全国居民再分配收入差距的基尼系数

与全国居民初次分配基尼系数一样，我们仍然利用Sundrum的城乡加权基尼
系数算法，计算出全国居民城乡加权的再分配基尼系数，如表5-6所示。

表5-6　　　　　2000~2010年全国居民城乡加权的再分配基尼系数

年份	2000	2001	2002	2003	2004	2005	2006	2007	2008	2009	2010
全国再分配收入基尼系数	0.394	0.408	0.450	0.453	0.437	0.430	0.431	0.431	0.426	0.443	0.435

在表 5-6 中，2000 年全国居民城乡加权的再分配基尼系数为 0.394，2003 年升至最高为 0.453，2003 年以后该系数先下降而后又上升，2010 年为 0.435，比 2000 年相比上升了 0.041 个单位。另外，我们可以由图 5-6 反映全国居民城乡加权的再分配基尼系数的变化趋势，可以看出，总体来看农村居民再分配收入基尼系数有缓慢上升趋势。

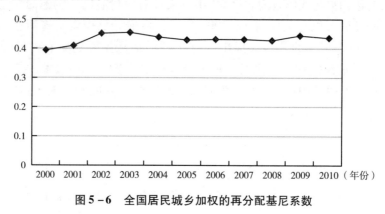

图 5-6　全国居民城乡加权的再分配基尼系数

5.3　初次分配和再分配对居民收入差距的贡献比较

5.3.1　城镇居民收入差距的贡献比较

根据《中国城市（镇）生活与价格年鉴》和《中国城镇居民家庭收支调查资料》提供的数据资料，我们对城镇居民收入差距进行了来源分解，如表 5-7 所示。这里，由于可支配收入反映了初次分配收入经过再分配调节后的最终收入分布状态，因此可支配收入基尼系数是对最终收入分配差距的直观体现。虽然现有的统计年鉴没有提供城镇居民可支配收入不同收入层次的调查数据，仅能得到城镇居民总收入的不同收入层次的分解数据，但利用式（5-5）和式（5-6）的关系来调整数据，仍然可以得到可支配收入的两个分项收入：初次分配收入和再分配收入。这里，我们通过把可支配收入分解为初次分配收入与再分配收入之和，以对城镇居民最终的收入差距进行来源分解。为便于比较，我们保留了再分配收入的各分项收入，主要目的在于体现政府转移收支（二次分配）和居民转移收入（三次分配）的再分配效果。

表 5 - 7　　　　　　　　　　2000 ~ 2010 年城镇居民收入差距来源分解

项目	2000 年			2001 年			2002 年			2003 年		
	u_i%	c_i	e_i%	u_i%	c_i	e_i%	u_i%	c_i	e_i%	u_i%	c_i	e_i%
可支配收入	100	0.352	100	100	0.365	100	100	0.42	100	100	0.421	100
初次分配收入	77.31	0.339	74.52	76.37	0.351	73.50	80.16	0.409	78.11	82.02	0.419	81.57
再分配收入	22.69	0.395	25.44	23.63	0.409	26.50	19.84	0.463	21.89	17.97	0.432	18.43
政府转移收支	18.91	0.378	20.33	20.04	0.395	21.70	14.88	0.44	15.60	13.02	0.398	12.30
居民转移收入	3.78	0.479	5.15	3.59	0.485	4.80	3.89	0.50	4.63	3.93	0.509	4.74
单位转移收入	—	—	—	—	—	—	1.08	0.646	1.66	1.03	0.569	1.39

项目	2004 年			2005 年			2006 年			2007 年		
	u_i%	c_i	e_i%	u_i%	c_i	e_i%	u_i%	c_i	e_i%	u_i%	c_i	e_i%
可支配收入	100	0.439	100	100	0.444	100	100	0.439	100	100	0.433	100
初次分配收入	82.87	0.442	83.36	82.63	0.452	84.15	83.51	0.447	85.08	83.59	0.443	85.53
再分配收入	17.13	0.427	16.64	17.37	0.405	15.85	16.49	0.397	14.92	16.41	0.382	14.47
政府转移收支	12.53	0.392	11.18	12.96	0.367	10.72	12.19	0.349	9.69	12.90	0.344	10.25
居民转移收入	3.65	0.501	4.16	3.51	0.476	3.76	3.54	0.504	4.06	2.86	0.481	3.18
单位转移收入	0.95	0.597	1.3	0.91	0.670	1.37	0.76	0.677	1.17	0.64	0.715	1.04

项目	2008 年			2009 年			2010 年			平均		
	u_i%	c_i	e_i%	u_i%	c_i	e_i%	u_i%	c_i	e_i%	u_i%	c_i	e_i%
可支配收入	100	0.449	100	100	0.443	100	100	0.434	100	100	—	100
初次分配收入	83.26	0.462	85.59	83.51	0.447	84.32	83.42	0.438	84.12	81.70	—	81.80
再分配收入	16.74	0.387	14.41	16.49	0.421	15.68	16.58	0.416	15.88	18.30	—	18.20
政府转移收支	13.04	0.349	10.13	12.85	0.388	11.26	13.22	0.387	11.78	14.23	—	13.18
居民转移收入	3.07	0.482	3.29	3.05	0.499	3.44	2.81	0.488	3.16	3.43	—	4.03
单位转移收入	0.62	0.726	0.99	0.59	0.731	0.98	0.55	0.755	0.94	0.64		0.99

通过表 5 - 7，可以看出城镇居民初次分配收入差距、再分配收入差距以及可支配收入差距具有以下变化特点。

（1）可支配收入分配比重的变化

首先，初次分配收入是可支配收入的最主要来源，2000 年初次分配收入占可支配收入的比重为 77.31%，2001 年降为 76.37%，从 2002 年起该收入比重大体上呈上升趋势，2010 年为 83.42%，比 2000 年增加了 6.11 个百分点；其次，再分配收入占可支配收入的比重 2000 年为 22.69%，2001 年升至最高为 23.63%，从 2002 年起该收入比重基本上呈下降趋势，这与初次分配收入的比重变化正好相反，2010 年再分配收入比重为 16.58%，与 2000 年相比下降了 6.11 个百分点。另外，我们具体来分析再分配各项收入在可支配收入中的变化，政府转移收支或二次分配的比重2000年为18.91%，2010年为13.22%，与2000年相比下降了4.96个百分点；居民转移收入或三次分配的比重2000年为3.78%，2010年下降为2.81%；单位转移收入的比重2002年为1.08%，2010年下降为0.55%。平均来看，在我国城镇居民可支配收入中，初次分配收入占81.70%，再分配收入占18.30%，政府转移收支占14.23%，居民转移收入占3.43%，单位转移收入仅占0.64%。这说明我国城镇居民收入以初次分配收入为主，再分配收入为辅，特别是通过政府的二次分配净转移给居民的收入不到15%，其影响效果所占的比例非常有限。

（2）可支配收入基尼系数或集中率的变化

2004年以前各年的初次分配收入基尼系数（或集中率）均略小于当年的可支配收入基尼系数，它有缩小收入差距（差距促减）的作用，2004～2010年该基尼系数又均略大于当年的可支配收入基尼系数，起着拉大收入差距（差距促增）的作用，但总的来看，初次分配基尼系数与可支配收入基尼系数一直比较接近，所以两者的曲线走势几乎大体一致，如图5-7所示；再分配基尼系数在2004年以前均大于可支配收入基尼系数，起差距促增作用，2004～2010年该系数又均小于当年的可支配基尼系数，起着差距促减作用，这反映了在2004年以前再分配收入对城镇居民收入差距的调控都表现为"逆向调节"，自2004年起才显示出"正向调节"作用。具体来看，政府转移收支集中率在2003年以前均大于可支配收入基尼系数，起差距促增或拉大可支配收入差距的作用，反映出这一时期政府的二次分配并没有减少收入差距，反而在拉大收入差距，自2003年起该集中率一直小于可支配收入基尼系数，起差距促减或平抑收入差距的作用。居民转移收入与单位转移收入集中率一直大于可支配收入基尼系数，所以它们对可支配收入差距有拉大作用。

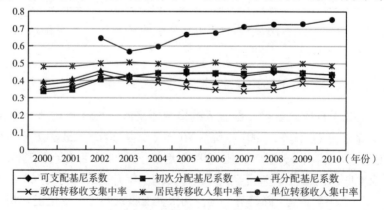

图5-7　城镇居民可支配收入基尼系数与分项收入集中率

（3）可支配收入差距贡献率的变化

初次分配的收入差距贡献率一直明显大于再分配收入的差距贡献率。初次分配收入差距贡献率 2000 年为 74.52%，自 2002 年起逐步上升，2008 年升至最高为 85.59%，2010 年又降至 84.12%，但与 2000 年相比仍然增加了 9.6 个百分点；再分配收入差距贡献率的变化趋势正好相反，2000 年为 25.44%，自 2002 年起该比重逐步下降，2008 年降至最低为 14.41%，2010 年稍有升高为 15.88%。平均来看，城镇居民可支配收入的差距贡献中，初次分配收入差距的贡献占 81.8%，再分配收入差距贡献为 18.2%，其中政府转移收支的贡献为 13.18%，居民转移收入的贡献为 4.03%，单位转移收入的贡献仅为 0.99%。

可支配收入差距贡献率数据说明我国城镇居民收入差距主要由初次分配收入差距造成的。这是因为，一方面初次分配收入差距贡献率占城镇居民可支配收入的比重较大，当初次分配收入差距拉大时必然引起最终收入状态的差距拉大；另一方面，我国再分配收入贡献率在居民总的收入中的比重较小，特别是具有收入差距促减作用的政府转移收支的贡献率比较低，再分配的正向调节作用表现并不显著，有些时候甚至表现为"逆向调节"或反向调控，所以我国城镇居民收入差距的拉大主要来自初次分配阶段。

5.3.2　农村居民收入差距的贡献比较

利用农村居民纯收入指标可以很好地反映农村居民最终收入状况，因此根据《中国农村住户调查年鉴》和《中国农村统计年鉴》提供的数据资料，我们通过把农村居民纯收入分解为初次分配收入与再分配收入之和，以对农村居民纯收入的差距进行来源分解，如表 5-8 所示。

表 5-8　　　　　　　　　　2000~2010 年农村居民收入差距来源分解

项目	2000 年			2001 年			2002 年			2003 年		
	u_i%	c_i	e_i%	u_i%	c_i	e_i%	u_i%	c_i	e_i%	u_i%	c_i	e_i%
纯收入	100	0.314	100	100	0.324	100	100	0.34	100	100	0.35	100
初次分配收入	96.50	0.310	95.41	96.29	0.320	95.06	96.03	0.335	94.70	96.31	0.346	95.33
再分配收入	3.50	0.412	4.59	3.71	0.431	4.94	3.97	0.454	5.30	3.69	0.442	4.67

续表

项目	2004 年			2005 年			2006 年			2007 年		
	u_i%	c_i	e_i%	u_i%	c_i	e_i%	u_i%	c_i	e_i%	u_i%	c_i	e_i%
纯收入	100	0.339	100	100	0.349	100	100	0.344	100	100	0.345	100
初次分配收入	96.07	0.337	95.33	95.47	0.348	95.32	94.96	0.344	94.99	94.63	0.345	94.75
再分配收入	3.93	0.38	4.67	4.53	0.360	4.67	5.04	0.342	5.01	5.37	0.337	5.25

项目	2008 年			2009 年			2010 年			平均		
	u_i%	c_i	e_i%	u_i%	c_i	e_i%	u_i%	c_i	e_i%	u_i%	c_i	e_i%
纯收入	100	0.349	100	100	0.355	100	100	0.35	100	100	—	100
初次分配收入	93.21	0.353	94.28	92.28	0.359	93.28	92.25	0.353	93.15	94.91	—	94.69
再分配收入	6.79	0.294	5.72	7.72	0.309	6.72	7.65	0.313	6.85	5.09	—	5.31

在表 5-8 中，我们可以看出：

（1）纯收入分配比重的变化

初次分配收入占农村居民纯收入的绝大多数比重（超过 90%），但 2000～2010 年基本上呈下降趋势，2000 年该比重为 96.5%，2010 年为 92.25%，下降了 4.25 个百分点；再分配收入仅占农村居民收入的极少部分，该比重 2000 年为 3.5%，2010 年上升为 7.65%。平均来看，在我国农村居民纯收入中，初次分配收入占 94.91%，而再分配收入只占 5.09%，这说明再分配对农村居民收入影响甚微，农村居民从政府财政收入中获得的转移收入较少，远远不及城镇居民所得多。

（2）纯收入基尼系数或集中率的变化

2000～2007 年，初次分配收入基尼系数（或集中率）均小于或等于纯收入基尼系数，起差距促减作用，2008～2010 年，初次分配收入基尼系数均略大于纯收入基尼系数，起差距促增作用；2000～2005 年再分配收入基尼系数（或集中率）一直都大于纯收入基尼系数，起差距促增作用，2006～2010 年前者小于后者，起差距促减作用。如图 5-8 所示，农村居民纯收入基尼系数曲线与初次分配基尼系数曲线几乎完全一致，说明纯收入差距变化主要受初次分配基尼系数（或集中率）影响，再分配基尼系数变化对农村居民纯收入基尼系数影响甚微。

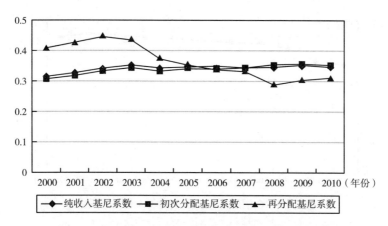

图 5 - 8　农村居民纯收入基尼系数与分项收入集中率

（3）纯收入差距贡献率的变化

初次分配收入差距是农村居民纯收入差距的主要贡献来源，2000 年初次分配收入差距贡献率为 95.41%，2010 年下降为 93.15%，与 2000 年相比下降了 2.26 个百分点；再分配收入差距对纯收入差距的贡献率 2000 年为 4.59%，2010 年上升为 6.85%，与 2000 年相比上升了 2.26 个百分点。平均来看，在我国农村居民纯收入差距贡献率中，初次分配占 94.69%，再分配仅占 5.31%。

5.3.3　全国居民收入差距的贡献比较

同理，利用 Sundrum 的城乡加权基尼系数算法计算全国居民城乡加权的收入总基尼系数，如表 5 - 9 所示。2000 年我国居民收入总基尼系数为 0.354，2009 年上升至最高为 0.458，2010 年稍有下降为 0.447，总的来看，2010 年比 2000 年相比该系数上升了 0.097 个单位。可以看出，我国居民的收入总基尼系数基本上呈上升趋势，如图 5 - 9 所示。

表 5 - 9　　　　　　2000 ~ 2010 年全国居民城乡加权的收入总基尼系数

年份	2000	2001	2002	2003	2004	2005	2006	2007	2008	2009	2010
总基尼系数	0.354	0.367	0.409	0.426	0.429	0.436	0.442	0.446	0.454	0.458	0.447

值得一提的是，根据我们收集的资料以及采用城乡加权基尼系数的计算方法，表 5 - 9 计算的全国居民收入总基尼系数与表 4 - 17 所反映的国家统计局公布的收入分配基尼系数并非一致，表 5 - 9 中的基尼系数几乎都小于表 4 - 17 中

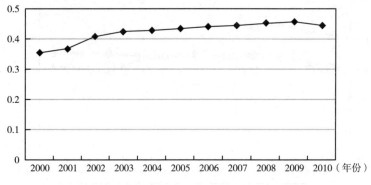

图 5 - 9   全国居民城乡加权的收入总基尼系数

的基尼系数，这可能是由于统计资料的来源不同以及所采取的基尼系数的计算方法不同所导致。不过，表 4 - 17 与表 5 - 9 所反映的基尼系数走势却是极为相似，这可以通过图 4 - 5 与图 5 - 9 对比来看。

5.4　再分配对居民收入差距调节"失灵"

5.4.1　再分配前后居民收入差距的比较

从理论上来说，我们可以通过比较城镇居民初次分配收入不平等状态与可支配收入不平等状态，或者比较农村居民初次分配收入不平等状态与纯收入的不平等状态，来衡量初次分配阶段（再分配前）和再分配后的居民收入差距不平等变化情况，以此体现政府再分配工具——直接税与转移性收入对居民初次分配收入的调节效应。因为再分配之前的初次分配收入基尼系数反映了最初的居民收入不平等状态，而再分配后的可支配收入基尼系数或纯收入基尼系数却反映了最终的居民收入不平等状态，因此若把两者进行比较，可以很好地体现再分配政策对居民收入分配的调节效应。

（1）城镇居民再分配前后收入差距的比较

在表 5 - 10 中列出了 2000 ~ 2010 年城镇居民初次分配收入基尼系数与可支配收入基尼系数，并把两者进行了比较。若基尼系数变化值为正，说明可支配收入基尼系数大于初次分配基尼系数，再分配调节属于"逆向调节"；反之，若基尼系数变化值为负，说明再分配调节是"正向调节"。

表5－10　　　　　　　　　2000～2010年城镇居民再分配前后收入差距的比较

年　份	2000	2001	2002	2003	2004	2005	2006	2007	2008	2009	2010
初次分配收入	0.339	0.351	0.409	0.419	0.442	0.452	0.447	0.443	0.462	0.447	0.438
可支配收入	0.352	0.365	0.420	0.421	0.439	0.444	0.439	0.433	0.449	0.443	0.434
基尼系数变化	0.013	0.014	0.011	0.002	−0.003	−0.008	−0.008	−0.010	−0.013	−0.004	−0.004

　　由表5－10可以看出，2000～2010年我国城镇居民的初次分配收入基尼系数与可支配收入基尼系数大体上都有上升趋势，由此反映出城镇居民的初次分配不平等状态与最终收入不平等状态总体上都有加剧或恶化的趋势，而且两者的曲线走势几乎完全一致，说明居民的最终收入差距不平等状况与初次分配不平等有极大的相关性。虽然2000～2003年再分配对城镇居民的收入调节是"逆向调节"，但是即使是在2004～2010年再分配"正向调节"作用下，可支配收入基尼系数与初次分配基尼系数的变化趋势仍然极为相似，说明再分配对城镇居民收入差距的不平等状况调节效果甚微，这是因为初次分配的不平等状况已大体上决定了整体的收入不平等状况，而靠再分配调节是很难收效的。

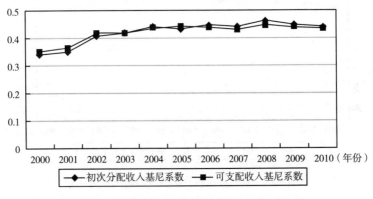

图5－10　城镇居民再分配前后的基尼系数比较

（2）农村居民再分配前后收入差距的比较

　　同样的规律体现在农村居民的收入分配中，如表5－11所示，列出了2000～2010年农村居民初次分配收入基尼系数与纯收入基尼系数及其比较。可以看出，农村居民初次分配收入基尼系数与纯收入基尼系数基本上也都呈上升趋势，而且两者的曲线走势几乎完全重合，如图5－11所示。

表 5 – 11　　　　　　　2000～2010 年农村居民再分配前后收入差距的比较

年　份	2000	2001	2002	2003	2004	2005	2006	2007	2008	2009	2010
初次分配收入	0.310	0.320	0.335	0.346	0.337	0.348	0.344	0.345	0.353	0.359	0.353
纯收入	0.314	0.324	0.340	0.350	0.339	0.349	0.344	0.345	0.349	0.355	0.350
基尼系数变化	0.004	0.004	0.005	0.004	0.002	0.001	0	0	– 0.004	– 0.004	– 0.003

　　在表 5 – 11 中，虽然 2000～2005 年针对农村居民的再分配调节是"逆向调节"，2006～2007 再分配调节没有任何效果，2008～2010 年再分配调节转为"正向调节"，但是这些再分配调节对农村居民收入不平等状况的改变收效甚微。因为农村居民再分配前后的收入不平等状况几乎没有发生任何改变，再分配后的纯收入基尼系数仍然与再分配前的初次分配基尼系数高度一致，所以我们认为再分配对农村居民的收入不平等性调节基本上没有发挥作用。

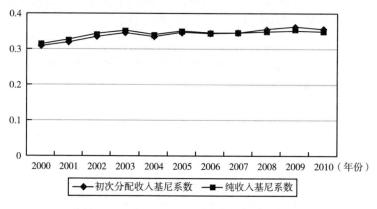

图 5 – 11　农村居民再分配前后的基尼系数比较

（3）全国居民再分配前后收入差距的比较

　　通过比较全国居民再分配前后基尼系数的变化，再一次验证了我们前面分析的结论。在表 5 – 12 中列出了我国居民初次分配收入基尼系数与最终收入分配总基尼系数及其比较。从全国居民收入整体的角度来看，2004 年之前再分配是"逆向调节"，2004 年之后是"正向调节"，但是再分配前后基尼系数变化微小，两者的曲线走势高度一致，几乎完全重合，如图 5 – 12 所示。

表5-12					2000~2010年全国居民收入差距的前后比较					
年 份	2000	2001	2002	2003	2004	2005	2006	2007	2008	2009	2010
再分配前	0.351	0.363	0.405	0.424	0.429	0.438	0.444	0.448	0.458	0.460	0.449
再分配后	0.354	0.367	0.409	0.426	0.429	0.436	0.442	0.446	0.454	0.458	0.447
基尼系数变化	0.003	0.004	0.004	0.002	0	−0.002	−0.002	−0.002	−0.004	−0.002	−0.002

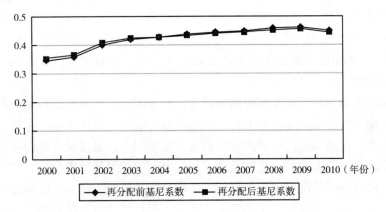

图5-12 全国居民再分配前后的基尼系数比较

总之，通过城镇居民、农村居民以及全国居民再分配前后的基尼系数进行比较，我们认为我国居民收入差距主要形成于初次分配阶段，再分配阶段对其有调节作用，但有时属于"逆向调节"，即使在"正向调节"作用下，其对初次分配阶段形成的较大的收入差距仅有微弱的平抑作用，根本没有发挥应有的公平调节作用。

5.4.2 再分配对初次分配收入差距的调节效应

从理论上来看，初次分配居民收入差距过大、收入不平等性严重的状况，似乎可以通过再分配的税收和转移支付手段得到调节。在再分配环节，政府部门从居民与企业部门取得收入所得税以及社会保险缴费等，同时政府部门又将一部分财政资金转移支付给居民部门，通过这种一"收"一"支"的分配调整，这样可以在一定程度上平抑居民收入差距[1]。因为在再分配过程中，富裕的人给政府

---

[1] 中国社会科学院财政与贸易经济研究所课题组，高培勇，张德勇，汪德华. "十二五"时期的宏观经济社会环境［J］. 经济研究参考，2011，03：2-29.

部门交税较多，但从政府部门获得的转移收入相对较少，而贫穷的人给政府部门交税较少或不交税，他们却从政府那里获得相对较多的转移收入，使他们的生活有基本的生活保障，这是政府转移收支的根本目的，也即所谓的二次分配有"劫富济贫"的功能。可是再分配的这种差距调节功能非常有限，特别是在我国初次分配差距已赫然明显的情况下，单凭再分配过程并不能达到预想的差距协调，有些时候不仅没有达到"正向调节"的目的，反而出现了"逆向调节"。从表5 - 12可以看出，我国政府财政收支对居民收入分配差距的再分配调节在2004年之前都是"逆向调节"，2004年以后才转变为"正向调节"。为什么再分配对居民收入差距的调节在2004年之前呈"逆向调节"呢？即使是2004年以后出现"正向调节"，其调节的力度也非常有限。我们通过再分配对初次分配收入差距的调节效应来分析。

在再分配调节作用非常有限的情况下，再分配调节能否发挥预想的调节效果与初次分配的公平结果有很大关系。若初次分配的收入差距不大，可以通过再分配调节实现公平的结果；若初次分配的收入差距很大，通过再分配的微调并不能达到整体的收入分配公平。也就是说，初次分配的结果越趋于公平，则经过再分配调节后最终分配状况也就越公平；若初次分配结果越不公平，即使通过再分配调节最终分配也可能还是达不到公平。这里，我们通过洛伦兹曲线图来模拟初次分配的效果对整体收入分配公平的影响。

假设一个经济体经过初次分配有两种分配结果：结果1是占人口总数60%的人的收入比重为30%，其余40%的人的收入比重为70%；结果2是占人口总数80%的人收入比重仅为30%，其余20%的人的收入比重达到70%；显然，结果1要比结果2的初次分配结果公平程度大，因为结果1显示收入分配的平均程度要比结果2更均衡[1]。若上述两种初次分配结果经过同样力度的再分配调节，其最终分配的结果仍然是有区别。在再分配环节，如果两个分配组都从收入高的群体向收入低的群体转移各自10%的收入，那么最终分配的结果是：结果1是60%的人的收入比重为40%，其余40%的人的收入比重为60%；结果2是80%的人的收入比重达到40%，其余20%的人的收入比重为60%，可见这时整体收入分配的公平程度还是结果1要好于结果2。

如图5 - 13所示给出了两种分配结果的初次分配状况与最终分配状况的洛伦兹曲线。G_1、G_2分别是结果1和结果2的初次分配的基尼系数，由图可以看出结果1的基尼系数G_1小于结果2的基尼系数G_2，据此反映出初次分配结果1的居民贫富分化程度比结果2要小一些；G_1^*、G_2^*分别是结果1和结果2的最终（整体）分配

---

[1] 李晓宁，刘静. 初次分配效率与公平失衡的"连锁效应"分析 [J]. 经济学家，2011，06：38 - 47.

的基尼系数，最终分配结果 1 的基尼系数 G_1^* 也小于结果 2 的基尼系数 G_2^*，也就是说再分配后居民之间的贫富分化效果仍然是结果 1 小于结果 2。若想让两种最终分配结果的公平程度一致，除非需要加强结果 2 的再分配力度，才有可能实现此目标。因此，初次分配的公平状况对最终分配的公平状况有很重要影响。

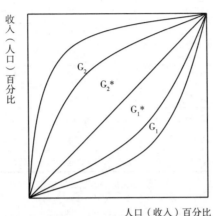

图 5 - 13　两种收入分布格局的洛伦兹曲线

　　表 5 - 13 显示的是各个部门收入在再分配过程中相对于其初次分配收入的比重的变化。从表 5 - 13 中可见，再分配过程使得企业部门收入比重有较大幅度减少，而使居民部门和政府部门收入比重增加，但居民和政府部门增加的程度并不同。具体来看，居民部门的收入增长均在 2 个百分点以下，而且 2000～2012 年居民部门通过再分配过程收入的增加比重有下降趋势，2000 年居民部门增加的比重为 1.81%，2008 年降至最低为 0.29%，到 2010 年又上升至 0.54%，但与2000 年相比总的下降了 1.27 个百分点；政府部门收入比重经过再分配后发生了较大幅度增长，2000 年政府部门再分配收入比重比初次分配增加了 9.35%，以后连续几年逐年上涨，特别是 2008 年升至最高为 30.06%，2014 年又稍降至25.10%，但与 2000 年相比仍然增加了 15.75 个百分点。因此，总的来看，通过再分配使居民部门的收入增加的比重要低于政府部门的收入增加比重，可见寄希望于再分配大幅度降低居民收入差距是比较困难的。

表 5 - 13　　　　　　　2000～2012 年再分配过程对各个部门收入的影响　　　　　　　单位:%

年份	企业	居民	政府
2000	-11.96	1.81	9.35
2001	-12.77	1.79	11.52
2002	-10.60	1.67	10.69

续表

年份	企业	居民	政府
2003	-12.11	1.25	14.81
2004	-9.40	1.46	17.07
2005	-11.64	0.83	18.90
2006	-16.37	0.59	23.74
2007	-17.45	0.45	24.68
2008	-13.71	0.29	30.06
2009	-13.77	0.37	26.20
2010	-12.96	0.52	23.68
2011	-16.08	0.52	25.17
2012	-18.72	0.54	25.10

资料来源：根据国家统计局网站提供的资金流量表数据计算获得。

现阶段我国初次分配后居民收入差距较大，再分配调节并未达到理想的公平分配结果。多年的发展经验表明，即使经过以公平为目标的再分配来纠正初次分配差距，也不能取得良好的缩小收入差距的效果[1]。如果初次分配"低公平"的大格局确定下来，再分配只能对此进行局部调节或者微调，起到一定程度的补充修正作用，其并无力从根本上改变大局。所以初次分配不公平的程度将严重影响了再分配公平目标的实现，甚至造成再分配"逆向调节"，反而拉大居民收入差距。

总之，再分配只是一种初次分配后的动态利益补偿机制，寄希望于再分配来实现收入分配公平是不现实的，只有一定程度上实现初次分配公平，或者说尽可能地实现初次分配公平才是实现整体分配公平的基础[2]。再分配调节对我国居民的收入不平等状况改观甚微，最终的收入不平等状况几乎完全决定于初次分配收入不平等状况；也就是说，我国居民收入差距形成的主要阶段在初次分配阶段，若初次分配收入差距过大便注定了最终的收入分配差距过大，即使经过再分配调节过程，对我国居民的收入分配差距过大状况也没有任何实质性改变。初次分配的"低公平"以及再分配调节乏力注定了整体收入分配不公平的大局，造成居民收入分配差距较大。所以寄希望于再分配调节来缩小居民收入分配差距是不可能的，只有从初次分配阶段入手，控制初始的居民收入差距不致过大，才是缩小整体居民收入差距的最优途径。解决收入分配不公平问题的出发点和重点应该在初次分配环节。

①② 李晓宁，刘静. 初次分配效率与公平失衡的"连锁效应"分析 [J]. 经济学家，2011, 06: 38-47.

5.4.3 再分配调节"失灵"的原因

由于以政府主导的再分配收入具有较强的可控性，通常被视为调节收入差距的主要途径。然而，我国的再分配调节并未达到大幅度缩小收入差距的目标，其对居民收入差距实际调节效果与"再分配更加注重公平"的政策目标尚有较大差距。之所以出现再分配公平调节"失灵"，原因在于以下几点。

第一，在不完善的市场机制下，因初次分配差距过大而使再分配调节无力。政府财政再分配职能有效发挥的前提条件是具有完善的市场机制，主要包括完善的商品市场和要素市场。只有完善的市场机制才能保障商品和要素的自由流动，才能通过价格机制合理调节商品供需与资源配置①。西方公共财政理论认为，通过财政的再分配调节可以实现收入分配的公平，但前提条件是初次分配必须在完善的市场机制基础之上完成。因为当市场机制比较完善的情况下，即使微观主体之间存在自然禀赋的差异，在初次分配环节会出现收入差距，但这种收入差距在一定的可控范围之内，再经过政府实施各种再分配手段，将一部分收入从富人手中转移到穷人手中，有效调节社会各阶层居民的收入水平，降低收入差距。因此，政府再分配功能的实现有严格的市场条件限制，即市场经济体制已发展的比较成熟的情况下实施才可行。然而，当前我国社会主义市场经济体制还不健全，在某些经济领域计划体制依然发挥作用，这种转轨体制使初次分配领域存在许多不合理的地方，而政府财政对初次分配收入差距的影响甚微；也就是说，市场经济体制的不完善使财政再分配功能并不能完全发挥出来。在成熟市场条件下，按要素贡献分配总体上可以说是一项公正合理的初次分配准则；但在非完善的市场条件下，初次分配制度扭曲使收入分配失去了公平分配的前提，初次分配后居民收入差距非常大，这样必然使再分配缺乏有效调节收入差距的基础。

第二，可供再分配调节的资金占 GDP 的比重比较低。由于我国的再分配资金来源于政府财政，而可供收入再分配的资金主要包括两类：一是财政资金；二是社会保险资金②。如表 5－14 所示，2007 年我国收入再分配的资金总量为

---

① 蔡跃洲. 财政再分配失灵与财政制度安排——基于不同分配环节的实证分析 [J]. 财经研究，2010，01：77－89.

② 在资金构成上，社会保险资金是分险种设立的，包括基本养老保险基金、基本医疗保险基金、失业保险基金、工伤保险基金和生育保险基金等。财政资金则散见于国家财政预算的社会保障科目中，在类别上主要包括 7 项，即行政事业单位离退休费、民政部门支付的离退休费、抚恤资金、救灾资金、救济资金、城市居民最低生活保障资金和"两个确保"补助资金等。

16515.4 亿元，仅占 GDP 的 6.16%；2010 年再分配资金总量为 28590.94 亿元，其占 GDP 的比值为 6.99%；2013 年再分配资金总量为 49743.44 亿元，占 GDP 的比值为 8.46%，与 2000 年相比上升了 4.26 个百分点。可见，尽管我国再分配的资金规模逐年增大，但其在国内生产总值中的比重却不高，因此有限的再分配资金很难发挥平抑收入差距的作用。世界上许多市场经济国家的社会保障支出都是中央政府支出中的第一大支出项目。比如，1987 年法国社会保障支出占中央政府支出的比重是 38.5%，美国是 31.1%，英国是 31.6%，而瑞典则高达 50.8%[①]。相比而言，我国政府财政支出中社会保障支出所占的比重始终低于 15%，如表 5-14 所示，2007 年该比例为 11.45%，2012 年为 9.99%，2013 年为 10.33%，而且自 2007 年以来财政社会保障支出的比重有下降趋势。因此，从社会保障支出占政府财政总支出中的比重来看，我国远低于发达国家的社会保障支出比重，所以过少的社会保障资金必然导致再分配调节收入分配差距的功能微弱。

表 5-14   2007~2013 年我国再分配资金总量及占 GDP 的比重

年份	社会保险基金收入（亿元）	国家财政社会保障和就业支出（亿元）	预算外社会保障和就业支出（亿元）	再分配资金总量（亿元）	再分配资金占 GDP 的比重（%）	社会保障和就业支出占政府财政支出的比重（%）
2007	10812.3	5447.16	255.94	16515.40	6.16	11.45
2008	13696.1	6804.29	217.83	20718.22	6.54	11.22
2009	16115.6	7606.68	172.45	23894.73	6.91	10.20
2010	19276.1	9130.62	184.22	28590.94	6.99	10.36
2011	25153.3	11109.40		36262.70	7.49	10.17
2012	30738.8	12585.52		43324.32	8.11	9.99
2013	35252.9	14490.54		49743.44	8.46	10.33

资料来源：国家统计局网站：http://data.stats.gov.cn/workspace/index；jsessionid = C43FF292C300011D880E4CA2A29B966A？m = hgnd。

除此之外，我国社会保障支出的城乡流向结构有差异，社会保障支出的主要流向是城镇居民，对占人口比例大多数的农村居民只享受了很少的社会保障服务[②]。如表 5-15 所示，2009 年城镇居民参加养老保险的人数是农村居民参保人数的 2.5 倍，但政府财政对城镇居民基本养老保险基金支出是农村居民的 52.67

①② 李晓宁，刘静. 初次分配效率与公平失衡的"连锁效应"分析 [J]. 经济学家，2011，06：38-47.

倍；2010年农村居民参加社会养老保险的人数比城镇居民多4252.2万人，但城镇居民基本养老保险基金支出却是农村居民的21.72倍。从另一个角度来分析，若把2009年城镇与农村享受低保的人数分别与城乡人口进行对比，分别仅占城乡人口的3.78%和6.68%，平均为5.32%。可见，我国城乡社会保障覆盖面均比较小，而且社会保障支出没有发挥缩小城乡居民收入差距的作用；相反，却产生了城乡居民收入差距的"逆向调节"作用，即反而拉大了收入差距。

表5-15   2010~2011年城乡居民养老保险参保
人数与社会养老保险基金支出

年份	城镇居民		农村居民	
	参加养老保险 人数（万人）	基本养老保险基金 支出（亿元）	社会养老保险试点 参保人数（万人）	社会养老保险试点 基金支出（亿元）
2010	25707.3	10554.9	10276.8	200.4
2011	28391.3	12764.9	32643.5	587.7

资料来源：国家统计局网站：http://data.stats.gov.cn/easyquery.htm? cn=C01。

第三，收入再分配惠及人群规模较小。世界各国居民社会保障的覆盖率平均达到60%以上，发达国家达到80%以上，中等收入国家达到70%以上[①]。2009年我国三大险种养老保险、医疗保险和失业保险覆盖人群规模占全国总就业人数的比重分别为30.19%、28.13%和16.30%；2013年这三大保险参保人数占全部就业人员的比重分别为41.85%、74.14%和21.33%，均比2009年的比重有所增长，但增长幅度大小不一，医疗保险的参保人数比重增长了46.01个百分点，增长幅度最大。2013年工伤保险和生育保险的参保人数比重分别为25.87%和21.09%，如表5-16所示。2013年各项社会保险基金的总支出额为27916.3亿元，其中养老保险和医疗保险的基金支出分别为18470.4亿元和6801.0亿元。可见，除城镇基本医疗保险之外，其他保险的参保人数都远远低于世界其他国家的一般水平，反映出我国社会保障覆盖人数规模仍待提高。因此，正是由于国家财政支撑的社会保障支出覆盖面过低，才制约了收入再分配调节功能的发挥[②]。

---

① 何立新，佐藤宏. 不同视角下的中国城镇社会保障制度与收入再分配——基于年度收入和终生收入的经验分析 [J]. 世界经济文汇，2008，05：45-57.
② 李晓宁，刘静. 初次分配效率与公平失衡的"连锁效应"分析 [J]. 经济学家，2011，06：38-47.

表 5 – 16   2013 年我国居民参加各类社会保险的情况

项　目	参保人数（万人）	参保人数占全部就业人员的比重（%）	保险基金支出（亿元）
城镇基本养老保险	32218.4	41.85	18470.4
城镇基本医疗保险	16416.8	74.14	6801.0
失业保险	57072.6	21.33	531.6
工伤保险	19917.2	25.87	482.1
生育保险	16392.0	21.29	282.8

资料来源：国家统计局网站：http：//data. stats. gov. cn/easyquery. htm？cn = C01。

第四，税收调节功能弱化，再分配调节工具不完备。一般来说，政府用于收入再分配的工具手段有三种：税收、收入保障计划（社会保险与福利）、提供低于成本的物品与劳务（主要是教育、卫生），税收是其中最重要的收入分配调节工具。初次分配阶段所涉及的税收主要是间接税，因为间接税一般具有累退性；而再分配阶段的税收以直接税为主，其主要的功能就是调节收入差距。目前我国再分配已经开征的主要税种有个人所得税、财产税等。一般来说，个人所得税能够调节收入差距，而且可以为财政筹集再分配资金。可是，在我国的总税收收入中个人所得税的比重仅为 6% 左右，其发挥税收调节差距的作用非常有限，如表 5 – 17 所示。2005 年我国个税占税收总收入的比重为 7.28%，随后不断降低，2012 年该比重为 5.78%，2014 年又稍上升至 6.19%。

表 5 – 17   2005 ~ 2014 年我国个人所得税在总税收收入中的比重   单位：%

年份	2005	2006	2007	2008	2009	2010	2011	2012	2013	2014
个税比重	7.28	7.05	6.98	6.86	6.63	6.61	6.75	5.78	5.91	6.19

资料来源：国家统计局网站：http：//data. stats. gov. cn/easyquery. htm？cn = C01。

从税收本质来看，个人所得税是一种"抽肥补瘦"、调节过高收入的税制，但多年来我国一直实施个人所得税分类征收、统一起征点、源泉扣缴的征税模式，使工薪阶层成为个人所得税的纳税主体，反而加重了中低收入者的负担[1]。由于信息不对称和累进性的税率设置，增加了高收入者的逃税动机和税务机关的征收成本，导致高收入者的个人所得税实际完税率并不高，大概也仅占到 50%。例如，2004 年我国工薪阶层缴纳的个人所得税在个人所得税总收入中所占的比重超过 65%，即使经过最近几年的个税制度改革，工薪阶层个人所得税占比已有所下降，但依然维持在 50% 左右。

我国个人所得税的再分配效应很弱，如表 5 – 18 所示。2007 年个税前基尼系

① 李晓宁，刘静. 初次分配效率与公平失衡的"连锁效应"分析 [J]. 经济学家，2011，06：38 – 47.

数为 0.2584，个税后基尼系数为 0.2574，再分配仅使基尼系数下降了 0.0010 个单位，再分配的程度为 0.3870%；2010 年提供再分配的个税调节也仅使基尼系数下降了 0.0018 个单位，再分配的程度为 0.5714%；平均来看，四年间个税调节收入不平等的程度平均仅为 0.5054%。Kinam Kim 和 Peter Lamber（2009）测算了 2004 年美国个人所得税的再分配效应为 6.79%①。因此，我国的个人所得税税制并没有实现贫富差距的调节，这种个税税制使再分配调节功能弱化。

表 5 - 18　　　　　　　　2007 ~ 2010 年个人所得税的再分配调节效果

年份	个税前基尼系数	个税后基尼系数	再分配效果	再分配程度（%）
2007	0.2584	0.2574	0.0010	0.3870
2008	0.3063	0.3047	0.0016	0.5223
2009	0.3075	0.3057	0.0018	0.5854
2010	0.3150	0.3132	0.0018	0.5714
平均	0.2968	0.2953	0.0015	0.5054

资料来源：根据石子印、张燕红著《个人所得税的累进性与再分配效应》（载《财经科学》2012.3）一文提供的数据计算所得。

除此之外，我国还存在某些再分配调节工具的缺失。例如，具有收入分配调节作用的社会保障税、证券交易税、遗产税和赠与税等税收调节工具还没有启用。这些税收工具同样具有减少贫富差距、消除收入分配不均衡的作用，若其缺失必然使得再分配力度不够，不能达到再分配调节的目标②。目前，世界上开征社会保障税的国家已有 80 多个，许多发达国家的社会保障税已成为仅次于个人所得税的第二大税种，如英国的社会保障税支持的社会保障支出占财政支出的 32%，是比重最大的一项支出③。

在上述四个原因中，第一个原因是再分配公平调节"失灵"的根本性原因，而其他三个原因只是表层原因，并非实质性原因。美国和欧盟国家经过再分配政策之后均成功将收入差距控制在 0.4 以下，是因为这些国家的市场机制已发展得比较完善，但是对发展中国家来说这样的再分配调节并不是万能的。近年来，虽然我国财政再分配性支出的规模逐年扩大，然而居民收入差距扩大的趋势并未得到根本性扭转④。可以说，财政支出的增加基本上没有改变收入分配现状，显然

---

① 石子印，张燕红. 个人所得税的累进性与再分配效应——以湖北省为例 [J]. 财经科学，2012，03：116 - 124.

② 李晓宁，刘静. 初次分配效率与公平失衡的"连锁效应"分析 [J]. 经济学家，2011，06：38 - 47.

③ 何秋仙. 试论国民收入再分配中的税收调节体系 [J]. 广西社会科学，2003，04：65 - 67.

④ 蔡跃洲. 财政再分配失灵与财政制度安排——基于不同分配环节的实证分析 [J]. 财经研究，2010，01：77 - 89.

这与我国政府再分配公平调节目标不符，也意味着我国多年实施的财政再分配政策是失灵的。

因此，改善收入分配不公平的重点不在于通过再分配调节来提升结果公平，而是要完善造成分配不平等的初次分配制度安排，尽量促使初次分配形成起点公平和过程公平的分配秩序，降低初次分配收入不平等的程度，在此基础上依靠再分配调节最终实现比较公平的分配局面。因为一旦初次分配制度出了问题，不能保证分配起点公平和分配过程公平，即使通过再分配调节也不能实现分配结果公平。例如，韩国主要依靠完善初次分配制度解决收入分配不公平问题，发挥市场机制在初次分配调节中的作用；相反，拉美国家出现再分配调节乏力并不是由于这些国家的再分配调节力度不足，而是由于市场制度不完善等因素所导致的初次分配收入差距过大所致①。我国遇到的情况也是如此。

再分配公平调节固然重要，不可或缺，但寄希望通过再分配调节就能获得公平分配是不现实的。我国多年实施"初次分配重效率，再分配重公平"的政策已证明：仅靠再分配无法实现社会公平，若初次分配居民收入差距过大，即使加大再分配力度，也不一定能实现公平分配局面。例如，近年来我国政府在再分配方面加大了调节力度，不断向低收入者或者社会弱势群体倾斜，但各项政策的实施效果远未达到社会公众的期望，再分配过程并不能使得初次分配的"差距鸿沟"等到明显改善。

总之，我国目前存在再分配公平调节失灵的现实状况，这说明居民收入差距扩大的根源并不在于再分配环节，真正的收入分配不公平可能产生于初次分配中资源配置等环节。因此，要缩小居民收入差距，除了切实贯彻实施财政再分配政策措施外，更应从改革初次分配的制度性扭曲、完善初次分配制度入手。

---

① 樊纲，张晓晶．"福利赶超"与"增长陷阱"：拉美的教训［J］．管理世界，2008（9）：12－23．

中篇：我国居民收入差距
"为什么"过大？

第 6 章

居民收入差距过大的初次分配
因素分析：市场与政府

当前，我国居民收入差距的扩大主要发生在初次分配阶段，而通过政府财政再分配缩减初次分配差距的能力非常有限，那么为什么初次分配阶段会让居民收入差距拉大呢？由于初次分配是以市场机制为主导的分配，虽然我国已经经历了三十多年的市场经济体制改革，但市场经济的不完善性也是显而易见的，所以初次分配市场机制不完善是造成我国居民收入差距过大的最主要原因。另外，初次分配政府规制方面也存在许多不尽完善之处，特别是初次分配制度设计偏离公平视角，这是导致我国居民收入差距过大的制度影响。

6.1 市场定价机制不同引起的要素价格扭曲

6.1.1 公共资源定价不合理

在市场经济中，要素价格不仅是配置资源的基础性手段，也是收入分配的基础性手段。人们可以通过要素价格来评价各种生产要素在生产过程中的贡献，同时为确定生产要素的报酬提供有效标准。因此，初次分配一般是通过市场机制调节来实现，而市场经济的完善程度是决定分配是否合理的关键。

在我国粗放型经济增长方式中，生产要素的价格由于受到政府干预而明显偏低。我国在经济体制转轨过程中，政府在某种程度上替代市场进行资源配置，特别是对某些关系国家经济发展命脉的关键性要素资源不能按市场机制进行调配，由此导致要素价格扭曲，使有些要素不能按照市场公允的价值取得要素报酬。公共资源定价不合理是其最突出的表现。从宏观上讲，自然矿产、土地等稀缺要素资源属于国家所有，政府掌握了这些要素资源的市场供给，但在不完善的市场机制作用下，这些要素资源被以扭曲的生产要素价格供给市场，由此造成要素市场化水平较低，公共资源被贱卖①。

由于公共资源属于国家全民所有，因此国有企业资源型产品的利润收益按规定应该上缴国家，由政府纳入财政用于提供公共服务。但现实中大部分收益却被相关企业留存，进而被企业高层管理者或投资者所占有，或者将其中一部分收益作为福利分配给本企业的员工，这样使资源开采企业的职工收入比其他企业职工高得多，如我国的中石油、中石化公司。另外，虽然我国允许私营企业开采某些资源，并对其征收资源税和资源开发补偿费，但我国的资源使用税费相比其他国家都要低，如石油、天然气的费率仅为1%，远远低于澳大利亚的10%和美国的12.5%；相比而言，我国的矿产资源补偿费率也比其他国家要低，而且这些税费并没有随着资源产品稀缺形成的市场高价而提高，从而导致私营企业在资源开采中获得了高额利润。

虽然我国大多数商品都已经实现了市场定价，但仍有部分要素价格受传统计划体制的惯性作用而依然处于扭曲状态，突出表现为劳动力、能源及资源等要素价格的扭曲②。现实中公共资源的市场稀缺性与资源开采带来的高额利润，不可避免地带来各种经济寻租活动，尤其是围绕公共资源开采的寻租活动最为普遍。这些资源寻租行为不可避免地造成对资源市场价格的扭曲，使要素市场上公共资源的价格被人为压低，而产品市场上资源产品的价格由市场供求来决定，因此资源开采企业往往获利较多。

在市场经济的财政体制下，资源寻租使一部分人借此获得大量的"黑色收入"或"灰色收入"，这种要素价格扭曲还体现为初次分配向企业或投资者倾斜，使国有企业的管理层或私营企业主享有了较多的收益，而普通劳动者只能获得较低劳动报酬，这些状况最终反映为居民收入差距的扩大。例如，山西"煤老板"与普通旷工的收入差距是显而易见。可见，公共资源定价不合理实际上就是对生产要素占有的初始不平等，它导致企业之间竞争起点不一，劳动者之间就业机会不均，从而形成很大的居民收入差距。这种由于公共资源定价不合理造成的收入差距本质上缘于初次分配的起点不公平形成。

6.1.2 国有资产定价不合理

在我国国企改制过程中，存在违反市场秩序、不合规范的管理层收购行为，

① 杨小林. 居民收入差距与宏观经济失衡［J］. 经济导刊，2010，05：66-67.
② 雷根强，蔡翔. 初次分配扭曲、财政支出城市偏向与城乡收入差距——来自中国省级面板数据的经验证据［J］. 数量经济技术经济研究，2012，03：76-89.

如经营者"自卖自买"行为。尤其是一些企业没有按合理的资产定价原则对国有资产进行估价，反而有意压低国有资产的估价，将其出售给企业内部人甚至无偿分配给个人等，出现了权钱交易、暗箱操作、随心所欲占有国有资产等现象。这些行为都导致国有资产流失到社会个体手中，使某些居民的资产财富极速膨胀，收入大增。

国有资产在重组时，无论是拍卖、合资、兼并、上市或搞股份合作等，还是进行破产清算等，多多少少都是一种利益的重新分配①。国有资本能否按市场价值进行交易，主要由交易时的讨价还价过程来决定。一般来说，交易双方对某一资产的未来收益进行预期时，欲买者要低价，欲卖者要高价，最终相互接近，达成一个统一的成交价，这个成交价便可视为市场价值。

合理的国有资产定价的规则是什么呢？就是采用合理的评估方法对国有资产进行估价，最常见的方法有重置成本法和收益现值法。一般来说，前者倾向于低估资产价值，而后者倾向于高估资产价值，在实践中具体应该选择哪种方法来对国有资产估价往往存在争议。一般认为，除非因破产清算等非正常原因而终结，一个正常经营的企业应该以收益现值法来进行估价，另外，也要考虑行业或政府主管部门设定的其他一些非价格性附加条件，如职工安置、引进先进技术等。

国有企业退出市场主要以以下五种方式：证券市场退出模式、产权交易市场竞价退出模式、协议转让退出模式、国有企业内部人员收购退出模式、公开拍卖退出模式。在这五种模式中，协议转让退出模式的公开和透明度很差，特别是"一对一谈判"容易导致"黑箱"操作，产生腐败，出现把国有资产以很低的价格出售给个人。这是由于对道德风险问题估计不足，造成了一部分人以国企改革为名义，严重侵吞国有资产，使原有的该由全体居民所有的资产转为个人所有。另外，内部人员收购退出模式也不规范，收购中管理层往往利用对企业的实际控制权和所掌握的内部信息，倾向于让企业内部人员或管理层自己收购企业。内部人员或管理层通过收购掌握国有企业的大部分股份，而一些小股东（主要是原企业的职工）不能有效监督制约处于"控股"或"相对控股"地位的管理层，产生新的"内部人控制"问题。这些不规范的国有资产买卖行为都是没有按照合理的国有资产定价原则来评估国有资产价值。

由于国有资产的"所有者缺位"，在资产价值决定的争价过程中，国有资产的所有权代表努力争取高的卖价的积极性不够，由此造成国有资产的流失，不过这完全是由于体制性原因引起的资本流失，即"所有者努力不足"。也正是这种体制性的资产流失，才不可避免地产生了国有企业经营的低效率，这是国有企业

---

① 樊纲．资产定价与"资产流失"［J］．学术研究，2003，09：44－48．

产权改革的基本动因①。除此之外，当出现"所有者努力不足"时，有些人会有意将大量的国家资产以很低的价格转归到个人手中，导致国家财富成为个人财富，这属于国有资产的交易性流失。

判断国有资产转让过程是否存在资产流失，判断的标准在于转让过程是否符合市场竞价原则，而不是成交价格是否低于评估价值。Firth（1991）通过对1974~1986年英国的254例收购案例的研究发现，购并过程导致经理人的收入增长，即使在股东受损失的情况下，管理层仍然得益，他下结论说："事实证明购并是与经理人最大化自身福利的动机一致的"②。一般来讲，国有资产流失是一种非市场供求行为导致的资产转让价格低于市场价格，如交易过程中出现了腐败、渎职、欺诈等行为，这实质上是违反了市场交易规则，也即没有按照合理的定价原则来进行国有资产交易。

6.1.3 存贷款利差过大

研究表明，我国资本市场上官方利率比正式信贷市场利率要低50%~100%，因为世界上许多国家的存贷款利差大概是1%，而我国的存贷利差则为3个百分点左右③。一般来说，经济发达国家的存贷款利差要低于发展中国家，但中国除外。如果仅从数值上与成熟市场经济国家相比的话，我国当前的存贷款平均利差水平与它们基本持平，处于相对合理区间，但明显低于发展中国家的存贷利率水平。这意味着中低收入者以较低的存款利率进行储蓄，大企业与国内外投资者则以较高的贷款利率使用资金，银行、金融服务机构从中赚取了较高的佣金，因此不难理解金融服务行业职工收入为何远远高于其他行业职工收入。由于我国中低收入者是银行存款的主体，存贷利差过大实际上体现了从比较穷的储蓄者身上拿钱来贴补比较富的贷款人和银行机构，它导致贫富差距和收入不均现象更加恶化。

一般来说，一国经济的发展程度与存贷利差高低呈负相关关系，即存贷利差越小，资金使用效率越好，经济增长越快；反之，存贷利差越大，经济增长则越慢④。但由于我国多年实行利率控制，使资金价格机制发生扭曲，即使存贷款利差较大，经济增长仍然出现了多年的高速增长，也就是说经济发展与存贷利差之

---

① 高德步，吕致文. 国有企业退出市场过程中的国有资产流失 [J]. 福建论坛（人文社会科学版），2005，02：38-43.

② 杨丹. 国有企业资产转让定价行为分析——兼评国有资产流失观 [J]. 经济研究，1999，12：14-22.

③ 王军. 效与公——深化我国收入分配制度改革的思考与建议（上）[J]. 经济研究参考，2008，47：3-15+53.

④ 周丹，金雪军. 我国银行存贷利差对居民收入影响的实证分析 [J]. 上海保险，2013，12：13-20.

间呈正相关。究其原因，长期较低的存款利率水平是促进经济增长的重要原因，但是高额存贷利差在一定程度上造成了居民收入差距扩大，具有负面的影响①。另外，与不同地区或国家的商业银行相比，我国的商业银行的利息收入占比均是最高的。如表 6 - 1 所示，过大的存贷利差使中国商业银行的利息收入在总的收入中占有极高比重。

表 6 - 1　　　　2006 年不同国家或地区利息收入与非利息收入占比的比较

不同国家或地区	样本银行数	利息收入占比（%）	不同国家或地区	样本银行数	利息收入占比（%）
经合组织	1284	61.59	英国	61	57.62
北美	393	71.96	德国	102	60.53
拉美	344	67.63	日本	123	67.08
欧洲（东欧除外）	707	53.85	中国	45	88.04
东盟	1048	53.83	印度	32	69.9
中国	113	69.63	巴西	55	82.48
美国	45	88.04			

　　2010 年五大商业银行的净利息收入高达 1.08 万亿元，同比增速长 24.46%，净利息收入占营业收入比重均超过 70%，平均为 78.50%。同期净利息收入占当年全国财政总收入 8.31 万亿元的 13%，占到当年全国 GDP39.8 万亿元的 2.7%。这是我国商业银行运用低息吸储、高息放贷，或者说利用"左手倒右手"赚取的净利息获取高额行业利润，也是广大储户身处"负利率时代"财产性收入负增长所带来的②。

　　我国商业银行经营存贷业务的重要收入来源就是存贷利差，它随中国人民银行制定的同期存贷利率而发生调整。自 1993 年实行利率市场化改革以来，中央银行对存贷款利差进行了 30 多次调整。但是与一些发达国家相比，我国的存贷利差还是比较大的，如表 6 - 2 所示。中国的存贷利差大于美国，接近于瑞典，远高于韩国、日本和荷兰。另外，从历史数据来看，中央银行公布的一年期存贷利差基本上维持在 3% 左右，2007 年为 3.51%，2014 年为 2.85%，2015 年为 3.25%。在存贷利差相对较高的情况下，它意味着相对较穷的储蓄者向相对富有的贷款者以及银行等金融机构进行补贴，因为我国多年来的银行储蓄存款利率较

---

① 周丹，金雪军，吕嘉敏. 银行存贷利差对收入差距影响机制的实证研究 [J]. 征信，2013，11：76 - 80.
② 严钰. 银行业"不劳而获"人大代表呼吁收窄存贷款利差 [N]. 民营经济报，2012 - 03 - 09005.

低，甚至是负利率，这种"逆向补贴"使收入分配有贫富分化趋势。

表 6 - 2　　　　　　2000～2006 年中国与其他一些国家的存贷利差比较　　　　　单位:%

不同地区或国家	2000 年	2001 年	2002 年	2003 年	2004 年	2005 年	2006 年
——韩国	0.607	1.916	1.821	1.986	2.030	1.872	1.484
日本	1.997	1.912	1.829	1.780	1.687	1.406	0.982
荷兰	1.904	1.896	1.192	1.513	0.441	0.430	0.559
美国	2.778	3.235	2.945	2.972	2.777	2.678	2.804
中国	3.6	3.6	3.3	3.3	3.3	3.6	3.6
瑞典	3.680	3.450	3.380	3.280	3.3	2.525	N.A

　　资料来源：根据冯安明、张宗成著《中国银行业存贷利差研究》（载《中国证券期货》2011.3）一文整理。

　　由于我国政府对利率的价格进行管制，导致银行存款的利率水平较低，而银行贷款的利率又相对较高，从而使存贷利差较高，这给予借款者和金融机构本身巨大的"福利补贴"。因为较低的存款利率使议价能力较弱的存款者利益受到一定损失，他们未能充分享受到高经济增长所带来的福利增加。例如，80%以上的能从银行取得信用贷款的客户实际上只是占人口 20% 的富人客户，他们被认为有偿还银行贷款的能力，而穷人客户则被认为不具备还款能力，所以很难从银行取得数额较大的贷款。当富人客户用银行贷款投资于房地产市场、企业生产时，便获得了资本增值。可见，这种因存款利率低而造成存贷利差高，使富人受益，而普通居民受损，并由此间接地造成了贫富差距①。值得注意的是，1985～2007年我国有 9 年存在实际存款利率为负值，有 8 年实际存款利率小于 2%，这说明我国存款储户不仅没有得到应得的资金报酬，反而以负利率形式为金融机构和借款者进行了补贴，加大了居民之间的收入分化。

　　具体而言，存贷利差过大使各类收入差距都有拉大趋势。首先，在现有的金融体制下富人客户利用银行贷款的机会多，而穷人客户利用银行贷款的机会少，所以过大的存贷利差不可避免引起富人更富、穷人更穷的"马太效应"出现，使居民之间的阶层收入差距越来越明显。其次，受地区经济发展政策差异的影响，存贷利差过大促使资金必然由中西部地区向东部地区流动，这不仅减少了中西部地区的存款利息收入，而且提高了东部资金的投资利用率，从而加剧地区之间居民的贫富差距。再次，以劳动收入为主的广大农村居民倾向于向银行提供存款，而收入多样化的城镇居民或城市产业可以相对较容易地获得银行贷款进行投

　　① 丁宁. 中国银行业存贷利差的经济影响分析［J］. 宏观经济研究，2013，12：64 - 73.

资，也就是说第一产业为第二、第三产业提供了"补贴"，这必然促使城乡居民收入差距有拉大趋势。最后，在政府体制的保护下我国垄断性行业要比一般竞争性行业较易获得银行贷款支持，而且资金支持量往往较大，无疑这在某种程度上加大了行业间收入差距。

正是由于储蓄的高度垄断，广大劳动者的储蓄存款不但无财产性收入，还得接受相对于通胀率为负值的存款利息盘剥。这种垄断性利息制度，通过人为压低公众得财产性收入，既为大中型企业提供了廉价资金，也为银行提供丰厚得利润①。在过去的十几年里，全国几乎所有城市，同地段的房屋无一例外地涨了5～10倍，而一年期存款10年中仅扣除公布的CPI就几乎等于零②。这种从基层居民家庭向企业和银行的财富转移，每年都以数千亿元乃至上万亿元的规模在持续。因此，存贷款利差过大，或者这种垄断性的利息制度是形成财产性收入差距过大的主要原因。

6.1.4　农民被征土地定价偏低

我国《宪法》第十条、《土地管理法》第二条第四款都规定："国家为了公共利益的需要，可以依照法律规定对土地实行征收或者征用并给予补偿"。可是，一些地方政府却在城镇化过程中以维护国家公共利益为借口，以很低的价格甚至以强拆的方式从农民手中征用了土地，然后再以较高的价格转让给房地产开发商或其他企业，使农民的权益遭到侵害。当前，政府的行政权力仍然支配着部分经济资源的配置，而非由市场本身来主宰。例如，我国政府作为土地所有权主体，直接垄断了土地要素交易市场，形成了以垄断出让为特征的一级市场和以土地使用权转让、出租、抵押等交易形式为特征的二级市场③。在城镇化的发展过程中，许多地方政府财政收入的很大比重来自土地出让收入，这导致把原本由市场配置的土地资源要素转变为由政府行政权力配置，形成我国土地交易的一、二级市场，造成土地价格被严重扭曲。

按照西方经济学理论，土地作为一种稀缺性资源，其交易价格应由市场供求来决定，但我国在计划经济时期主要以行政划拨方式取得土地使用权，在市场经济时期才实行对土地的有偿转让和拍卖，于是出现有些单位或个人将原先行政划拨取得的土地使用权在二级市场拍卖，或直接进行房地产开发获取高额利润；或

---

① 程超泽. 导致收入差距拉大的因素［J］. 党政论坛（干部文摘），2013，05：39.
② 华生，分配不公的症结究竟在哪里，改革内参［J］.2011，11.
③ 李扬. 论我国初次分配中的政府行为［J］. 求实，2007，12：57–60.

者以寻租等方式低价取得土地使用权，再以高价转让给房地产开发商，赚取其中的差价。2011 年，我国出让国有建设用地面积达 33.39 万公顷，出让合同价款 3.15 万亿元人民币，同比分别增长 13.7%、14.6%，然而农民获得的征地补偿却非常有限，分享土地增值收益更难①。自从我国建立征地补偿制度以来，我国累计支付给农民的征地补偿费用不超过 1000 亿元②。国家权威部门估算，改革开放以后，最少有 20000 亿元的土地差价转入了个人腰包③。在我国目前征地补偿费用分配中，农民只得到其中的 5%～10%，村集体得 25%～30%，县、乡（镇）得 60%～70%④。显然，这样的利益分配格局侵犯了农民的利益。在城市化过程中，一方面严格限制农民进城落户转为市民，禁止农民自行改变土地性质和用途；另一方面，农地非农使用的制度设计，并不是为了成为工业化主力军的农民工进城后的安居乐业。巨量土地出让收入投入于城市户籍人口的基础设施，形成财富从农村居民向城市户籍居民以万亿为规模的持续转移。

在土地征用过程中，对农民被征土地的定价极不合理。我国《土地管理法》四十七条第五款规定："依照本条第二款的规定支付土地补偿费和安置补助费，尚不能使需要安置的农民保持原有生活水平的，经省、自治区、直辖市人民政府批准，可以增加安置补助费。但是，土地补偿费和安置补助费的总和不得超过土地被征收前 3 年平均年产值的 30 倍"⑤。当前，一般由市、县政府依法批准的征地补偿安置方案规定了本地各项征地补偿费用的具体补偿标准。所谓的土地补偿费并不是被征地的资产价格，而是征地者对农民的一次性补贴或补偿，它往往以土地被征用前三年以来的平均产值来确定，由此造成测算出来的土地价格不能如实地反映土地的当前价值，土地补偿标准过低，严重损害了农民的利益。在实际征地中，不管进行以盈利为目的的房地产商业开发，还是为了公共利益的国家重点工程建设，或者采取"以地招商"的方式来吸引内、外资，征地者都尽可能地采取措施向农民低价征用土地；甚至许多地方政府财政收入的主要来源就是土地转让收益，他们通过在土地一级市场上向农民压低土地补偿价，同时在二级市场上向土地使用者抬高出让价，从中赚取巨额收益。

在各级政府行政权力的干预下，二级市场上土地的成交价格不断升高，房地

---

① 李奋生. 城镇化过程中农民土地权益保护研究 [J]. 特区经济，2012，10：235－237.

② 张勇，包婷婷. 我国农村土地整治中农民土地财产权保护探讨 [J]. 经济问题探索，2013，03：136－141.

③ 高发. 制度变迁的渐进性对居民收入差距的影响 [J]. 江汉大学学报（人文科学版），2005，04：84－86.

④ 王昌锋. 城镇化进程中失地农民土地合理补偿问题探析 [J]. 贵州社会科学，2005，04：31－34.

⑤ 李奋生. 城镇化过程中农民土地权益保护研究 [J]. 特区经济，2012，10：235－237.

产开发商取得土地的成本加大，自然而然促使房地产交易价格也随之攀升，由此形成土地收益的逆向分配效应：大量财富向房地产开发商和投机炒房的高收入阶层集中，中等收入阶层购房成本加重，而低收入阶层无力购房被挡在房地产市场之外；除此之外，政府通过获取大量土地出让金，增大了 GDP 且拉大政绩，房地产开发商从中获取了高额利润，而征地农民成为福利的最大损失者，可见土地受益分配主体出现严重错位。国情调查课题组在调查中发现，地方政府部门在征地时，"整个征地过程既没有征求村组织意见，更没有听取承包地农户的意见"；或者"在大多数情况下，地方政府征用农户承包地采取强制性征用方式，承包地农户是没有话语权的"①。当农民不同意土地补偿标准时，政府部门有可能进行"暴力拆迁"，此类现象近年来层出不穷，以致出现"以暴抗暴"的反拆迁举动，足见征地对农民权益损害很严重。

另外，目前我国征地补偿方式普遍采取给农民一次性现金补偿的方式，或者让农民放弃土地使用权获得社保的方式等，这些举措都不能很好地解决失地农民后顾之忧和长远生计，往往造成了很多农民在失去土地之后没有谋生技能和手段，成为上班无岗、种地无田、低保无份的边缘群体，出现长期失业，陷入生活困境，成为贫富分化中贫困阶层的一极。相反，有些企业或个人通过寻租取得土地使用权，再高价转手转让给他人或者直接进行房地产开发，由此在短时间内催生了许多资产过亿元的富翁，他们成为贫富分化中富裕阶层的代表。土地征用制度等于把最值钱的资源从最穷的人低价转给最富的人，如此中国的贫富差距怎能不大②？可以说，这是中国市场经济转轨中一个很特殊的初次分配过程不公平现象，房地产开发商普遍能成为中国最富有的阶层，很大程度上是以牺牲广大农民的土地权益为代价而取得的。

6.1.5　行政壁垒保护下的垄断行业高利润

在我国，某些部门或行业可以借助不平等的初始竞争条件，或通过行政垄断地位在生产经营过程中不断获得高额利润。与西方国家垄断行业的形成机制不同，我国的垄断行业基本上是由政府设置较高的行政性进入壁垒所形成的，属于典型的行政垄断行业，并非经过由市场自然选择高效率企业的过程；此外，我国的垄断行业基本是国有经济垄断，非公有制经济进入垄断行业的"门槛"很高，这些垄断行业凭借行政垄断地位和准入管制，既享受国家政策扶持，又垄断市

---

① 刘荣材. 产权、定价机制与农村土地流转 [J]. 农村经济, 2010, 12：30-34.
② 宋桂霞，齐晓安. 中国居民收入差距扩大的成因分析 [J]. 未来与发展, 2008, 05：39-43.

场，获取了高额垄断收益，并通过各种形式转化为本行业职工的高工资和高福利。因为在行政壁垒的保护下，这些行业通过垄断定价获得高额利润。

我国的垄断行业尤以公用事业为代表，如供水、供电、供气等行业。这些行业一方面因规模经济具有了取得自然垄断地位的经济理由，另一方面又以提供产品（或服务）的公共性争得行政性垄断的庇护，由此形成了自然垄断与行政垄断交织的双重垄断特征①。一般来说，垄断行业拥有产品定价的特权，在无其他企业竞争或只有较少企业与其竞争的情况下，它们所提供的产品价格要高于自由竞争市场中的产品价格，所以垄断行业可以很容易赚取高额利润。尤其是在国有垄断行业中，虽然国有股份属于全民或国家所有，但实际上存在所有者主体虚拟或缺位，所以使本该归全民或国家所有的利润很大程度上在垄断行业内被瓜分，这是垄断行业享有高收入、高福利的主要原因。

垄断行业的"福利腐败"问题是我国初次分配不公的重要表现形式，"福利腐败"现象的蔓延和扩散已经产生了巨大的外部负效应，造成了初次分配制度性扭曲②。例如，"抄表工年薪10万"以及"中石化大楼一盏1200万的天价吊灯"等现象，反映了垄断行业既没有按照能力大小，更没有按照效益好坏进行公平分配，所以自然成为社会公众热议的话题。可以说，行政壁垒对垄断行业的保护是导致居民间收入差距扩大的不合理因素。例如，我国电力行业每年获取了巨额利润，2003～2011年，电力生产业的利润总额从585.36亿元增长到711.32亿元，电力供应业的利润总额从76.58亿元增长到722.06亿元，增幅分别达21.5%和842.9%③；在2007年《中央企业国有资本收益收取管理暂行办法》颁布之后的2008～2010年，电力行业中参与试行的10家国有独资企业上缴年度净利润的比例为5%或10%，从2011年开始，上缴比例分别提高到10%或15%，其中国家电网公司和五大发电集团作为第一类企业每年向国家上缴比例为15%，而在国外国有电力行业中，利润分配比例大多在30～50%之间，有的甚至高达77%④。

垄断行业与非垄断行业的收入差距为何居高不下？并非是因为这些行业或企业的管理者们善于经营，善于把握市场机会，或是因为行业技术先进，又或是因为行业劳动生产率较高，而是因行政垄断为这些企业提供了保护，使它们通过垄

① 朱莺. 我国垄断行业职工高福利现象解析：成因及负面影响 [J]. 上海企业，2007，01：33-35.
② 李晓宁. 国有垄断与所有者缺位：垄断行业高收入的成因与改革思路 [J]. 经济体制改革，2008，01：54-57.
③ 杨兰品，郑飞. 我国国有垄断行业利润分配问题研究——以电力行业为例 [J]. 经济学家，2013，04：66-73.
④ 国有企业分红分给谁（下）[N]. 经济参考报，2005-11-02003.

断定价获得高额利润并据此进行分配的结果。垄断行业与竞争行业之间收入差距的 50% 以上是不合理的，是由该行业的垄断地位造成的，与竞争行业相比，垄断行业的高福利不限于管理阶层，而是多少惠及垄断行业全体职工[1]。北京天则研究所的调查研究表明，2010 年中海油的职工人均收入约 34 万元，是同期社会平均收入的近 10 倍[2]。因此，只要存在行政垄断，就很难根除这些行业不合理的高收入状况，也必然很难消除垄断行业与非垄断行业的收入差距[3]。

一般来说，当企业凭借行政垄断取得高额利润时，这些超额利润往往没有被按合理的秩序进行公平分配。一般来说，垄断国企把大量的超额利润留在企业内部，他们向国家上缴的利润和税收与其占用的国家资源不成正比，甚至许多利润被企业采取各种手段变相为单位职工福利，企业管理者自然也会从中获取了很多利益。例如，由全国工商联公布的"2010 年中国民营企业 500 家"揭示，中国石油和中国移动两家央企垄断巨头的利润之和超过中国"民营企业 500 强"的利润总和。所以国有垄断企业较高的垄断利润率与较低的利润上缴率形成鲜明对照，结果使垄断行业的职工收入远远高于非垄断行业，形成行业收入差距"鸿沟"。破除垄断，形成国内统一、竞争、开放、有序的市场体系，对于收入分配改革有很大的促进作用。近年来，虽然国家对国有垄断行业采取了一些重大改革举措，如尽可能地引入了其他企业参与竞争，但改革的彻底性值得继续努力。

6.1.6 福利分房制度造成居民财产分布不均

房产是居民财富组成的重要部分，它具有保值增值功能，不同房产拥有量的居民之间形成收入差距。我国的住房政策最初是由单位提供福利分房，特别是1998 年房改政策实施之前，城市居民住房、单位职工主要依赖于单位福利分房和自建房；随着市场经济的深入发展，1998 年以后我国政府规定停止单位福利分房，住房价格由房地产市场供求来统一决定。在这种形势下，以市场为导向的房地产市场开始在国内发展起来。然而，历史政策形成的一个事实是：许多居民在原有的单位福利分房政策下已拥有住房，而他们只花费了很少的成本，新政策同样允许他们将原有的住房在房地产市场上自由流通，所以住房取得成本的不同形成了居民住房交易起点的不公平。

---

① 岳希明，李实，史泰丽. 垄断行业高收入问题探讨 [J]. 中国社会科学，2010，03：77 – 93 + 221 – 222.

② 北京天则经济研究所网站，http://finance.sina.com.cn/chanjing/cyxw/20130607/171915739491.shtml 。

③ 丁启军. 行政垄断行业高利润来源研究——高效率，还是垄断定价？[J]. 产业经济研究，2010，05：36 – 43.

此外，虽然政策规定自1998年以后停止了单位福利分房，但政府仍可将土地卖给机关、企事业单位，政策上允许他们可以为职工自建住房，或者这些行政事业单位、国企通过补贴一部分购房款或以团购的方式低于市场价买入商品房，然后再转售给本单位的职工。"在某种程度上，住房仍然是一种分配福利，而非真正意义上的商品，虽然其建造过程商品化了"①。因此，企事业单位的城镇正式职工、公务员一般仍然可以从单位获得福利分房或住房补贴，他们为福利分房付出的价格远远低于一般的房地产市场价格，特别是双职工家庭可能有多套住房，甚至一个家庭拥有几套住房都不足为奇。但是，对于依靠自建或者从房地产市场购买住房的居民来说，他们所付的购房成本远远高于那些享受福利分房的居民所付的成本。

特别是在银行住房信贷政策出台以后，鼓励居民通过银行信贷来购房，所以导致中国的房地产市场异常火热，房地产价格不断攀升。2005年以来，国家出台了"国三条"、"新国三条"等一系列稳定房价、监控房地产市场发展的调控措施，并提出将居民保障性住房的供给作为房地产开发的重点。但现实的情况是，"在一些城市廉租房的供给不是根据低收入人群的规模加以调整的，而是根据能够提供廉租房的数量来界定的，其结果是相当一部分的城市低收入人群被排除在廉租房的供给之外"②。更为糟糕的情况是，由于存在审批政策上的漏洞，虽然低收入群体是保障性住房的享有主体，但不乏有权阶层和经济富裕的人侵占保障性住房，例如，在一些经济适用房小区出现豪车，甚至一些富有阶层购买了经济适用房却并不用于自住，却用于出租，这说明并不全是真正的低收入群体在享受保障性住房政策带来的好处。

另外，当这些家庭多余的福利房产在市场上可以自由流通时，就可以为城镇居民家庭变现财富。特别是自2004年以来全国各地的房地产价格大涨，拥有多套住房的家庭财富增值的速度远远大于仅有一套住房或没有住房的家庭，有些家庭仅靠卖一套房就可以支付子女出国留学的费用。然而，许多普通家庭只有一套用于自住的房屋，自然财富的增长就不如有多套住房的家庭。因此，我国的房地产市场始终存在价格的双轨制以及供给的多元化，没有形成完全统一的市场化运行机制，导致单位体制下的既得利益者在住房制度改革后又获得福利性住房，这就使中国居民的财产分布极为不均，这是由于住房价格不公平由此产生财产分布不公平。

①② 张泽怡. 当代中国收入分化的现状及主要原因 [J]. 改革与战略，2014，03：15－19.

6.2 要素流动性受限引起的要素市场分割

6.2.1 受城乡二元体制影响的城乡要素流动性障碍

首先，受城乡二元体制的影响，城乡之间的要素流动和配置存在着流动性障碍。从劳动要素的存量上看，农村剩余劳动力基本上都聚集在第一产业部门。据蔡昉估算，我国农村剩余劳动力大概在1.2亿。在我国新增就业岗位非常有限的情况下，由于农村劳动力的人力资本水平普遍不高，如果人为地提高城市务工的准入条件，必将造成大量的农村剩余劳动力无法在城市就业，他们很难从第一产业向第二、第三产业转移，只能继续留在农村从事简单的农业劳动，这样有限的农业增加值被第一产业内过剩饱和的农业劳动力所瓜分，他们的收入水平便远远低于城镇居民。也就是说，城市化速度越慢，导致城乡居民收入差距就越大。由于农业增加值的比重持续下降是一个客观趋势，与此相适应，农村剩余劳动力应该相应地向城市或向第二、第三产业转移。从统计来看，农业增加值占GDP比重从1982年的33.4%下降到了2013年的9.4%，而农村人口的比例从1982年的78.87%下降为2013年的46.27%，特别是第一产业就业比例从1982年的68.1%下降为2013年的31.4%[①]。可见，在第一产业增加值比重持续快速下降时，从第一产业向非农产业和城市转移的农村剩余劳动力数量不多，导致相对较多的农村劳动力瓜分相对较少的农业增加值，因此城乡收入差距必然会拉大。

其次，政府通过行政命令强征农民土地，导致许多农村土地资源以非市场化方式流入城市，使失地农民的社会保障难以得到保证。我国土地由农业部门向工业部门流动的主要成本表现为征地补偿金，征地补偿金的本质是农民失地后原有资产置换的费用，而合理的征地补偿金应该完整地体现土地潜在的收益和利用价值[②]。从理论上讲，在自由竞争的市场条件下，征地补偿金必须充分地体现土地作为农民的生产资料和社会保障资料工具的市场供需结构，体现土地在要素市场中的配置价格。然而，我国的一级土地交易市场是由政府行政主导来控制的，并不是要素市场自由交易的结果。由于政府参与土地征用补偿金的分配和税收制度的安排，使农民从土地流动中所产生的收益分配比例过低，仅占土地收益的

---

① 周天勇. 中国收入分配差距形成的深层次结构性原因 [J]. 当代经济，2010，19：4-5.
② 张泓，柳秋红，肖怡然. 基于要素流动的城乡一体化协调发展新思路 [J]. 经济体制改革，2007，06：100-103.

5%～10%，最终造成由土地要素流动在农村和城市之间的不合理的财富分配效应①。

再次，户籍制度垄断造成城乡劳动力市场分割。虽然农民工已成为中国工人的主体，但当其为城市化和全球化提供亿万积累，全世界都在为中国工人——其实是农民工的劳动奉献震撼时，他们却被户籍制度及其所包含的福利所阻隔，游离于城乡边缘地带而找不到自我。更严重的是，几千万农民工留守子女既无父母的关爱和督促，又缺乏社会教育资源眷顾；勉强带在身边的子女既无体面的生存环境，又受城市教育资源歧视，优质教育资源对他们关上了大门，向上流动的机会被堵塞，这不仅带来经济增长后劲的隐忧，也在强化贫富悬殊、机会不均和社会不稳定的紧张情绪。因此，城乡户籍制度以及与此密切联系的城乡公共服务体系的行政分割造成了城乡劳动力市场差别，所以对户籍制度等一系列造成城乡劳动力市场行政分割的制度进行改革，政府责无旁贷。

另外，面向农村居民提供的金融服务产品比较单一及体系不完整，导致农村金融资本单方面流向城市，而农业及农村发展缺少必要的金融支持。当前，农村地区金融服务组织数量较少，金融服务体系不完善，金融服务种类稀少，这样导致农业生产发展所需的资金很难从农村金融服务机构得到支撑，也不利于农村居民创业致富，他们很难筹集到创业所需的资金。但是，由于农村金融服务体系的不完善，导致农民投资服务渠道狭窄，只能依靠银行储蓄取得利息，在我国存贷利差较大的情况下，农村居民的储蓄存款实际上为城市建设提供了资金服务，可以说农村资本为城市经济的发展做出了很大贡献，其并没有为农村经济的发展服务。

最后，改革以来我国市场经济的发展对劳务用工的需求加大，许多农村剩余劳动力进城打工，农村居民的工薪收入不断增长，而且他们往往将务工收入带回农村，这有利于缩小城乡收入差距。但是，随着转移农民工教育水平的提高、生活观念方式的转变，以及城市生活费用的提高，许多"80后""90后"以及二代农民工将收入的一部分再带回家的可能性越来越小，这样用农民工外出务工收入来平衡城乡差距的作用将越来越弱②。另外，我国粮食等农产品价格不合理导致农民在第一产业收入较低，而且农民基本上都缺乏财产性收入，国家对农村居民的转移性收入远远低于城镇居民，这些都是造成城乡居民收入差距扩大的原因。

---

① 周艳波，翟印礼，董鸿鹏. 统筹城乡要素配置与转移的对策研究 [J]. 农村经济，2006，01：18－20.
② 周天勇. 中国收入分配差距形成的深层次结构性原因 [J]. 当代经济，2010，19：4－5.

6.2.2 受地区经济发展影响的区域要素流动性障碍

与此同时，改革初期发达地区也有激励设置人口流动障碍的倾向，如许多企业在劳动力市场上打出"非本地户口不予录用"的口号。这种对外来人员就业的限制虽然有助于保证本地居民的就业水平，但是不利于劳动力的合理配置，对生产效率的提高极为不利。发展经济学理论提出，劳动力要素从低收入地区向高收入地区大规模迁移，可以缩小地区工资收入差距，实现地区经济的趋同达到经济收敛的效果，但是世界各国的发展实践并没有完全验证这一结论。Shioji（2001）将劳动力迁移并不一定会促进区域经济收敛的经验研究与新古典经济学理论的矛盾称为"迁移谜题"[1]。蔡昉（2005）更是认为，劳动力转移会缩小地区差距和城乡差距的理论预期与现实不符，形成了一个"悖论"[2]。目前，我国已出现了劳动力流动与工资差距同时扩大的"悖论"，被称为中国市场化过程中的"迁移谜题"[3]。

我国劳动力市场的区域性分割格局与地区经济的发展格局高度一致，表现为经济相对发达的东部地区与经济欠发达的中西部地区劳动力市场出现分割，究其原因来自三个方面。首先，地区经济发展政策的不一致性引起劳动力市场出现地区分割。因为在经济快速发展过程中，东部沿海地区对劳动力的需求数量和质量都有了较高的要求，这些地区政府便制定了吸引人才流入的优惠举措，导致"孔雀东南飞"、"下海潮"现象比较普遍；而中西部地区由于经济发展优惠政策的滞后性，各地政府为了挽留人才不得已才制定限制人才流出的规定，如扣发档案和人事关系等。可见，经济发展政策的不同倾斜度是引起劳动力市场地区分割的缘由。其次，不同区域产业集聚效应引起劳动力市场分割。因为当某地区出现产业集聚时，该产业所需求的劳动力资源自然也会集聚于此，从而形成产业集聚的就业效应；但与此同时，与该产业无关的劳动力资源被排斥在区域之外，他们将在产业集聚地找不到合适的就业岗位。另外，政府出台的限制外地劳动力流入的举措加强了劳动力市场的地区分割。有些地方政府为了提高本地劳动力的就业率而出台排斥外地劳动力的就业政策，因为大量外地劳动力的流入一定程度挤占了本地居民的工作岗位，导致本地劳动力失业率增加，导致政府加大社会管理成本。

---

① 许召元，李善同．区域间劳动力迁移对地区差距的影响 [J]．经济学（季刊），2009（1）：53 - 76.

② 蔡昉．中国收入差距和贫困研究：我们知道什么，我们应该知道什么 [R]．中国社会科学院人口与劳动经济研究所工作论文系列四十二，2005（b），（1）.

③ 蔡昉．农村剩余劳动力流动的制度性障碍分析——解释流动与差距同时扩大的悖论 [J]．经济学动态，2005（1）：35 - 39.

显然，劳动力市场的地区性分割很大程度影响了劳动力优化配置的可能范围，使劳动力在异质市场中竞争就业，因此劳动力价格的决定机制会受到不同地区劳动力供求状况的影响。设想如果不存在劳动力地区分割，各地区将按照比较优势进行生产分工，劳动力相对富足的地区发展劳动密集型产业，资本相对丰裕的地区发展资本密集型产业，而同质劳动力市场的工资机制也使各地劳动力价格发生趋同，长期来看地区收入差距趋于缩小的。

然而真实的情况是，由于劳动力市场分割的存在使劳动力的工资并没有出现地区趋同现象，而是存在显著的工资地区差异[①]。从短期来看，区域经济发达的地方全体劳动者所创造的 GDP "蛋糕" 较大，他们各自从其所创造的价值中分享到的部分较多，劳动力的工资相对也较高；相反，区域经济不发达的地方全体劳动者们所创造的 GDP "蛋糕" 较小，劳动力的工资相对较低[②]。从长期来看，地区经济增长速度快的地方，劳动力工资的增长幅度快一些；相反，地区经济发展较慢的地方，劳动力工资的增长速度也会慢。可见，区域要素流动性障碍导致的劳动力市场分割对地区收入差距有显著影响。

6.3 地区经济发展不平衡引起的集聚规模效应

6.3.1 区域差异化发展加剧经济失衡

自改革开放以来，我国地区经济的差异化发展比较突出，尤其是东、中、西三大区域经济的发展依据梯度战略理论而发展的。梯度战略理论指出，由于一个国家不可能一下子兼顾所有的区域全面地发展起来，因此要让部分地区先富起来，再带动其他地区富裕起来[③]。在这一理论的指导下，1980 年我国首先在东部沿海地区开辟了深圳、珠海经济特区，促使东部沿海地区经济快速崛起。正是在梯度战略理论的影响下，改革开放之初我国的对外开放、投资布局甚至体制改革等都优先在东部沿海地区实施；随着改革的深入发展，这些优惠举措才不断延伸至内陆中西部地区。通过实施这些区域差异化发展策略，我国区域经济的差异性比较明显，形成了东部沿海地区与中西部有显著差异的区域经济带。

改革开放之初，国家将投资的重点优先放在了东部沿海区域，给予了东部地

---

①② 李晓宁，姚延婷．劳动力转移与工资差距同时扩大的 "悖论" 研究——基于市场分割的视角 [J]．当代财经，2012，04：5－12．

③ 巫文强．中国经济失衡根源在于国民经济初次分配制度的缺陷——基于人的发展经济学视角 [J]．改革与战略，2010，06：1－9．

区投资、税收等偏向政策优惠，使东部经济快速崛起，成为全国经济的"领头兵"，这种区域经济梯度化发展战略使东部经济发展明显快于中西部。经济的发展促使东部地区率先制定了吸引人才就业、优化资源配置等的政策措施，东部地区成为劳动力、其他生产资源的输入地，而中西部地区成为这些资源的输出地。显然，各项有利条件的满足给东部地区经济的腾飞提供了保证，但由于区域经济政策的偏离导致中西部经济发展明显落后于东部沿海地区。虽然国家随后又出台了促进区域经济发展的一系列政策，如"中部崛起"计划、"西部大开发"战略、"振兴东北"等，但区域经济发展存在差异成为不可争辩的事实。

以外资和外贸统计数据为例来看，1979～2005年，东部10省市的外商直接投资数额占到全国总额的81.2%，而中部、西部和东北三个区域合计占到18.8%。2005年，东部10省市占据了全国出口贸易总额的88.5%，而中部、西部和东北三个区域的贸易出口额比重分别为3.6%、3.5%和4.4%，合计仅为11.5%。据全国经济普查资料显示，2008年东部地集中了第二、第三产业法人单位总数的52.5%，而其他三个地区分别占到20.0%、19.2%和8.3%；同样，东部地区的产业活动单位数目也占到全国总数的49.8%，个体经营户的数量占到39.5%，可见东部地区法人单位拥有量要远远高于中西部地区，如表6-3所示。

表6-3   2008年不同地区法人单位数统计

指标	东部		中部		西部		东北	
	总数（万个）	比重（%）	总数（万个）	比重（%）	总数（万个）	比重（%）	总数（万个）	比重（%）
法人单位	372.7	52.5	141.7	20.0	136.5	19.2	59.0	8.3
产业活动单位	441.2	49.8	185.3	20.9	186.8	21.1	73.1	8.2
个体经营户	1134.1	39.5	707.6	24.6	746.4	26.0	285.6	9.9

区域差异化发展是我国经济失衡的表现，表面上是经济指标的差异，实际上却是与国民经济初次分配制度缺陷相关联的方面，主要体现在东部发达地区有意无意地过度利用了国民经济初次分配制度缺陷[①]。它突出表现在农产品要素价格的扭曲，这是因为国家为了保持农业产品的低价格以保证城市经济的兴起，多年来都实施的是城乡"剪刀差"的产品价格控制体系，农业产品的低价格与城市工业产品的高价格之间形成对照，造成非农产业和城镇就业始终对农村劳动力具

---

① 巫文强. 中国经济失衡根源在于国民经济初次分配制度的缺陷——基于人的发展经济学视角[J].
改革与战略，2010，06：1-9.

有很大的吸引力。在市场经济体制下，农村剩余劳动力是发达地区企业廉价劳动力的源泉，在东部沿海地区经济发展的过程中，全国数亿农民南下打工，他们以低廉的价格为东部沿海地区的经济发展做出了很大贡献，导致中国号称"世界工厂"。可见，经济发展水平较好的东部沿海地区很大程度上就是充分利用了农村劳动力的低工资发展起来，显然这种初次分配的制度缺陷加剧了区域经济失衡。

6.3.2 不同区域产业集聚效应

一般而言，产业集聚效应是指经济要素在某区域的聚合或集中，这种产业集聚效应有助于形成产业的规模经济，提高产业效率与管理效率，促使区域经济快速增长。在集聚效应作用之下，发达地区的生产效率提升得更高、市场规模发展得更大，经济增长速度往往更快，这又会吸引落后地区的生产要素流入，而生产要素的流入又会进一步加强这种集聚经济效应，从而形成发达地区更为发达、落后地区更为落后的累积因果循环[①]。

劳动力在空间上的转移与集聚会促进城市化发展，资本在空间上的流动和集聚会形成产业集群壮大，如果两者在某区域发生同向的流动和集聚时，则会提升地区经济的竞争力，使某一地区的居民收入随之增长。可以说，要素流动与空间集聚形成的产业集聚效应是区域经济发展的助推器。集聚经济效应分为三种：知识外溢效应、劳动力池效应、本地市场效应等。

东部地区与中西部地区相比较，产业集聚优势更为明显。首先，东部沿海地区区域优势明显，在国家政策的扶持下可以充分利用国内、国外两个市场的便利，所以在全国率先把经济发展起来，为吸引其他区域生产要素的流入提供了条件。其次，在公共设施共享、知识外溢、劳动力池效应等外部规模经济的影响下，东部地区的生产技术效率更高，产业结构调整得更合理，许多相似产业慢慢聚合在一起，形成一定的规模效应优势，因此东部地区的经济增长速度要高于中西部地区，这进一步增强了东部地区的产业集聚经济效应。最后，由于存在多样化的消费者偏好和区域化的运输成本，当某个区域的厂商聚合得越多时，当地生产的产品种类和数量就越多，在市场上的影响力就越大，这样就很容易形成品牌号召力，就有更多的资本和劳动力被吸引到这个区域，逐步增强了该区域的产业集聚效应。

随着我国国际贸易开放程度的加强，东部沿海地区的产业集聚效应明显加强，形成了以劳动密集型产业和高新技术产业为主的制造业集聚地；相对而言，

---

① 陈良文，杨开忠. 我国区域经济差异变动的原因：一个要素流动和集聚经济的视角 [J]. 当代经济科学，2007，03：35－42＋124.

中西部内陆地区的产业集聚效应相对较弱。因为产业集聚效应对要素市场的配置有重要影响，特别是它对劳动力在不同区域的配置发挥了引导作用，产业集聚的地方往往更有劳动就业的吸引力，但同时产业集聚会加剧劳动力市场的分割程度。因产业集聚效应的影响，东部地区的劳动力分割比中西部地区要严重一些。这是因为在东部区域，同一产业或相关产业集聚在一起，使该区域的经济呈现强劲的发展势头，该地区的产业集聚力不断提高，从而产生就业集聚效应，使不发达的中西地区的人才、劳动力等要素流向效益好、投资回报高的东部发达地区，而人才和劳动力的流入又进一步增强了该地区的集聚效应，这种空间集中不断自我强化的累积过程被 Myrdal（1957）称为"循环因果律"，也被 Arthur（1990）称为"正反馈"效应，而且累积过程还是动态、连续的①。

　　总之，改革开放之初东部沿海地区取得了率先发展经济的良好机遇，东部地区的经济增长速度较快，它从中西部地区吸引的生产要素更多。当要素在区域间流动时，受外部规模经济的影响，要素会在某一个区域集聚，形成产业集聚效应，最终导致形成东部沿海地区与中西部地区出现经济差距，同时东部沿海地区的居民收入要高于中西部地区，导致不同地区收入差距比较突出。另外，随着产业集聚效应不断加强，地区收入差距有拉大趋势，这意味着地区间的劳动力要素流动并没有使得地区收入差距趋于收敛，反而促使其趋于发散。

6.4　财富要素利用模式决定劳资收入分配格局

6.4.1　要素利用结构失衡引起劳资分配差距

　　在初次分配环节，创造财富的资本、劳动力、土地、技术、管理等要素结合起来共同创造了新增财富，并形成了对新增财富的分配。由于不同要素的所有者不同，如投资者拥有资本，普通劳动者拥有劳动力，土地所有者拥有土地等，这些要素在财富创造中形成不同的要素组合形式，或是资本多劳动少（即资本密集型），或是资本少劳动多（即劳动密集型），结果造成劳资分配的比例关系有差别。因此，不同的要素组合模式形成不同的经济发展模式，则初次分配的劳资分配格局也就有差别。

　　例如，当经济增长的主要动力来自于资本投入时，经济发展模式就是资本密集

---

① 李晓宁，姚延婷. 劳动力转移与工资差距同时扩大的"悖论"研究——基于市场分割的视角［J］. 当代财经，2012，04：5-12.

型模式，而劳动要素的投入较少，因此，在初次分配中则劳动要素的分配比例较小，资本要素的分配比例就较大。实际上，这种资本密集型模式中劳资分配倾向于资本方占主体地位，主要原因在于要素利用结构失衡引起，资方的投入远远多于劳方；除此之外，在资本密集型模式中，劳动者和资本方的工资博弈机制也是失衡，资方在利益分配中一直处于强权地位，劳动力处于被支配的弱势地位，资方可以任意克扣劳方的工资，导致劳方的权益受损失。相反，在劳动密集型模式中，由于劳动的投入相对较多，资本的投入相对较少，要素利用结构也是失衡的，在劳资谈判时劳方可能处于强势地位，导致资方利益受损，这样会影响资方投资的积极性，导致资本方撤资而使劳方失去就业岗位。相对而言，资本、劳动等要素平衡的模式是比较理想的，资方不能轻易损害劳方的利益，劳资分配相对较为公平一些。

因此，在研究收入分配格局时要结合经济发展模式进行分析。如果一个国家过度追求资本和资源密集型的发展模式，劳动力不能被充分利用，在财富的创造中，资本和资源要素就占分配的主导地位，而劳动力大量被闲置并过剩，在分配格局上必定是资本和资源所有者分配过多，劳动者分配较少，形成资本资源所有者与劳动者之间的收入分配差距[①]。

自改革开放以来，我国经济发展的模式主要表现为资本密集型，这是由于许多地方政府热衷于加大基础设施建设和招商引资，希望通过资本投入推动经济快速增长，不重视劳动力的充分利用，结果造成经济增长的贡献很大程度来自资本要素，并非劳动力要素。根据世界银行测算，改革开放 30 年我国年均 9.8% 的增长率，除了有 2 ~ 4 个百分点是全要素生产率贡献外，其余 6 ~ 8 个百分点的增长率几乎都来自投资的贡献[②]。中国之所以能够在过去 30 多年里实现经济腾飞，正是因为拥有庞大的廉价劳动力市场，如沿海经济特区的设立，使国内企业家和外国投资商能够生产出比其他地方更加低廉的劳动密集型产品，越来越多的发达经济体在提升价值链的同时，也将低端产品的生产业务外包给中国，就是因为在中国可以降低生产成本。

毫无疑问，当一个发展中国家在经济腾飞之时最初是离不开资本投入的，但是像中国这样一个劳动力供过于求的国家，若长期依靠资本投入推动经济发展，将会导致劳动力剩余过多，劳动力的工资定价过低，劳动力实际的失业率比较高，结果必然是劳资分配差距越拉越大。可见，转变资本密集型经济发展模式，同时改变要素的利用模式，尽量使要素利用结构平衡，这是改善初次分配中劳资利益分配的关键。

---

① 周天勇. 中国收入分配差距形成的深层次结构性原因 [J]. 当代经济，2010，19：4 - 5.
② 张茉楠. 2 万亿垄断利润污染经济"生态"[J]. 改革内参，2010，5.

6.4.2　第三产业比例较低引起劳动者分配较少

从产业结构的变动规律来看, 当三大产业的产业比例结构与劳动力配置结构不匹配时, 由于各产业的劳动力生产率有差别, 必然引起行业收入差距。例如, 第一产业劳动生产率较低, 而集聚在第一产业的劳动力数量远远高于产业需求数量, 农民的劳动报酬就较低; 第二产业中的某些行业劳动生产率较高, 集中在该行业的劳动力数量却较少, 所以在该行业就业的劳动者的劳动报酬就较高。另外, 由于国家新增财富主要由工业提供, 因此整个国家的财富创造向工业和资本偏斜, 造成资方获利较多, 而劳方收益较少, 最终使劳资分配差距不断拉大。

一般来说, 世界上人均 GDP 在 3500 美元以上的国家和地区, 第三产业增加值占 GDP 比重在 60% 左右, 第三产业劳动力就业比例在 65% 左右。中国 2009 年人均国民生产总值在 3400 美元左右, 第三产业增加值比例为 42.6%, 就业比例为 34.1%, 分别与世界均值的偏差在 20 个和 30 个百分点; 2013 年人均国民生产总值在 7100 美元左右, 第三产业增加值比例只有 46.9%, 就业比例只有 38.5%, 分别与世界均值的偏差在 15 个和 20 个百分点左右[①]。

从经济学的角度来解释, 由于大量窝积在第一产业的农村剩余劳动力和第二产业的部分劳动力没有转移到第三产业中, 造成许多劳动力闲置而未能充分就业, 因此他们不能对应地分配财富或者只能分配到较少的财富。在资本密集型经济发展模式中, 经济增长很大程度上是由资本所推动的, 财富很大比例上被资本所有者所瓜分, 由此导致劳资分配不平衡。

另外, 随着工资水平和社保等成本的提高, 第二产业资本有机构成比例提高是一个趋势, 即工业总体上会通过技术进步和自动化, 用资本替代劳动力, 用越来越少的劳动力推动越来越多的资本。因此, 调整劳动力的配置结构使其与产业结构相适应, 加快从第一、第二产业转移劳动力的节奏与数量, 否则劳动力的配置结构仍将不断加重失衡, 劳动力与资本之间的要素利用结构也会继续处于失衡状态, 劳资分配更加不公平, 劳资分配差距会进一步拉大。

6.4.3　中小企业相对较少, 劳动者就业不足

产业组织结构主要是指产业的集中度, 具体指产业内大型、中型、小型和微型等企业的比例构成或规模结构。一个国家产业组织中的企业规模结构以及每千

---

① 周天勇. 中国收入分配差距形成的深层次结构性原因 [J]. 当代经济, 2010, 19: 4–5.

人口拥有企业的数量，与这个国家的资本与劳动、居民之间收入分配结构密切相关。我国的大型企业主要分布在第二产业之中，而且基本上都属于资本密集型企业，中型企业多数分布在第一产业和第三产业，它们大多属于劳动密集型企业，而我国的小型和微型企业主要是为大、中型企业进行配套服务与生产。因此，大型企业资本要素的分配比例较大，中小型企业劳动要素的分配比例较大。

发达国家的经验表明，一个国家产业组织中的企业规模结构和每千人拥有企业的数量，与这个国家的居民收入分配结构密切相关。例如，数量较多的小型和微型企业大多分布在第三产业之中，这些小企业都是劳动密集型企业，在财富创造和分配方面劳动要素的贡献大于资本要素贡献，所以使劳动要素分配的比例较大。当中小企业投资者多时，对劳动力的需求就大，失业率较低，劳动力得到充分利用。因此，中小企业数量多少与劳资分配结构有一定联系。

首先，中小企业基本上都是劳动力就业的主渠道。从世界各国企业结构和劳动力就业的规律来看，劳动力在中小企业就业的比例高达65%～80%，越是就业水平高的国家和地区，中小企业的比重越高①。特别是当中小企业数量越多时，中小企业投资者就越多，说明创业越活跃；反之，若大型企业数量越多，中小企业投资者就越少，劳动力不能充分就业，劳资收入分配差距就会越大。其次，中小企业是国民获得创业收入、壮大中产阶层的有效途径。从市场经济国家来看，培育中产阶层的关键在于让普通民众能积极创业，获得资本收入。例如，亚洲一些国家和地区在经济快速发展的过程中，通过培育出一大批中小企业，充分吸收劳动力就业，使大部分民众既能获得劳动报酬所得，又能获得资本投资利得，居民收入差距自然较小。我们应大力促进中小企业发展，培养企业家才能或导入技术等短缺要素，吸纳众多的农村剩余劳动力，鼓励民众创业。

自2008年发生全球性的金融危机以来，中国国有资本部分出现大扩张，民营企业的生存空间受到挤压，尤其是中小企业的发展空间面临危机。尽管中央政府多次强调中小企业发展的重要性，但控制庞大资源的国有部门（包括银行）并没有动力去执行有利于中小企业发展的政策。经验表明，东南亚国家的中小企业是整个社会达成收入分配公平的最重要机制。可见，如果我国中小企业不如"雨后春笋"般发展起来，就不能实现基本的社会公平。

国际经验表明，在企业规模结构中小型企业的数量一般要占全部企业数量的95%。若一个国家每一千人所拥有的企业数目越多，说明创业的氛围越好，提供的就业岗位就越充分。因为当创业企业越多时，对劳动力的需求就较大，劳动者失业率较低，劳动力将得到充分利用。另外，一个国家中每一千人拥有的企业数

① 赵海东. 初次分配：由注重效率转向效率与公平相结合［J］. 黑龙江社会科学，2007，06：70-73.

量比重越大，中小企业的投资者就越多，中等收入者所占的比重就越大，居民收入分配就越均衡，这时会形成两头小、中间大的"橄榄"形分配结构，这是给社会民众带来最广泛幸福感的一种收入分配结构；反之，当一个国家大型企业数目越多时，劳动力不能充分就业，中产阶级和中等收入的人口比重就越低，低收入人群所占的比重就越大，居民收入分配差距也就会越大，这时一般会形成不利于社会稳定的"金字塔"形的分配结构。总之，中小企业创业不足，特别是小型、微型企业数量较少，这是我国劳资收入分配差距较大的一个形成原因。

6.5　以累退性为主的初次分配税制不利于公平调节

6.5.1　以间接税为主的初次分配税种较多

税收参与国民收入各环节分配的过程，最终是通过具体税种实现的，即以各税种作为载体。我国现行税收制度征收的 18 个税种中有 16 个税种参与了国民收入初次分配，参与初次分配的税收收入不仅占总税收收入的比重较高，而且多为转嫁程度较高的税种，使税负最终承担者——居民的收入增长速度慢于财政收入的增长速度，不能体现税收制度的公平性。参与初次分配的税种优化意味着国民收入初次分配过程的公平化程度，意味着国民收入向居民让利的程度。

初次分配是生产要素——劳动、资本、土地、技术、管理等按其贡献参与分配的过程，是按照生产要素的市场价格，由市场机制作用决定的分配。政府通过间接税改变了初次分配后的收入格局。间接税是直接进入市场价格的税种，如果间接税比重过高，势必影响企业的市场竞争力和研发创新能力，不可避免产生"挤出效应"[①]。同时，在税收转嫁原理的作用下，间接税最终引起中低收入群体的税收负担加重。从宏观经济调控的角度出发，国家统一制定了间接税的税种、税率，目前我国间接税的税种占总税种的比例高达 70% 以上。

虽然间接税的作用点在生产、销售、进口、资源利用等环节，但参与国民收入初次分配的税种对于国民收入的调节往往不是直接的。间接税参与初次分配会使本属于企业或者居民的收入通过政策方式实行全部或者部分转移，减少了企业或者居民的收入。从表面上来看，参与初次分配的税负的经济归宿为生产、销售、进口、资源利用的企业，但实际上间接税的作用对象是消费者，即法定税负

① 张迎春，张毓航. 正确处理现阶段初次分配中的公平与效率关系［J］. 大连海事大学学报（社会科学版），2014，06：12 - 15.

承担者往往是居民，使税负转嫁加重了居民的税收负担。黄桂兰将税收的法定归宿与经济归宿是否一致作为参与国民收入分配各环节税种的分类标准，将税负的法定归宿与经济归宿不一致的税种分类到国民收入初次分配环节，法定归宿与经济归宿一致的税种归类到国民收入的再分配和第三次分配环节，按照此口径对我国税制结构中现征收的 18 个税种进行了梳理①（见表 6 – 4）。

表 6 – 4　　　　　　　　参与国民收入分配各环节的税种

收入分配各环节	参与的税种	税种个数
初次分配环节	增值税、消费税、营业税、关税、资源税、城市维护建设税、土地增值税、耕地占用税、印花税、车船税、城镇土地使用税、车辆购置税、船舶吨税、契税、房产税、烟叶税	16
再分配环节	个人所得税、企业所得税	2

在表 6 – 4 中，现有的 18 个税种中有 16 个税种可以归入初次分配环节，仅有个人所得税、在企业所得税 2 个税种属于再分配和第三次分配环节，可见初次分配环节涉及的税种较多。商品的需求价格弹性决定了税负的转嫁程度。一般来说，需求弹性小于 1 的商品税负转嫁程度大于需求弹性大于 1 的商品，因此参与国民收入初次分配的流转税、资源税等所涉及的多是转嫁程度较高、需求弹性小于 1 的商品。消费边际倾向递减的作用使税负较多的由最终消费者承担，因此归入国民收入初次分配中。另外，生产活动中资产的使用和经营管理、日常的其他经营管理活动等涉及生产的财产税或行为税，如车船税、房产税、土地使用税、印花税等都能在一定程度上通过价格进行转移，使经济归宿和法律归宿不一致，因此也可以归入初次分配中。

6.5.2　以累退性流转税为主的初次分配税收比重较高

我国的初次分配税收是财政收入的主体，初次分配税收的比重相对较高，而且在参与国民收入初次分配的税种及税额中，流转税（包括增值税、消费税、营业税和关税）又占据了很大比例，如表 6 – 5 所示。从整体上来看，我国的流转税具有累退性，这种税制安排不利于发挥初次分配公平，不仅导致初次分配收入偏向政府部门，而且不利于居民收入差距的协调。

---

① 黄桂兰. 我国税收调节国民收入初次分配的作用探讨——以税种为切入点［J］. 湖北经济学院学报，2014，01：64 – 69.

表6-5 参与初次分配的税收比重 单位：%

年份	税收/财政收入	税收/GDP	初次分配税收/总税收	初次分配税收/财政收入	流转税/总税收	流转税/初次分配税收
2000	93.93	12.61	86.81	81.54	63.83	73.57
2001	93.38	13.88	76.30	71.25	60.07	78.73
2002	93.30	14.58	75.65	70.58	58.85	77.79
2003	92.18	14.66	78.33	72.21	60.88	77.72
2004	91.55	15.04	76.44	69.98	62.67	81.99
2005	90.93	15.48	74.15	67.43	61.59	83.06
2006	89.79	15.99	72.72	65.30	60.17	82.73
2007	88.89	17.02	73.77	65.58	56.31	76.33
2008	88.41	17.12	72.53	64.12	55.26	76.19
2009	86.87	17.22	73.98	64.27	56.69	76.62
2010	88.10	17.90	75.85	66.82	55.12	72.66
2011	86.39	18.54	74.57	64.42	52.87	70.90
2012	85.81	18.84	74.68	64.08	52.50	70.30
2013	85.54	18.80	73.80	63.13	51.48	69.76
平均	89.65	16.26	75.68	67.91	57.73	76.31

资料来源：根据国家统计局网站提供的数据计算而得。

由表6-5可以看出，税收占财政收入的比重从2000年的93.93%下降为2013年的85.54%，下降了8.39个百分点，平均来看该比重为89.65%；税收占GDP的比重从2000年的12.61%上升为2013年的18.80%，上升了6.19个百分点；其中，初次分配税收占总税收的比重从2000年的86.81%下降为2013年的73.80%，下降了13.01个百分点，该比重在2000～2013年平均为75.68%，因此可以认为税收收入的75%以上参与了国民收入初次分配过程；此外，初次分配税收占财政收入的比重从2000年的81.54%下降为2013年的63.13%，下降了18.41个百分点，该比重在此期间平均为67.91%，可见初次分配税收是财政收入的主体部分，而具有收入调节作用的所得税薄弱，再分配税收（个人所得税、企业所得税）占总税收的比重平均为25.32%，其中个人所得税只占税收总收入的6.7%。在美国，联邦政府收入超过40%来自个人所得税，如果再加上薪酬税，两者占比达到80%左右[1]。

---

[1] 邹士年. 重视初次分配对调节收入分配的作用 [J]. 宏观经济管理，2013，10：29-31.

　　具体来看，流转税占总税收的比重从 2000 年的 63.83% 下降为 2013 年的 51.48%，下降了 12.35 个百分点，流转税占总税收的平均比重为 57.73%；另外，流转税占初次分配税收的比重从 2000 年的 73.57% 下降为 2013 年的 69.76%，下降了 3.81 个百分点，不过流转税占初次分配税收的比重平均达到 76.31%。因此，我国政府的税收以初次分配税收为主体，初次分配税收占总税收的比重超过 75%，再分配环节的税收仅占 25% 以下，这是再分配难以发挥公平调节作用的主要原因之一。由于流转税在整个税制结构中有着不可替代的财政作用，然而流转税整体呈现的累退性不利于发挥税收调节国民收入分配的作用。

　　首先，增值税在流转税中的累退性最强，增值税的累退性使较低收入人群相对其收入承担的税负要高于较高收入人群承担的税负，因此增值税拉大了收入分配差距，对收入分配产生了逆向调节的作用[①]。其次，消费税调节国民收入分配功能的实现主要是通过其征税品的可选择性来实现的，例如，通过对普通大众无力购买的奢侈品征税起到间接调节收入分配的作用，但是由于我国消费税的税制结构较为简单，并未形成与经济同步的税目变化和税率调整，使消费税调节收入分配的作用并未有效发挥，如私人飞机、高档服装、高档娱乐设施等许多高端消费品没有纳入征税范围，直接导致对高收入阶层的高档消费缺少税收调节，而且一般纳入消费税征税范围的消费品多为需求弹性小于 1 的商品，使消费税变成了累退税，扩大了收入差距。再次，现行的营业税对应税劳务按行业设置差别比例税率，但是没有区分生活性劳务与奢侈性劳务，使营业税兼具累退性和累进性的性质，有些奢侈性劳务的税率低于生活性劳务，如航空运输业税率低于餐饮业税率，而更多的奢侈性劳务并未纳入高税率的行业，如游艇、高尔夫等，使营业税对居民收入分配产生了逆向调节作用。最后，我国营业税的税负对各行业征收不同的税率，造成了税负转嫁下居民的超额税收负担，加重了居民的生活负担，导致居民收入水平下降。

　　总之，我国的初次分配税种设置种类较多，而且初次分配的税收比重相对较高，这种税制安排并不有利于初次分配公平，造成宏观上国民收入分配趋向政府部门，应对参与国民收入初次分配的税种进行公平性制度优化。例如，应推进增值税"扩围"，优化增值税税制；增强消费税的可选择性，使税负水平与消费水平相对应；从调节收入分配差距的角度看，应减少甚至消除营业税的累退性，增强其累进性，有助于减少居民的实际税负。

---

　　① 平新乔，梁爽，郝朝艳，张海洋，毛亮. 增值税与营业税的福利效应研究 [J]. 经济研究，2009，09：66-80.

6.6 初次分配中政府职能发挥不得力

6.6.1 初次分配中政府的一般职能

根据亚当·斯密的观点，各市场主体都是追求自身利益最大化的"经济人"，他们在市场机制的不断协调与运行中各自达到均衡状态，如消费者实现效用最大化、厂商实现利润最大化，最终要素市场和产品市场都达到均衡，因此亚当·斯密认为市场是"看不见的手"，通过市场调节可以实现经济的良好运转，政府不需要干预市场的运作。按照亚当·斯密"万能市场论"的理解，政府部门同样不应该干预初次分配，因为市场会按照各要素的贡献大小进行价值分配，要素贡献越大所获得的要素报酬就越多，也就是说，市场分配是公平合理的，但是亚当·斯密的理论是建立在完全自由竞争的市场环境下。当市场环境是非完全自由竞争时，可能由于垄断、寻租、信息不充分等原因，导致初次分配的起点、过程和结果都会出现不公平，而且单纯的市场调节必然使收入分配出现两极分化，所以政府对初次分配进行适当调控是必要的。政府对初次分配的调控主要是建立良好的初次分配制度并严格执行，保证初次分配能有一个良好的竞争环境和公平的竞争秩序。

（1）维护市场分配公平

维护市场分配公平是指在初次分配中政府应具有维护市场秩序的职能，从微观角度保证各生产要素所有者按要素贡献参与价值分配，或者从宏观角度保证各生产要素对国民收入进行公平分配。在市场经济条件下，初次分配的结果公平主要体现在生产要素能按各自的贡献获得合理的价值补偿，这样才能调动生产要素的生产积极性，推动生产力的发展，促进经济增长，但市场经济不能实现完全意义上的初次分配结果公平。这是因为受不完全市场竞争环境的制约，各生产要素并不能以要素贡献参与价值分配，可能会出现要素市场价格严重偏离自身价值和贡献，例如，在寻租情况下，竞标人可能会取得远高于市场价格决定的高收益。

因此，弥补市场失灵、维护市场分配公平是政府参与初次分配的一项基本职能。政府应通过各项制度，为生产要素参与分配、取得与其价值和贡献相当的报酬创造公平的环境，以保障初次分配的公平①。例如，在初次分配政策制度选择上，政府提倡的收入分配原则既要尊重社会成员要素禀赋的自然差异，承认他们在生产过程中所提供的要素贡献有差别，以及由此所带来的要素收入差距是正当的，又要对每个具有相似动机和禀赋的人提供大致平等的教育和就业机会，排除一切非正常干扰因素，保证竞争起点公平、公正。在市场经济体制发展还比较短暂的中国，政府需要承担培育市场、建立健全市场的责任，为初次分配能发挥市场的主导作用创造条件。

(2) 调解国民收入分配比重

调节国民收入分配比重，是指在初次分配领域政府通过生产税等手段将国民新增财富在各初次分配主体间之间进行调节与安排，使其达到合理的分配比重。在市场经济条件下，初次分配的三个组成部分分别是居民收入、政府生产税收入和企业所得。这体现了社会总收益在居民、国家和企业三种主体之间的收入分配关系，而且各部分分配比重的确定及其变动更是直接影响着居民群体的消费能力、政府职能的有效发挥以及企业的再生产能力，所以合理调节国民收入分配比重是至关重要的。

由于市场经济在运作中存在盲目性和自发性，也就是说市场体制在某些方面是失灵的，特别是市场并不能从宏观上把握各分配主体的收入分配比重，对各部分的收入比重进行有效调节。如果任由各分配主体之间进行自身调整完善，有可能出现企业分配所得或政府分配所得挤占居民所得的情况，实际上我国已经长期出现了居民所得被挤占的情况。可见，政府作为宏观经济的调控者，在初次分配中也应发挥应有的作用，而不是保持观望的态度，政府应合理利用初次分配税收等调节手段，调整各初次分配主体的收入分配比重，为社会再生产和再分配奠定基础。

(3) 提供分配秩序的法律保障

提供分配秩序法律保障，是指在初次分配领域政府具有整顿市场秩序、打击各类扰乱分配秩序的违法行为的职责和功能，以确保初次分配制度能正常有序进行。由于市场秩序的好坏直接关系到初次分配收入是否公正合理，因此政府有义务通过法律手段、行政手段和市场监管规范市场秩序，制止不正当竞争，保护公平竞争，建立初次分配的良好秩序。同时，由于政府是秩序类公共

---

① 李军，杨美英. 初次分配中的政府职能及其转换研究 [J]. 吉林省教育学院学报，2008，03：86 – 88.

产品的提供者和管理者，在初次分配中政府有责任运用国家暴力机器，推行立法，打击各类初次分配领域里的违法犯罪行为，确保初次分配公平有序地进行①。

政府提供保证初次分配公平的法律保障，实际上就是保障了市场能公平合理地进行分配，如果市场主体在同一市场条件下不能实现公平竞争，市场在初次分配中就很难实现公平分配。所以政府有义务提供各种维护初次分配秩序公平与分配结果公正的法律保障。

6.6.2　政府维护市场公平职能的"错位"

（1）政府教育投入不足造成普通劳动力价格偏低

提高初次分配中劳动报酬份额根本上还是取决于劳动者自身的能力提高，在市场经济条件下劳动要素的报酬高低主要取决于劳动质量、劳动者的文化和技能素质②。可以说，受教育程度是影响劳动力价值高低的重要因素，两者基本上呈正相关关系，受教育程度越高，劳动力价值也就越高。政府作为教育投入的三大主体之一，很显然我国政府的教育投入远远不够而且教育资源分布不均衡，造成我国普通劳动力受教育水平提升缓慢，人力资本水平较低，导致低层收入群体的大量存在。例如，由于我国大部分县级财力非常薄弱，对农村义务教育经费划拨不足，许多农村学校只能通过乱收费来弥补或者长期拖欠教师工资；又如长期以来我国教育支出很大比重投入到高等教育上，职业教育培训没有被充分重视，导致我国职业教育水平较低，忽略了专业技能人才的培养。这些都造成我国普通劳动力工资偏低，尤其是许多农民工无专业特长，只能从事低级的工作，形成"世界工厂"局面。

世界衡量教育水平的标准就是一个国家用于教育经费的财政支出占国内生产总值是否超过 4%。自 1993 年以来，我国就提出教育投入的目标是教育经费支出一定要达到 GDP 总量的 4%，但直到 2010 年才达到 GDP 总量的 3.66%，2012 年教育投入占比达到 4.23%，首次超过 GDP 总量的 4% 以上，但 2013 年和 2014 年该比例又降至 4% 以下，如表 6 - 6 所示。即使在有限的教育资源分配状况下，我国的财政支出在城乡、地区、不同阶层之间分配极为不均衡，这也是造成形成这些方面收入差距的一个原因。

---

① 刘利. 我国政府在初次分配中的行为效用考量 [J]. 技术经济与管理研究，2011，08：17 - 20
② 杨雨婷. 调整居民收入初次分配差距的财税政策 [J]. 税收经济研究，2013，02：54 - 61.

表 6 - 6   2000 ~ 2014 年国家财政性教育经费占 GDP 的比例   单位:%

年份	国家财政性教育经费支出占 GDP 的比例	年份	国家财政性教育经费支出占 GDP 的比例
2000	2.58	2009	3.59
2002	2.90	2010	3.65
2004	2.79	2011	3.93
2005	2.79	2012	4.23
2006	2.93	2013	3.74
2007	3.12	2014	3.60
2008	3.33		

资料来源：根据国家统计局网站提供的数据计算而得。

(2) 政府监管措施不力造成企业损害劳动者的权益

我国许多企业存在侵害劳动者权益的行为，但政府的监管措施不严格，由此造成劳动者权益被侵害的事例比比皆是。例如，有些企业给职工少交或不交社会保障金，或者人为地压低职工工资，超时用工现象非常普遍等，虽然职工对这些现象不能容忍，可是由于没有良好的工资集体谈判机制，工会不能发挥应有的作用，而地方政府为了顺利完成地区经济增长的目标，对这些损害劳动者权益的行为视而不见，甚至暗中充当他们的"保护伞"。

据全国总工会对第六次中国职工状况调查显示，所在单位为职工缴纳了养老保险金、医疗保险金、失业保险金、工伤保险金和生育保险金的比例分别为55.8%、52.9%、36.6%、40.1%和17.8%，而没有缴纳的比例分别为35.4%、38.2%、46.1%、37.4%和50.6%，见表6-7。由此可见，"利润侵蚀工资"在中国企业中比较普遍。

表 6 - 7   对中国职工社会保险缴纳状况的调查   单位:%

调查项目	已缴纳	未缴纳	不知道
1. 您所在单位为您缴纳养老保险金情况	55.8	35.4	8.8
2. 您所在单位为您缴纳医疗保险金情况	52.9	38.2	8.9
3. 您所在单位为您缴纳失业保险金情况	36.6	46.1	17.2
4. 您所在单位为您缴纳工伤保险金情况	40.1	37.4	22.5
5. 您所在单位为您缴纳生育保险金情况	17.8	50.6	31.6

资料来源：《第六次中国职工状况调查》，中华全国总工会研究室，中国工人出版社，2010.5。

实际上，要素禀赋差异已造成了劳资贫富差距，在"马太效应"的作用下，资本收入分配比劳动收入分配更具优势，资本生利的结果是拥有大量资本者不劳动也可以收入越来越多，而劳动者即使辛勤劳动，境况却极难改善。从再分配的角度调节劳资分配差距需要通过对富人征收累进所得税、遗产税与赠予税等减少高收入者的一部分收入，或通过转移支付提高低收入者的收入。从初次分配的角度来看，调节劳资差距需要加强劳资谈判的力量，发挥工会的中间协调作用，特别是政府对企业损害劳动者权益的行为要坚决治理。事实上，我国因劳动报酬而产生的劳动争议却逐年上涨，2001～2009 年，因劳动报酬发生争议的案件数量由 45172 件增加到 247330 件，增长了 4.48 倍之多，2010 年这一数据稍有下降，但 2012 年该数据上升至最多为 225981 件，2013 年下降为 223351 件，如表 6－8 所示。围绕劳动报酬而引发的劳动争议案件数量增长幅度较大，劳动报酬一直是劳资争议的主要案由，这与政府对企业侵权行为的监管不力有很大关联。

表 6－8　　　　　　　　　　因劳动报酬而产生的劳动争议处理情况

年份	劳动争议案件数（件）	年份	劳动争议案件数（件）
2001	45172	2008	225061
2002	59144	2009	247330
2003	76774	2010	209968
2004	85132	2011	200550
2005	103183	2012	225981
2006	103887	2013	223351
2007	108953		

资料来源：《中国人力资源和社会保障年鉴（工作卷）2014》。

（3）政府官员权力配置不平等带来隐性收入

改革开放以来，我国的经济增长非常迅速，国民财富的蛋糕越做越大，但是由于不完善的市场体制导致政府的权力体系更加强化，出现不同层级的政府官员滥用手中权力，权力寻租成为市场经济比较突出的现象①。马克思曾用"超经济强制"一词来分析政治权力滥用对分配关系的负面影响，认为在政治性权力介入经济活动后，经济活动就背离了一般的经济运行规律，掌握政治资源的一方在宏

---

① 张茉楠. 收入翻番关键在于均衡的倍增 [J]. 中国报道, 2013, 01：72－74.

观经济资源配置和微观交易行为中获得优势地位，造成"权力统治财产"的现象①。事实上，在非完全竞争的市场中行政权力往往演变为一种公共资源，行政权力的大小决定了这种公共资源的丰富程度以及财富分配的力度，政府官员的权力配置是他们隐性收入的主要源泉。一般来说，在分配制度不健全的情况下，手中掌控某种权力的人都可以利用权力干预资源配置，使资源要素本该由市场配置演变为由权力配置，调整财富流向偏向与自己有利的方向，从而影响收入分配活动的正常进行，甚至在许多情况下一些官员通过滥用权力和经济寻租等严重侵害了其他社会成员的利益。

中国经济体制改革研究会公共政策研究中心课题组在《46000亿：新双轨制下的灰色收入》一文中指出，过去几年中我国收入增长最快的群体都是与权力相关联的，如果把权力作为收入分配中心，那么中国的收入分配实际上形成一个"怪圈"——离权力越近的阶层收入增长越快，离权力越远的群体收入增长越慢②。权利配置不平等是指对公权力的约束性不对等问题。因为权利资本化导致了市场交易规则发生扭曲，一旦初次分配领域有某种行政权力的介入，势必使权力影响甚至替代市场规则发挥资源配置的作用，这样很容易破坏市场主体的平等交换原则，权力所主导的非市场行为将导致要素市场配置的低效率，影响了初次分配公平秩序的正常运行，为腐败阶层带来了大量不合理的灰色隐性收入，而普通民众由于远离权力或被排斥在权力之外，所以只能获得正常的要素收入。

根据2008年测算，如果考虑到灰色收入，我国最高收入的群体的10%与最低收入群体的10%的人均收入能够相差60倍之多，极大地加剧了贫富差距③。2014年网络频频揭露的一些现象让多少人内心凄凉而愤懑，由此反映出我国目前还没有对公权力形成有效的约束制度④。因此，我国社会中的灰色隐性收入多产生于寻租和权力腐败行为之中，当前一些政府权力机构的官商勾结、寻租、钱权交易和贪污受贿等腐败行为而导致的分配不公，成为政府初次分配不公平的最大弊端。

在经济转型过程中，由于经济决策的行政化倾向没有被充分剔除，而我国国有资产的监督约束机制还尚未完全建立，这样就导致少数政府官员以权谋私，利用各种方式将国有资产纳入私囊；或者利用监管机制的不完善，通过审批、执法等权力收受贿赂，将公权力转化为私有化的收入。这部分通过权力介入分配而富裕起来的人，并没有承担或者只承担了与其收益相比极少的市场风险，造成其他

① 姜国强. 寻租、分配关系失衡及其矫正对策 [J]. 现代经济探讨，2011，05：33-36.
② 李菊英. 论政府在促进初次分配公平中的作用 [J]. 理论观察，2009，05：46-48
③ 杨雨婷. 调整居民收入初次分配差距的财税政策 [J]. 税收经济研究，2013，02：54-61.
④ 邱永建. 也谈我国的基尼系数 [J]. 全国商情（理论研究），2013，06：6-7.

的市场参与主体在收入分配上的权益损害，严重破坏了收入分配的公平秩序①。因此，政府必须加强对官员公权力的约束和监督，采取一些举措让行政官员的收入"透明化"和"阳光化"，如实施官员的收入申报制度等；另外，应加强约束党政官员亲属参与商业活动的行为，这是权力寻租和滥用行政权力的最突出表现，要不断改革国有企业的现行领导制度和管理方式，防止国有资产流失等。

6.6.3　政府调节收入分配比重职能的"失位"

（1）国民收入分配向政府和企业过度倾斜

国民收入初次分配时居民收入、政府收入与企业收入三者之间存在此消彼长的分配比例关系。目前，我国初次分配环节已出现了向企业和政府收入过度倾斜的问题，即居民收入被企业收入和政府收入挤占。根据西方国家的发展经验来看，一般来说，当某个国家或地区的人均 GDP 超过 1000 美元之后，政府的收入分配比例应该是逐步缩小的；但我国则恰恰相反，政府的初次分配比例却在不断增大，同样企业的初次分配比例也在逐年上升。很显然，我国的国民收入初次分配比例发展需要调整，政府在此方面是失职的，任由初次分配在"大分配"视角上向企业和政府偏离，从而挤占了居民收入分配的份额。

另外，在"小分配"视角上，我国政府希望通过再分配手段能平抑部分居民收入差距，除此之外并没有采取有效的措施调控，在收入分配规则的改革方面迟迟不见行动，这种"放任"或"容忍"的态度受到库兹涅茨倒"U"型曲线理论的影响，认为我国的发展正处于倒"U"型曲线的上升段，所以收入分配的不平等程度也随之在攀高，当发展到倒"U"型曲线的下降段后，收入分配的不平等程度自然也会下降，这种态度实际上是寄希望于经济发展到一定阶段后，收入分配的不平等程度能自动得到缓和，但是库兹涅茨倒"U"型曲线理论本身是值得商榷的，并没有被经验完全证实。因此，如果我国政府意在塑造一个经济效率型的政府，就必须在公正意识方面进行极大改进。

（2）最低工资标准政策滞后且失效

2005 年，最低工资制度才在全国范围内被颁布实施，最低工资标准政策不仅严重滞后于许多国家，而且最低工资的标准又很偏低。据全国总工会 2009 年

---

① 刘利. 初次分配中我国政府行为合理定位的探究 [J]. 长春工业大学学报（社会科学版），2009，01：9 - 11.

底的调查，职工月工资与当地最低工资标准相比，低于当地工资标准的占4.8%，高出当地工资标准 50 元以下的占 10.9%，高出 50～100 元的占 12.5%，三者合计占 28.2%[①]；我国 2011 年各省市最低工资标准基本在 1000 元左右，不到当地平均工资的 40%。在保护劳动者工资权益方面，最低工资标准反而成为企业用工的付薪标准，本来应该是用来保证职工最低收入的有效举措，但现实中其并没有发挥真正的作用。因此，最低工资制度的实施并没有很好地达到保护劳动者权益的目的，有时候反而成为某些企业压低职工工资的依据。

我国最低工资占人均 GDP 的比例仅有 25%，美国和日本最低工资大致是人均 GDP 的 32%，其他一些西方国家的比例更高，如法国的最低工资占到人均GDP 的 51%，英国高达 61%[②]。即使一些亚洲国家和地区，如韩国、越南、菲律宾等的最低工资也都超出了我国的最低工资比例。

我国最低工资的标准偏低，主要是因为地方政府为追求政绩工程，营造具有廉价劳动力的投资氛围，从而在招商引资中形成很好的优势，因此政府部门有意制定了较低的最低工资标准，并使其增长缓慢。在宏观层面上，政府可以对初次分配劳动报酬水平进行调控的唯一手段是调整最低工资标准，但最低工资标准在实践中往往成为企业给工人低工资定价的依据。最低工资制度能否真正发挥调控作用，关键在于政府制定的最低工资标准能否适应经济和社会发展水平[③]。

（3）工资集体协商制度流于形式

1933 年美国出台了《国家工业复兴法》，提出工会有自发组织工人代表与企业管理层进行集体谈判的权利，1949 年国际劳工组织通过了集体谈判公约。集体谈判公约是当今市场经济国家调整工人工资福利的通用规则，但是我国至今还没有形成完善、有效的集体谈判机制[④]。

工资集体协商制度是指国家通过立法形式，规定企业代表与职工代表针对企业内部工资收入水平、工资分配形式、工资分配制度等事项进行平等协商，在协商一致的基础上签订工资协议的行为[⑤]。在市场经济条件下，工资集体协商制度

① 张璇. 初次分配中劳动报酬比重变动分析 [J]. 市场周刊（理论研究），2014，01：140－142.

② 刘淑清. 关于提高初次分配中劳动报酬占比的一些思考——以山西省为例 [J]. 经济研究参考，2014，39：20－24.

③ 李福安. 《资本论》关于市场经济下初次分配公平的思想及其启示 [J]. 湖北师范学院学报（哲学社会科学版），2011，06：1－6.

④ 陈化水. 构建企业和谐劳动关系中政府、企业、劳动者三方行为分析 [J]. 电子科技大学学报（社科版），2014，06：57－62.

⑤ 李福安. 论社会主义市场经济条件下政府调节初次分配的理论依据与路径 [J]. 当代经济研究，2010，08：33－36.

的建立不仅有利于推动企业完善职工工资共决机制，使劳资双方有平等对话的渠道，而且有利于形成职工工资支付保障机制和工资正常增长机制，保障劳方的权益不被侵犯，从而有利于实现初次分配公平。

工资集体协商制度有效运行的前提是谈判双方具有代表性和独立性，因为谈判力量的强弱是决定集体谈判结果是否公正合理的基本因素[1]。我国现阶段劳动力市场供给大于需求，劳动者与企业很难平等对话，资方对工人的工资定价有很大决定权，所以以工会组织作为职工代表进行协商是比较适宜的，这种集体协商机制可以避免单个工人谈判的弱势缺陷，能够保障工人分享到相应的经济增长成果。但是我国的工会组织仍有先天的不足，工会成员的数量和规模都比较薄弱，工会的代表往往是企业管理层的一员，所以工会的集体协商职能存在很大的欠缺，它并不能很好地独立于企业，也就不能真正代表职工进行工资集体协商。

实际上，当工会代表职工的力量比较弱小时，政府可以作为第三方力量可以介入，维护协商双方的权利公正。政府在通过工资集体谈判体制来合理维护劳资双方权益方面，有不可替代的作用，如果政府能在工资集体协商机制中很好地发挥作用，劳动力的市场价格就不会被企业压得过低。但是我国政府并没有很好地发挥协调作用，其失职造成了工资集体协商制度在我国一直流于形式，并没有体现应有的价值。

6.6.4　政府提供法律保障职能的"缺位"

随着收入分配制度的改革，我国政府应不断完善市场体制，提供公平的收入分配规则或制度，应该建立起一种公众平等参与、竞争过程公正、分配结果公平的收入分配秩序，营造一个公平公正的初次分配氛围，但是到目前为止，这一系列制度建设都还在逐步建立完善过程中。

(1) 市场交易秩序混乱

市场经济的良好运行需要一系列维持市场秩序的规则做保障，这些规则是指各种政策制度、法律法规、规章措施等。政府是市场秩序的唯一提供者和维护者，在市场秩序不完善时，政府应该及时调整矫正市场秩序，以保证公平分配。由于市场秩序关系到经营者之间、经营者与消费者之间的市场交易关系是否符合公开、公平、公正。当前，我国的市场交易秩序非常混乱。一方面经营者与消费

---

① 邓志旺. 浅析政府调节国民收入初次分配的问题及改进机制 [J]. 企业导报，2011，09：35.

者之间进行市场交易时，出现各种价格欺诈行为，或者经营者向消费者漫天要价，导致商品价格严重偏离价值，出现各种"天价商品"，如88元的一碗面条，或者经营者之间联合定价，形成较高的垄断价格，导致商品价格扭曲；另一方面市场上假冒伪劣商品层出不穷，各种假冒伪劣产品屡有出现，从生活日用品发展到高档耐用消费品，从生活资料发展到生产资料，甚至在消防器材这些关乎公众生命的商品上都出现了造假行为，有些经营者假冒他人的注册商标，仿制名牌，误导消费者购买，在增加自己收入的同时损害了别人的利益。

市场交易秩序的混乱与政府部门的监管失职有很大关系。政府部门各级执法部门应该依据法律法规对市场实施严格的监管，对危害正常市场交易秩序的行为进行严惩，才能维护公平竞争的市场秩序。可是从目前来看，我国市场交易秩序混乱现象普遍存在，说明政府部门并没有发挥其应有的作用。

（2）经济违法犯罪行为猖獗

市场秩序混乱必将破坏等价交换原则的信用基础，使等价交换不能有效实施，因为它导致不同生产要素所有者之间失去平等交易的基础，最终使初次分配的公正不能得到实现。良好的市场秩序必须以一套有效的法律法规体系来做保证，在法律法规体系不健全时，市场上各种经济违法犯罪是比较猖獗的，所以市场交易秩序必然是混乱的。正如刘国光先生指出的："市场秩序混乱中的制假售假、走私贩私、偷税漏税，以及权力结构体系中的寻租设租、钱权交易、贪污受贿等各种形式的腐败，这些现象带来大量非法收入，是造成当前收入差距扩大不容忽视的因素"①。

目前，我国市场经济领域违法犯罪行为屡禁不止。一方面，市场上各种商业欺诈、合同违约、做假账、偷税漏税、走私、逃避债务、骗汇骗税等行为十分猖獗；另一方面，贪污腐败、寻租、权钱交易、国有资产流失现象也是时有发生。

（3）劳动权益未能得到全面保护

目前，我国普通劳动者的劳动权利还没有得到有效的法律保护。例如，农民工的工资一直被任意压低或被长期拖欠、企业任意延长工时而不给职工加班费、企业给职工不缴纳或少缴纳社会保险费用、同工不同酬或性别歧视等，这些损害劳动者权益的不公现象在现实生活中屡见不鲜。这些收入分配不公平现象不仅反映了我国有关劳动保障制度以及法律法规不健全，或者执法部门的监督力度不足，而且凸显了用人单位无视相关劳动保障法律法规的存在，依然侵害劳动者的权益。

自2013年7月1日起，新《劳动法》规定临时工、被派遣劳动者享有与用

---

① 张璐，卫东，汪一伦. 初次分配不公的表现及原因分析 [J]. 黑河学刊，2014，01：187–189.

工单位劳动者同工同酬的权利。可以说，这项规定是打破同工不同酬、就业歧视的有力举措，但是，新劳动法的规定只是一条原则性规定，缺乏可操作性的细化实施条例，所以新劳动法的修订能在多大程度上维护劳动者权益值得商榷，公平规则的建立与维护也只能是"纸上谈兵"①。因此，在已有的有关劳动保护的法律法规基础上，政府应尽快完善维护劳动者权益的其他法律规定，如工资法等，而且应加强执法的监督力度，对各种侵害劳动者权益的行为追求其法律责任，有效保护劳动者的合法权益。

综上所述，经济转轨时期我国的政府职能在初次分配环节发挥很不得力，政府本应该发挥维护市场公平、调节国民收入分配比重以及提供分配秩序的法律保障等职能。事实上，政府在维护市场公平时存在职能"错位"，在调节收入分配比重时出现职能"失位"，在提供法律保障时发生职能"缺位"；也就是说他们在不该插手的地方却干预过度，在该插手管理的地方没有管理，因此造成了经济体制在运作过程中出现许多漏洞，导致大量腐败现象和经济租金的存在。这种初次分配体制是扭曲的，居民收入分配差距是不合理的。

6.7　初次分配制度设计偏离公平视角

6.7.1　市场化改革中的收入分配制度变革

(1)"效率优先"政策的实施背景

改革开放之初，我国政府相继提出了"允许一部分人和一部分地区先富起来"、"效率优先"以及"初次分配重效率，再分配重公平"等分配原则。这些收入分配原则显然都带有"效率优先"的导向，之所以实行这种收入分配观是有其特殊的时代背景。

第一，社会生产力水平低下是"效率优先"政策提出的前提条件。传统计划经济体制下，我国收入分配的均等化程度很高，但社会生产力比较薄弱，"不患寡而患不均"的思想导致全社会一直强调公平而忽视效率。据研究文献记载，改革开放前夕我国的城市基尼系数在0.2以下，农村的基尼系数大概在0.21～0.24，居民收入差距比较小，比世界上大多数发展中国家都要低②。在此背景下，

---

① 李媛媛. 透析我国初次分配中的政府行为 [J]. 中南财经政法大学研究生学报，2013，04: 26-28.
② 李晓宁. 初次分配效率与公平的制度改革: 演进与趋向 [J]. 河南师范大学学报（哲学社会科学版），2011，05: 117-120.

党中央提出"让一部分人先富裕起来"，后来又相继提出"效率优先，兼顾公平"、"初次分配重效率，再分配重公平"等。这些政策提法有一个共同认识，就是认为初次分配应该侧重实现效率，公平只能处于被兼顾或待再分配来实现，所以我们将其统称为"效率优先"。显然，这些提法有助于克服改革开放之前社会分配的平均主义弊端，通过提高经济效率来增加社会财富，目的在于解决当时比较突出的社会贫瘠问题。

第二，"效率优先"政策是市场经济体制不断深入发展的客观要求。"效率优先"提法的产生是伴随我国市场经济体制的确立而来的。由于市场是资源配置的有效方式，只要是采取市场机制分配社会资源，就会必然促使企业在效益最大化原则下追求经济效率，也就是说把效率置于优先发展的地位。在"效率优先"和"初次分配注重效率"的模式下，整个社会成员的生产积极性比较高，经济增长速度较快，生产力水平得到极大提高。所以"效率优先"对于推动市场经济体制的确立与完善具有重要意义。

第三，"效率优先"政策是按要素贡献分配方式的具体体现。改革开放之前，我国主要采取按劳分配原则，但是随着市场经济体制的确立与完善，按要素贡献分配成为市场经济发展的必然选择。当按要素贡献分配时，效率是最主要的追逐目标，这里效率既指各要素的生产效率，也指市场整体的资源配置效率。在"效率优先"模式下，如果这两类效率能不断提高，各生产要素的贡献必然比较大，它们各自得到的要素报酬也就较大；同时市场经济也是比较有效率的经济体制形式。因此，追求效率是按要素贡献分配的本质，而"效率优先"正是体现了要素贡献分配时多贡献多分配、少贡献少分配。

毋庸置疑，"效率优先"政策提法在改革初期对经济的快速增长发挥了巨大的推动作用，也就是说它对于促进经济快速增长具有不可替代的重要意义。尤其是"效率优先"与"初次分配注重效率"对经济增长具有刺激竞争效应和赶超效应，极大地丰富了初次分配的总量和规模，为我国居民收入分配提供了巨大的可分配"蛋糕"，我国的经济高速增长被国内外学者称为"中国奇迹"或"中国之谜"[①]。

目前，在居民收入差距过大和收入分配不公问题比较严重的情况下，这些提法显然已不合时宜，由于初次分配过分追求效率而做大了"蛋糕"，但因忽视了公平而使"蛋糕"分配不公，导致居民收入差距过大。当前，与世界上许多发达国家相比，我国的社会生产力水平仍待提高，所以初次分配追求效率是今后很长一段时间永恒的追求目标，但我们不能忽视公平，不能容忍居民收入差距继续

---

① 李晓宁. 初次分配效率与公平的制度改革：演进与趋向［J］. 河南师范大学学报（哲学社会科学版），2011，05：117－120.

扩大或以现有的差距持续存在下去，这对效率提高和构建和谐社会非常不利，也与我国实现共同富裕的目标不相符。

(2) 初次分配制度的演变历程

根据新古典经济学，分配是生产的"动力机构"。初次分配制度是整个经济制度评价体系的一个部分，它主要用于评价要素对生产的贡献①。改革开放以来，市场经济体制对初次分配制度的变革体现在两个方面：一是由劳动是收入的唯一源泉转变为各种要素都可以成为收入的源泉；二是由利用行政机制评价要素对生产的贡献转变为利用市场机制进行这种评价②。这里，把我国初次分配制度的演变历程大致可以分为以下四个阶段。

第一，坚持按劳分配制度阶段（1978～1987年）。这一时期初次分配改革的指导思想，一是打破平均主义，坚持按劳分配，通过让一部分人先富起来带动共同富裕，如党的十一届三中全会中明确提出"克服平均主义"；二是反对两极分化，实现收入公平分配。这一时期的改革实践首先在农村实行了家庭联产承包责任制，促使农民的生产积极性与生产效率得到了极大提升；随后初次分配制度改革转入城市，对职工工资分配制度进行调整，不再统一制定工资标准，国有企业职工的工资与经营状况挂钩。十二届三中全会再一次深刻剖析了平均主义的弊端及对经济的阻碍作用，提出"允许和鼓励一部分地区、一部分企业和一部分人依靠勤奋劳动先富起来"。这种"先富"带动"后富"的思想带动初次分配制度改革稳步前进，使我国经济不论在农村还是城市都焕发出了新的生命力。

第二，按劳分配为主体，其他分配方式为补充的阶段（1988～1992年）。党的十三大全面阐述了社会主义初级阶段理论，在初次分配制度原则上进行了重大突破，首次承认按劳分配以外的其他分配方式具有合法性，但认为只是处于一种"补充"地位，这就意味着非劳动要素收入与劳动要素收入在地位上是不平等的。作为补充方式的其他分配要素的不平等地位，使劳动要素以外的生产要素难以找到"用武之地"或者"备受歧视"。这一时期出现了居民收入份额和企业收入份额波动下降，政府收入份额却明显上升，国有企业更多地将利润分配给了政府。

第三，按劳分配为主体，其他分配方式并存阶段（1993～2006年）。党的十四大提出了"建立社会主义市场经济体制"的改革任务，这标志着收入分配体制改革也进入了一个崭新阶段。十四届三中全会首次明确提出"效率优先，兼顾公平"的原则，肯定了其他分配方式与按劳分配方式是"并存"关系。党的十六大更是进一步提出"确立劳动、资本、技术和管理等生产要素按贡献参与分配

---

①② 梁东黎. 初次分配格局的形成和变化的基本规律 [J]. 经济学家，2008，06：56-63.

的原则，完善按劳分配为主体、多种分配方式并存的分配制度"；另外，党的十六大还明确了效率与公平的关系，提出"初次分配注重效率，发挥市场的作用，鼓励一部分人通过诚实劳动、合法经营先富起来。再分配注重公平，加强政府对收入分配的调节职能，调节差距过大的收入"。这一时期，在国民收入初次分配格局份额上的表现，居民的收入来源扩大化，各要素参与分配的力度加大。

第四，效率与公平并重的阶段（2007年至今）。党的十七大对收入分配问题高度重视，并提出一些新的改革方向，包括将生产要素按照贡献分配提升到制度的高度，强调国民收入分配格局应该有所调整，并对效率与公平的关系有了新的政策提法。党的十七大提出"逐步提高居民收入在国民收入分配中的比重，提高劳动报酬在初次分配中的比重"，以及"初次分配和再分配都要处理好效率和公平的关系"。这是党中央首次提出初次分配也要关注公平，在此之前一直认为公平是再分配环节考虑的问题。自2008年以后劳动份额的缓慢回升在事实上验证了国家出台的一系列提高劳动报酬比重的政策措施的效果，这些措施虽没有完全扭转劳动份额现存的不利地位，但是其效果是不容忽视的。

（3）初次分配市场机制的效率取向

与计划经济相比，市场经济是一种资源配置的有效方式。它发挥作用机制的一个重要环节就是利用价值规律，通过价格杠杆和竞争机制，把资源配置到效益好的环节中去。只要是采取市场机制作为分配社会资源的基本手段，竞争机制就会驱使企业为自身的生存和发展而把效率置于优先地位[①]。可见，市场机制本身会催生效率，也就是说市场经济具有追求效率的本能，就像资本具有追逐利润的本能一样。

在市场经济体制下，效率原则一直贯穿于微观经济的市场分配过程，这体现在效率高的企业能从市场中取得较多的经营收入，而效率低的企业只能获得较少的经营收入，甚至有些企业是亏损的。因为企业为了追求效益最大化不断提高生产效率，这必然同时满足了市场提高资源配置效率的目的，从而促使经济快速增长。所以，市场化进程以及由此引发的所有制结构的调整必然使效率处于不断提升过程之中，也就是说效率是市场进行初次分配的基本原则。现代经济学理论正是从收入分配的市场化出发，论证了市场机制在收入分配上所具有的效率取向[②]。

在市场经济体制中，市场供求所决定的价格必然引导各生产要素在市场中进

①② 李晓宁. 我国初次分配的收入分布演进：从效率与公平的视角 [J]. 思想战线，2011，04：87-92.

行优化配置，而市场价格涨落将促使生产要素所有者将各要素用于最能获利的部门，以及各生产要素之间充分开发效率潜能达成最优组合，这是提高资源配置效率、生产效率与社会经济效率的有力杠杆。尤其是完全竞争的市场机制可以促使各生产要素所有者不断提高效率，而且使其满足高效率必然获得高收入分配的公平待遇，所以完全竞争的市场机制可以实现效率与公平的统一实现。即便是在不完全的市场经济中效率的取得也是如此必得，但市场是否公平分配，取决于参与分配的个人和组织之间是否具有健全、完善的市场经济关系和规范的市场运行机制①。因此，市场化的运作可以保证实现分配效率，但并不能同时保证实现分配公平，后者的实现受制于市场化的成熟程度与初次分配制度的完善程度。

在经济转型时期，我国初次分配的市场机制并不完善和规范，而且缺乏初次分配公平制度的供给。初次分配中出现的非市场分配行为纯粹是由不完全竞争的市场结构所引起的，也即市场化改革的不彻底性所导致的②。与苏联式"休克疗法"不同，我国的市场化改革进程比较缓慢，实施了从计划经济向市场经济过渡的渐进式改革模式。在经济转型进程中，市场化改革的不彻底性或非市场因素的影响，必然使初次分配出现一些不完全的市场行为，导致收入分配出现不公和居民收入差距过大。

不可否认，"效率优先"等初次分配政策的实施使我国经济实力迅速增强，经济效率得到极大提升。因此，在坚持以市场为主导的分配原则下，初次分配注重效率将我国未来很长一段时期发展的方向，但不容忽视的是，在效率问题解决的同时，公平问题又上升为社会的突出矛盾，居民收入差距过大成为社会发展的"软肋"。

6.7.2　初次分配存在较严重的公平缺失

市场机制主要解决要素的资源优化配置问题，但市场运行中各经济利益主体一般追求自身经济利益的最大化，特别是在不完全竞争的市场结构下，因市场体系不完善所固有的缺陷引起收入分配不公。我国市场经济的改革过程是一个渐进式的"破"与"立"的过程。在这个过程中出现了以下制度缺陷：一是新旧体制并存，相互摩擦；二是新体制的各部分相抵触，互不配套；三是体制缺位，即旧的已破而新的未立③。由于这些制度缺陷，特别是计划体制下对资源配置具有

---

① 李晓宁. 我国初次分配的收入分布演进：从效率与公平的视角 [J]. 思想战线，2011，04：87－92.

② 李晓宁. 初次分配效率与公平的关系及其改革路径——基于不同市场竞争条件的分析 [J]. 经济体制改革，2012，04：22－26.

③ 夏兴园，樊刚. 论我国当前收入分配格局 [J]. 当代财经，2002，05：3－6.

决定作用的行政权力因素与市场经济条件下产生的利益分化交织在一起，易形成公共权力的异化，而由于法制本身的不健全以及法律法规贯彻不力，部分国家工作人员利用手中权力，进行权钱交易、贪污受贿，捞取"灰色收入""黑色收入"①。如果没有外在机制来弥补市场缺陷，收入贫富差距将会愈拉愈大，甚至使社会和谐与稳定受到威胁。

政府是各种公共秩序、制度类产品的供给者。首先，政府在初次分配中应该运用国家公权力，有责任为市场的良好运转提供法律保障，严惩各类不合规的市场行为，加大执法监管力度，确保初次分配公平有序进行。其次，分配制度的设计直接关系到居民收入分配的规模与公平状态，政府应全力设计各种彰显公平的分配制度，消除形成收入差距的制度性障碍。在实践中，政府不仅应尽力保障竞争起点公平和就业机会均等，对分配过程实施公平监督，保证分配结果的公平性，而且应通过有关市场法律法规的设计，完善初次分配制度体系，明确初次分配公平职责，实现初次分配结果的公平性。

在初次分配制度体系完善过程中，一方面政府应承认并尊重社会成员各自的自然禀赋差异，使每个居民都应有大致平等的受教育机会和就业前景，保证初次分配起点公平公正；另一方面在分配的实现过程中必须尽可能地排除一切非正常、非市场的因素干扰，从而实现分配结果公平。从制度层面上来看，我国的居民收入差距过大源于缺乏公平性的政策规定或制度安排。因为从某种意义上来说，收入分配是人们经济关系的集中体现，分配制度的设置就是为了调整和规范人们的收入分配关系，可以说收入分配状况是分配制度的函数，而分配制度是影响、制约收入分配状况的一个主要变量②。

事实上，长久以来我国缺乏公平的初次分配制度安排，"效率优先"与"初次分配重效率"等制度都给予经济效率最优实现的偏向，而只留给分配公平次优实现的位置，可以说收入分配原则都认为效率问题应优先于公平问题被解决。在党十七大召开之前，我国政府几乎从未提过初次分配领域要实现公平。在非完全竞争市场条件下，公平的分配制度对效率与公平的统一实现具有关键性的作用。

因此，单纯注重初次分配的效率，忽略初次分配的公平，而把公平留待再分配环节来重视，这种过分偏重效率的政策倾向暗含了一个假定：即初次分配效率与公平是对立的，两者不可同等重视，也不可同时获得。实际上，这种思想逻辑是片面的，而这种制度安排本身注定初次分配效率与公平失衡发展，使我国居民收入差距过大，即使通过再分配也不能缩小居民收入差距。试想若初次分配制度

① 邓威帝. 我国当前居民收入差距扩大的原因及对策 [J]. 财政监察，2002，08：18–19.
② 曾伏秋. 收入分配研究 [M]. 北京：科学出版社，2004：75.

安排是公平合理的，它把效率与公平同等看待，不区分两者的轻重层次关系，或许可以弥补不完全市场经济结构的缺陷，从而在初次分配中既实现效率，同时又得到公平，使效率与公平同时一致实现①。

制度变迁是指以新制度来代替旧制度的过程，或是制度的替代、交易和演进的过程。依据布罗姆利的制度变迁模型，对制度安排进行选择的经济行为可以提高经济效率和改变收入分配②。因为制度供给作为一种公共品，也不是无差异的，即制度是有层次性、差异性和特殊性的，经由不同的制度变迁而产生的不同特点的制度可以满足参与者的不同需求。不管选择何种制度变迁方式，最终都是从可能的制度集合中，挑选出政策绩效最大的制度安排，尤其是当制度变迁可以直接或间接地促进效率增长或改变公平分配时。

因此，从制度经济学角度来分析，我国的初次分配制度供给偏离公平视角，也就是说缺少一种初次分配注重公平的制度安排。从制度变迁入手，使初次分配制度趋向公平，这是在不完全市场竞争机制中改善收入分配机制的最佳路径，也是实现收入分配公平的必然制度选择。

---

①② 李晓宁. 初次分配效率与公平的关系及其改革路径——基于不同市场竞争条件的分析 [J]. 经济体制改革，2012，04：22-26.

第7章

居民收入差距过大的本质：
初次分配效率与公平失衡

改革开放以来，我国初次分配市场机制未完全建立起来，以及政府分配职能与分配制度的不合理性，导致虽然我国市场经济的效率较高，但居民收入差距较大，而且政府制度性扭曲很难保证初次分配实现公平分配，过分追求初次分配效率而忽视公平，导致初次分配效率与公平出现失衡，这是我国居民收入差距拉大的最本质原因。这种初次分配效率与公平失衡体现在初次分配起点、过程和结果三个方面。

7.1 初次分配效率与公平失衡的指标衡量

7.1.1 初次分配效率不断提升

改革开放以来，我国国民经济、社会发展实现了伟大的历史性跨越，经济持续高速增长，人民生活水平、由贫困到温饱再到小康实现了很大转变，国民收入分配的总量和规模不断增大，为我国居民收入分配提供了巨大的可供分配的"蛋糕"，使各阶层居民的人均收入普遍提高[①]，如表7-1所示。

表7-1　　　　　　　　　1978~2013年中国经济总量的增长情况

年份	GDP（亿元）	第一产业增加值（亿元）	第二产业增加值（亿元）	第三产业增加值（亿元）	人均GDP（元）	经济增长率（%）
1978	3645.217	1018.4	1745.2	881.6	381.231	11.7
1980	4545.624	1359.4	2192	994.2	463.253	7.8

---

① 李晓宁，刘静. 初次分配效率与公平失衡的"连锁效应"分析［J］. 经济学家，2011，06：38 - 47.

续表

年份	GDP（亿元）	第一产业增加值（亿元）	第二产业增加值（亿元）	第三产业增加值（亿元）	人均GDP（元）	经济增长率（%）
1985	9066.037	2541.6	3866.6	2607.2	857.82	13.5
1989	16992.30	4228	7278	5486.3	1519.02	4.1
1990	18667.82	5017	7717.4	5933.4	1644.467	3.8
1991	21781.50	5288.6	912.2	7390.7	1892.76	9.2
1995	60793.73	12020.01	28679.46	20094.3	5045.73	10.9
2000	99214.55	14716.22	4555.88	38942.5	7857.676	8.4
2001	109655.20	15516.17	49512.29	44626.7	8621.706	8.3
2002	120332.70	16238.62	53896.77	50197.3	9398.054	9.1
2003	135822.80	17068.32	62436.31	56318.1	10541.97	10
2004	159878.30	20955.83	73904.31	65018.2	12335.58	10.1
2005	184937.40	23070.4	87046.7	72967.7	14040.0	10.4
2006	216314.40	24737.0	103162.0	82972.0	16084.0	11.6
2007	265810.30	28095.0	12381.1	100054.0	18934.0	11.9
2008	314045.40	33702.0	149003.4	131340.0	23708.0	9.0
2009	340902.80	35226.0	157638.8	148038.0	25608.0	9.2
2010	401512.80	40533.6	187383.2	173596.0	30015.0	10.3
2011	472881.60	47486.2	220412.8	204982.5	35181.0	9.3
2012	534123.0	50892.7	240200.4	243030.0	39544.0	7.7
2013	588018.8	55321.7	256810.0	275887.0	43320.0	7.7

资料来源：表中大部分数据摘自《中国统计年鉴2014年》。

　　自改革开放以来，我国经济开始逐步起飞，经济持续快速增长所创造的成就令世界瞩目，逐年增大的GDP和高速的经济增长速度被誉为"中国奇迹"或"中国增长之谜"。在表7-1中，以GDP、人均GDP、第一产业增加值、第二产业增加值、第三产业增加值和经济增长率作为衡量经济持续高速增长的统计指标，这些指标从1978~2013年都得到极大增长。以名义增长来看，国内生产总值GDP增长了161.31倍，第一、第二、第三产业增加值分别增长了54.32倍、147.15倍、312.94倍，人均GDP增长了113.63倍，其中经济增长率基本上都达到10%左右。即使以实际增长来看，这些指标的增长程度都是惊人的。可见，经济的快速增长为收入分配提供了丰富的物质资源，收入分配的"源头"在不断增大。

　　中国成为世界经济发展史上保持长时期增长最快的国家，尤其是2001~2005

年，中国 GDP 年平均增长率为 9.5%，比世界平均水平 3.8% 高出 5.7 个百分点，比发达国家平均水平 2.1% 高出 7.4 个百分点，比发展中国家平均水平 5.8% 高出 3.7 个百分点；持续快速的经济增长，使中国 GDP 总量在世界的排序不断提升，2005～2010 年，中国 GDP 总量的国际排序实现了"三连跳"，由 2005 年的第 5 位提升到 2006 年的第 4 位，2007 年的第 3 位提升到 2010 年的第 2 位①；2010 年中国人均 GDP 达到 4400 美元，跻身中等收入国家的行列②。难怪学者把这样能够长期保持的高速经济增长称为"中国奇迹"。

因此，如果以国民收入的经济增长速度和总量为衡量目标，那么改革开放以来的我国收入分配体制总体上是具有较高效率的。实际上，我国的经济增长实践也表明，在一定时期内，原有的初次收入分配格局对国民经济的高速增长具有积极的促进作用，尤其是"效率优先"或"初次分配注重效率"刺激经济增长产生竞争效应和赶超效应，实现可供分配的"蛋糕"越来越大。我国的初次收入分配以效率为原则，在实际经济发展时优先发展生产力，通过提高生产要素的配置效率和生产要素的利用效率，最终推动经济高速增长。因此，从某种意义上来说，改革开放以来所形成的收入分配体制相对于促进经济增长这一目标而言，是具有较高效率的，或者说收入分配"高效率"的直观外在体现就是我国的经济出现持续高速增长。

实际上，收入分配是对那些用以满足人们需求的产品和劳务的分配，但在市场经济体制下的收入分配并非对产品和劳务进行直接分配，而是首先对价值形态国民收入进行分配，然后借助收入的支出和使用，最终实现对产品和劳务的分配③。阿德尔曼和莫里斯分析了决定收入分配变动的六个重要因素：人均国民生产总值、政府政策、社会经济二元结构、人力资源提高、劳工运动和经济发展潜力。在这些影响收入分配变动的因素中，人均国民生产总值是最重要的因素，这是因为人均国民生产总值提高时能实现经济增长，从而促进收入分配效率。

经济增长与收入分配的关系本质上源于生产与分配的关系。因此，在研究过程中一般必须把收入分配与经济增长联系起来进行分析。权衡认为，对收入分配以及不平等的任何分析在任何时候都不可能离开经济增长本身而进行；相反，分

---

① 茶洪旺，和云. 中国经济发展中的隐忧：城乡居民收入差距扩大的效应分析 [J]. 经济研究参考，2012，10：44 - 50.

② 茶洪旺，和云. 中国经济发展中的隐忧——城乡居民收入差距扩大的效应分析 [A]. 中国生产力学会（Chinese Association of Productivity Science）. 民生经济：转变经济发展方式的目标——中国生产力学会第 16 届年会暨世界生产力科学院（中国籍）院士研讨会文集 [C]. 中国生产力学会（Chinese Association of Productivity Science），2011：8.

③ 李金亮. 论社会分配的公正、效率与公平 [J]. 广东经济管理学院学报，2006，02：12 - 15.

析收入分配必须从经济增长入手，以是否促进经济增长效率或降低经济增长效率为依据判定收入分配的现实格局与不平等的程度①。如果将经济增长简单的描述为产出增加，那么这些增加的产出将由市场进行初次分配，而在初次分配的基础上，政府将根据特定的政治、经济和社会等目标进行再分配。所以收入分配是在经济增长基础上进行的，增大初始可分配的国民生产总值是决定收入分配的关键因素，即俗语说的把"蛋糕"做大。而国民生产总值的增大过程，也是追求经济效率的过程，只有如此才有公平分配的可能，这是因为分配方式本质上毕竟要取决于可分配的产品的数量。在市场经济条件下，初次分配如若离开效率考核，只研究初次分配是否公平，是没有任何意义的。

毫无疑问，一定条件下经济总量高速增长是改善收入分配、消除贫困并提高分配公平程度的物质基础②。在经济高速增长的背景下，一国人均国民收入水平将不断提高，居民生活水平和质量得到大大改善，收入分配状况随着经济增长而不断得到改善。因此，国民收入高速增长可以提高社会各阶层居民的收入水平，为改善收入分配状况奠定了重要的物质基础。

从某种意义上来说，我国的经济高速增长是初次分配"高效率"的外在反映③。由于经济增长所提供的可分配的财富越多，收入分配的基数就越大，即"蛋糕"做的越大，每个人可能得到的就越多，可见收入分配"高效率"外在体现为经济持续高速增长。准确地说，经济增长的国民收入总量与增长速度反映了收入分配的效率高低。

然而，我们必须清醒地看到，中国在创造世界经济增长奇迹的同时，也伴生出了发展中的隐忧，经济总量的快速增长不仅没有缩小居民收入差距，促进经济公平发展，反而加剧了居民收入差距的不断扩大④。若以国际通用的衡量居民收入差距的指标——基尼系数进行测度，发现我国居民收入差距已经拉大到超过警戒线。因此，我们应认真反省以往经济增长的模式，分析在这种经济增长模式下，广大人民群众是否真正享受到了经济增长的成果？即收入分配的公平性问题。

① 曾伏秋."收入分配——经济增长"的现代分析框架及中国收入分配改革的思考 [J]. 湖南商学院学报，2012，02：13－21.
② 仅晓光. 城镇居民收入差距问题探析 [D]. 南京师范大学，2006.
③ 成谢军，姚海明. 重新解读马克思的效率观 [J]. 企业家天地，2005，08：5－6.
④ 荼洪旺，和云. 中国经济发展中的隐忧：城乡居民收入差距扩大的效应分析 [J]. 经济研究参考，2012，10：44－50.

7.1.2 初次分配公平度不断降低

一般来说，国民收入初次分配的公平性可以通过以下三个指标来衡量：一是分配率，二是每小时劳工成本中的福利开支，三是社会保障税与个人所得税占政府税收收入的比重[①]。我们通过这三个指标对我国的初次分配的公平程度进行测算。

（1）分配率

分配率指劳动报酬总额占国内生产总值 GDP 的比重，劳动者的报酬总额占 GDP 的比重越高，反映出劳动的分配所得比重就越高，则国民收入的初次分配越公平[②]。市场经济发达国家的分配率基本维持在 54% ~ 65%，例如，德国 2000 年的分配率为 53.84%，英国 2000 年的分配率为 55.27%，日本 1999 年分配率为 54.18%。与发达国家相比，我国国民收入的初次分配率偏低，基本上都低于 54%。如表 7 - 2 所示，1990 ~ 2012 年，我国的分配率大体呈下降趋势，特别是 2000 ~ 2007 年，分配率变化幅度较大，从 51.38% 下降到 39.74%，下降了 11.64 个百分点，2009 年以后此分配率基本上维持在 45% 左右。

表 7 - 2 　　　　　　1990 ~ 2012 年我国国民收入初次分配的分配率　　　　　单位：%

年份	分配率	年份	分配率
1990	53.42	2006	40.61
1995	52.84	2007	39.74
2000	51.38	2008	—
2001	51.45	2009	46.62
2002	50.92	2010	45.01
2003	49.62	2011	44.94
2004	—	2012	45.60
2005	41.40		

资料来源：根据中宏数据库（http://edu1.macrochina.com.cn/tjdata_ new/xlsdb/525.xls）提供的数据计算。

---

① 李晓宁.初次分配效率与公平的制度改革：演进与趋向 [J].河南师范大学学报（哲学社会科学版），2011，05：117 - 120.

② 李军鹏.质疑"初次分配注重效率，再分配注重公平" [J].金融信息参考，2005，02：35 - 36.

如果把我国分配率与美国相比，我国的分配率均比后者低。美国2000年分配率为58.9%，比中国高出7.52个百分点；2003年分配率为57.6%，比中国高出7.98个百分点；而2005年美国的分配率达到56.4%，两国分配率相差15个百分点，这意味着我国劳动者从GDP中分得的份额要比美国低许多[1]。

劳动和资本要素是市场经济中最基本的资源配置要素，劳动报酬是劳动要素所得，如果分配率较低，则意味着劳动要素从经济增长中获利较少，相对而言资本要素就获利较多，显然这是初次分配不公平的体现。

(2) 每小时劳工成本中的福利开支。

劳工成本中的福利开支是劳动者实际收入的主要组成部分。每小时劳工成本中的福利开支，指劳动者所获得的每小时报酬中福利费用的比重，这一指标越高，则意味着劳动者的实际收入越多，国民收入的初次分配越公平[2]。

劳动者报酬等于劳动者的工资、工资性收入以及单位社会保险付款的总和[3]。我国职工的单位社会保险付款指的是养老保险、医疗保险、失业保险、工伤保险以及生育保险等的缴费。政策规定这些社会保险付款一般由劳动者所在单位缴纳，缴纳基数为工资总额的30%左右，除此之外单位还要缴纳缴费基数10%的住房公积金，这些都属于劳工成本中的福利开支部分[4]。据统计，2002~2004年，我国制造业劳动者每小时工资为0.67美元、0.75美元和0.84美元。因此，据此计算的2002~2004年我国劳工成本的每小时福利开支分别为0.27美元、0.30美元和0.34美元。与此相比，1991年，欧洲共同体国家每小时劳工成本达17.61美元（包括工资、福利），美国14.5美元，日本14.59美元，其中福利开支分别为7.57美元、4.13美元和6.20美元[5]。很明显，我国劳工成本中的福利开支比较低。

富士康公司在中国多年实行的是"地板工资"政策。在2010年6月以前，深圳富士康公司基层员工每月基本工资约900元，加班则可多挣约1倍。如果不算加班，小时工资非常低。在2010年员工"跳楼事件"屡屡发生以后，深圳富

① 乔为国. 中国和美国宏观收入分配结构的差异及启示 [J]. 经济理论与经济管理, 2007, 08: 47-50.

② 赵云伟. 破解"劳动之惑"——劳动正义论视阈下的贫困原因分析 [J]. 理论月刊, 2014, 02: 67-71.

③ 李济广, 刘倬. 民（私）营企业的收入分配格局实证研究 [J]. 中国地质大学学报（社会科学版）, 2006, 02: 58-61.

④ 王志峰, 黎玉柱, 肖军梅. 社会保障视角下的劳动力成本与企业成本 [J]. 长江论坛, 2007, 02: 55-58.

⑤ 李军鹏. 质疑"初次分配注重效率, 再分配注重公平" [J]. 金融信息参考, 2005, 02: 35-36.

士康公司才宣布上调标准薪资，经考核合格的作业员及线组长的标准薪资上调为每月 2000 元，加薪幅度达到 66%①。

2006 年，我国制造业员工平均月工资为 187.8 美元，以月工作时间 160 小时计算，每小时工资约为 1.2 美元，仅为英国的 5.6%，德国的 5.9%，西班牙的7.3%②。《华尔街日报》曾以罗技鼠标为例分析当前国际分工格局中的利益分配。一个中国制造罗技无线鼠标在美国的售价大约为 40 美元，其中罗技公司分得 8 美元，零部件供应商 Wanda 分得 14 美元，分销商和零售商各拿 15 美元，中国仅得 3 美元，并且工人工资、电力、交通和其他经常开支全都包括在内。

另据《纽约时报》网站 2006 年 2 月 9 日报道：一个在中国制造的芭比娃娃的售价是 20 美元，但中国从中只能得到 35 美分③。由此不难理解，为什么跨国公司在中国的制造企业的工人工资并不很高？然而，从产值与劳动成本的比率看，2005 年我国制造业工人创造的产值与劳动成本的比率为 3.96，而同一时期，美国、日本、英国、德国、意大利、新加坡的这一比值分别为 2.81、2.92、2.31、2.40、1.46 和 1.91④。从以上资料可以看出，劳动者报酬的长期偏低是中国企业劳资矛盾产生的重要原因⑤。

（3）社会保障税与个人所得税占政府税收收入的比重。

当代市场经济国家政府赖以进行再分配的收入主要是来源于社会保障税与个人所得税，而社会保障税与个人所得税的主要来源是初次分配中对资本利润与劳动者工资的分割⑥。在成熟市场经济国家，个人所得税和社会保障税占税收总收入的比重至少在 40% 以上，有些国家更达 60% 以上⑦。据世界银行的统计，发达国家的社会保障税是中央税收总额的 28% 左右，而发展中国家的社会保障税仅为中央税收总额的 6% 左右，但我国至今尚未开征社会保障税；在工业化国家个人所得税额占税收总额大约为 28%，在发展中国家占 11%。

如表 7-3 所示，1994~2013 年，我国个人所得税占国家税收收入的比重从2.20% 上升到 2005 年的 7.28%，后又下降至 2013 年的 5.91%，总体上呈先上升后下降趋势，但其远低于发达国家平均水平，也比发展中国家的平均水平低得

---

① 李亚雄. 论代工厂的劳资关系——基于富士康的分析 [J]. 社会主义研究, 2012, 01: 110-113.

② 李廉水, 中国制造业发展研究报告 2010 [M]. 北京: 科学出版社, 2010: 312-313.

③ 林治波, 人民日报记者论甘肃发展之十: 牢牢把握开放的自主性 [EB/OL]. http// gs. people. com. cn/GB/183283/1377087, html.

④⑤ 马芳. 影响和谐劳资关系建设的因素及对策 [J]. 经济纵横, 2012, 02: 40-43.

⑥ 李军鹏. 质疑"初次分配注重效率, 再分配注重公平"[J]. 金融信息参考, 2005, 02: 35-36.

⑦ 戚桂锋. 对中国改革开放的唯物史观审视 [D]. 兰州大学, 2010.

多。同样的规律，个人所得税占国家财政收入的比率也是先上升后下降，由1995年的2.10%上升至2005年的6.62%，后又下降至2012年的4.96%，2013年为5.05%。

表7-3　　　　　1995~2012年我国个人所得税占政府税收收入的比重　　　　单位:%

年份	个人所得税占国家税收收入的比率	个人所得税占国家财政收入的比率	年份	个人所得税占政府税收收入的比率	个人所得税占国家财政收入的比率
1995	2.20	2.10	2007	6.98	6.21
2000	5.24	4.92	2008	6.86	6.07
2001	6.50	6.07	2009	6.64	5.76
2002	6.87	6.41	2010	6.61	5.82
2003	7.08	6.53	2011	6.75	5.82
2004	7.19	6.58	2012	5.78	4.96
2005	7.28	6.62	2013	5.91	5.05
2006	7.05	6.33			

资料来源：根据国家税务总局网（http://www.chinatax.gov.cn/n480462/n480498/n480887/index.html）提供的数据计算。

在当前的税制下，工资按照累进的方式征税，起征点在调整前仅为月收入2000元；而投资回报的征收税率却比许多人工资的平均税率还要低（如房租所得的税率为5%）；至于资本增值所得却不用征税，这种税制无疑打击了劳动所得，使劳动者的劳动报酬的增长速度与GDP相比差距更大[①]。所以在当前的个人所得税税制下，所有人都感觉到不公平和不满意，因为这样的个税体制不仅没有平抑收入差距，相反还恶化了收入分配。

通过以上三项指标的国际比较，可以看出我国的初次分配公平程度与发达国家相比存在很大差距，我国的初次分配关系已经出现重大失衡，这一定程度上与我国的经济发展水平紧密相关。在转轨时期，由于政府收入和企业收入不断"挤占"居民收入，初次分配中用于居民分配的部分必然减少，这无疑造成劳动者权益损失，如降低了居民的投资和消费需求，而且居民收入分配内部又出现了贫富分化，因此初次分配有失公平。

---

① 李稻葵. 个税设计不能修修补补［J］. 今日中国论坛，2011，06：50.

7.2 初次分配效率与公平失衡的动态分布

自改革开放以来，我国经济快速增长，但收入差距也在不断扩大，能否在一个框架内同时考察我国收入分配的效率与公平呢？研究收入分布的动态演进可以达到这一研究目的①。通过收入分布动态演进方法，不仅能对初次分配是否有效率进行考察，而且能直观地刻画初次分配的分布状态，即考察收入分配的公平性，可谓"一箭双雕"。

7.2.1 数据与方法

国家统计局国民经济核算司编纂出版的《中国国内生产总值核算历史资料：1952~2004》提供了1993~2004年，除港澳台以外的31个省区市按收入法核算的GDP，并细分到三次产业的劳动者报酬、生产税净额、固定资产折旧和营业盈余。其中GDP的计算公式为：

$$GDP = 劳动者报酬 + 生产税净额 + 固定资产折旧 + 营业盈余 \qquad (7-1)$$

这里，劳动者报酬是居民的劳动所得，而固定资产折旧和营业盈余虽然是企业所得，但我们可以把这部分最终看作居民的资本所得，因此，GDP扣除政府在初次分配中的所得（生产税净额）就是居民在初次分配中的要素所得②。可以具体表示为：

$$GDP - 生产税净额 = 劳动者报酬 + 固定资产折旧 + 营业盈余 \qquad (7-2)$$

这里，式（7-2）可以写为：

$$Y_{it}^j = K_{it}^j + L_{it}^j \qquad (7-3)$$

其中，Y是居民要素所得，它等于GDP减去生产税净额，K为资本所得，它等于固定资产折旧加上营业盈余，L为劳动所得。这里，$i=1, 2, \cdots, 31$，$j=1, 2, 3$ 和 $t=1993, \cdots, 2004$ 分别表示省区、产业和时间。

给式（7-3）两边除以劳动人数 w_{it}^j，就得到劳均要素所得：

$$y_{it}^j = k_{it}^j + l_{it}^j \qquad (7-4)$$

---

① 李晓宁. 我国初次分配的收入分布演进：从效率与公平的视角 [J]. 思想战线，2011，04：87-92.
② 徐现祥，王海港. 我国初次分配中的两极分化及成因 [J]. 经济研究，2008，02：106-118.

其中，y、k 和 l 分别是劳均要素所得、劳均资本和劳均劳动，式（7-4）揭示了在按要素贡献参与分配的制度下，各省区市各产业居民在初次分配中的收入来源构成为劳均资本（资本的贡献）和劳均劳动（劳动的贡献）①。在得到各产业的居民要素所得数据之后，利用核密度（kernel）函数非参数估计方法分别估计三次产业的收入分布，然后把各年三次产业的收入分布逐年垂直加总，得到全国的收入分布，以此考察我国初次分配的动态变化机制。

采用核密度函数估计各产业的收入分布，这是一种非参数估计，主要用于对随机变量的概率密度进行估计②。由于它不需要事先假定收入分布的具体函数形式，因此成为目前估计收入分布的重要工具③。核密度估计的原理是假设随机变量 X 的密度函数为 f(x)，在点 x 的概率密度由下式估计：

$$f(x) = \frac{1}{Nh} \sum_{i=1}^{n} K\left(\frac{x_1 - x}{h}\right) \tag{7-5}$$

其中，N 是观测值的个数，h 为窗宽，K(·) 是核函数。核函数是一种加权函数或平滑函数，包括高斯（正态、Gaussian）核、Epanechnikov 核、三角核（Triangular）、四次核（Quartic）等类型，一般选择高斯核密度函数④。统计学家的共识是不同的核函数选择通常不会太大影响核平滑化密度估计结果，重要的往往是窗宽的选取⑤。窗宽的变化不可能既使核估计的偏差减小，同时又使核估计的方差较小。一般采用交错鉴定法选择窗宽⑥。

与其他反映收入分布的指标相比，核密度函数有着非常独特的优势。如基尼系数、泰尔熵等指标，从根本上讲都是一种对收入分布的总结性描述，而用核密度方法估计的收入分布包含更多的信息。例如，同一个国家在两个时间点上基尼系数增加了，通过比较两个时间点上收入分布曲线，可以判断收入差距拉大主要是由于穷人变得更穷了（即收入分布曲线的左尾变大了），还是富人变得更富了（即右尾变大了）；若整个收入分布图在向右移动，说明整体收入水平在上升，经济增长是有效率的；若收入分布变得更加扁平，说明收入差距在增大；若收入

① 徐现祥，王海港. 我国初次分配中的两极分化及成因 [J]. 经济研究，2008，02：106-118.

②④ 何江，张馨之. 中国省区收入分布演进的空间—时间分析 [J]. 南方经济，2007，01：64-77.

③ 虽然频数分布直方图是最简单的概率密度非参数估计，但是直方图是非连续的。核密度估计通过平滑方法，用连续的密度曲线代替直方图，能更好地描述随机变量的分布形态。

⑤ 良好的窗宽选取法致力于在偏差和方差之间取得均衡，因为窗宽 h 的选择对估计的效果影响较大。一方面，窗宽越小，核估计的偏差越小，但同时核估计的方差会变大；另一方面，窗宽越大，则核估计的方差会变小，但核估计的偏差却会增大。

⑥ 姚伟峰. 中国经济增长中的效率变化及其影响因素实证研究 [M]. 北京：中国经济出版社，2007：13.

分布图呈单峰分布，说明收入分配是整体趋同的，若收入分布图呈双峰分布，则说明收入分配是两极分化的，即存在部分趋同而整体趋异的情况[1]。

在收入分布演变的过程中，国家或地区的人均收入向不同的峰值集聚，Quah（1996）称其为"极化"；如果最终各国的人均收入水平趋向于向高收入水平或者低收入水平"趋同"，而中等收入水平趋于消失，此时收入分布的状况就不是"钟"形的，而是会出现"双峰"，故称为"双峰分布"[2]。正如 Quah 所指出的，整体而言，"双峰"趋同是一种趋异。

在研究过程中，采用以下三步估计我国的收入分布。

第一步，利用《中国国内生产总值核算历史资料：1952～2004》提供的1993～2004 年各省区市各产业居民的要素所得数据，基于式（7－3）计算各省区各产业居民的实际要素所得[3]。这里，各省区市各产业居民的实际要素所得是以 1993 年为基年、经 GDP 平减指数换算后的数据，各省区市各产业的劳动从业人数分别来自各年的《中国统计年鉴》。

第二步，把我国 31 个省区市的各产业居民的实际要素所得的对数看作样本点，采用高斯核密度函数估计各产业 31 个样本点上的密度函数，将其标准化，乘以相应年份的劳动人数，得到每一产业所对应的实际居民要素所得核密度函数，以此得到三次产业 1993～2004 年的收入分布。在收入分布的文献里，核密度估计时的窗宽通常设定为 $h = 0.9sd \times n^{-0.2}$，其中 sd 和 n 分别是对数形式收入的标准差和观察值数。尽管各产业的收入差距不尽相同，我们假定在 1993～2004年三次产业的窗宽具有时间不变，这里统一设 $sd = 0.7$，从而 $h = 0.32$[4]。

第三步，垂直加总三次产业的核密度函数，就得到全国的核密度函数，其近似为全国的初次分配收入分布。

7.2.2　三次产业初次分配的收入分布

利用 S－plus2000 统计软件的帮助，分别对各省区市各产业居民的劳均要素所得进行 Gaussian 核密度函数估计，得到各产业各年的初次分配收入分布。我们在此

---

①　李松龄. 公平、效率与分配［M］. 长沙：湖南人民出版社，2005：431.

②　邹薇，周浩. 经济趋同的计量分析与收入分布动态学研究［J］. 世界经济，2007，06：81－96.

③　由于国家统计局再无相同口径的统计数据公布，因此我们无法取得 2004 年以后的各省区各产业居民的初次分配数据，很遗憾我们的收入分布演进的研究只能分析 1995～2004 年的数据。

④　因为当具有相同窗宽时，收入分布的演进可以非常直观地反映产业收入差距的变化态势，即当产业内收入差距较小时，产业收入分布将呈现"钟"形，随着收入差距的拉大，产业收入分布将越来越平坦，甚至呈现多峰分布。这里，设 $sd = 0.7$，相当于在所有的标准差中大致是一个 10% 的分位数。

仅分别报告了1993年、1997年、2000年和2004年四年的初次分配收入分布形态，以这四年的收入分布演进来反映初次分配随时间的变动情况，如图7-1、图7-2、图7-3所示。其中，横轴是实际劳均要素所得（对数形式），纵轴是概率密度。

在图7-1中，1993年、1997年和2004年第一产业的初次分配收入分布均呈双峰分布。双峰分布反映了第一产业在初次分配中就出现了两极分化，不同地区的居民的初次分配收入向不同水平集聚，经济发达地区的第一产业居民的要素所得向高收入水平集聚，而经济欠发达地区的第一产业居民的要素所得向低收入水平集聚。以1993年为例，第一产业的两个峰值对应的收入水平分别为-0.75（1778元）和-0.5（3162元）。这里，我们可以把2004年与1993年的第一产业初次分配收入进行比较，2004年第一产业的两个峰值对应的收入水平分别为-0.6（2512元）和-0.18（6607元）。比较后可以看出，1993~2004年，低收入人群的收入仅增长了734元，而高收入人群的收入增长了3445元。因此，初始低收入人群收入增长缓慢，初始高收入人群收入增长迅速，从而形成收入差距，出现两极分化趋势，形成双峰，甚至出现多峰，如2000年的收入分布呈现"三峰"分布。另外，各年分布密度函数的最高点逐渐降低，图形分布越来越平坦，特别是在2004年表现更为突出，显示出我国第一产业居民收入分布的不平衡性和两极化逐渐加大的趋势。再观察图7-1，可以发现随着时间的推移，第一产业居民的收入分布不断向右漂移，这说明第一产业居民的要素所得在不断提高，经济不断增长，收入分配效率得以提升。

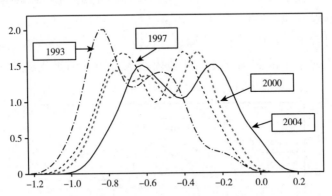

图7-1　1993~2004各年第一产业的初次分配收入分布

图7-2反映了1993年、1997年、2000年和2004年第二产业的初次分配收入分布演进状况。可以看出，1993年、1997年和2000年第二产业的初次分配收入分布基本上都呈多峰分布，这说明很长一段时间内第二产业内居民的要素所得差异比较大，但到了2004年，这种多峰形状趋于消失，收入分布大体呈"钟"

形，由此说明第二产业内收入分布有整体趋同的趋势。再观察图7-2，可以发现，第二产业居民的收入分布向右出现很大程度的漂移，并且收入分布的图形最高点越来越低，图形分布越来越平坦，这反映出第二产业的居民要素所得提高程度很大，经济增长较快，但产业内的居民收入差距程度不断拉大。

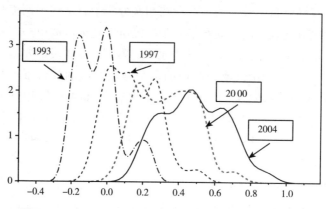

图7-2 1993~2004各年第二产业的初次分配收入分布

图7-3反映了1993年、1997年、2000年和2004年第三产业的初次分配收入分布状况，与第一产业和第二产业的收入分布演进状况不同，1993~2004年，第三产业的收入分布由原来的整体趋同向整体趋异发展，因为1993年居民的收入分布基本呈"钟"形分布，即单峰状分布，此后次高峰开始凸显，两峰分离逐渐加剧，尤其是到2004年，两峰的"海拔"差距已经十分显著，收入分布呈双峰排列。而且在这个过程中，右峰上升运动明显，这说明在第三产业中有更多的省份向具有相对较高收入水平的右峰靠拢，产业内收入分布的两极化趋势不断加剧。同时，图7-3中各图形不断向右漂移也反映出第三产业的居民要素所得提升较快。

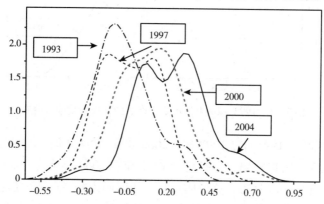

图7-3 1993~2004各年第三产业的初次分配收入分布

总之，1993～2004年，我国三次产业的初次分配收入分布都明显向右漂移，这反映出所有居民的实际要素所得都是增长的，经济增长和收入分配效率在不断提高；但各年三次产业的初次分配收入分布基本呈双峰分布或者趋于双峰分布，这反映了在初次分配中出现了收入的两极分化现象。

7.2.3 我国初次分配的收入分布

在估计出各产业收入分布的核密度函数之后，我们可以把它们垂直加总得到全国的收入分布。图7－4报告了1993～2004年全国的初次分配收入分布。

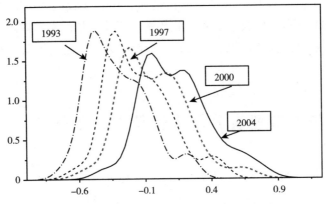

图7－4 1993～2004各年全国的初次分配收入分布

由图7－4可以看出，我国的收入分布演进趋于双峰分布，而且1993～2004年，单峰分布的形态逐渐消失，双峰分布的形态越来越明显，说明我国初次分配收入分布的两极化趋势越来越突出。另外，各年的收入分布图形的最高点不断降低，图形分布变得越来越平坦，反映出我国的初次分配收入差距不断拉大，收入的不公平性越来越明显。在图7－4中，随着时间的推移，收入分布的曲线一直在向右漂移，这反映我国绝大多数居民的实际要素所得是不断增长的。此特征也可以由收入分布曲线的参数指标得以反映，例如，1993～2004年收入分布的中位数分别为－0.338（4591元）、－0.165（6847元）、－0.029（9353元）、0.120（13178元），由中位数指标的不断增大可以说明我国的经济在不断增长，收入分配是高效率的。

为什么我国初次分配收入分布两极化趋势愈来愈明显呢？这是因为在初次分配中，低收入居民的要素所得增长缓慢，而高收入居民的要素所得增长迅速，他们形成不同的收入分布集中点，低收入居民向左端峰值点对应的众数集中，高收入居民向右端峰值点对应的众数集中。如图 7 - 4 所示，在收入分布向右漂移的过程中，不同收入段的漂移速度并不一样，很显然，位于收入分布函数左端的低收入段在 1993 ~ 2004 向右漂移的程度低于右边的高收入段。另外，我国居民初次分配收入"双峰"分布大多具有右拖尾的性质，说明我国低收入人数大于高收入的人数，世界各国也基本上是这样的分布格局；而且随着时间的推移，收入分布的右尾变得更加厚重了，这说明收入差距的增大是因为富人相对来说更富了，或者是因为中等收入的人口右移，而大多数低收入居民的要素所得相对增加较少。

总之，1993 ~ 2004 年，我国初次分配中的收入分布不断向右漂移，这反映了居民的要素所得普遍增长，收入分配的效率较高，但在经济增长过程中，低收入居民的增长缓慢，高收入居民的增长迅速，从而导致收入分布逐渐呈现"双峰"分布，出现了收入分配的两极分化趋势，逐步增加的贫富差距使不同的人拥有了不同的影响分配财富的能力，导致了分配不公平，这说明我国初次分配的公平性较低。

7.3 失衡的初次分配运行模式：高效率，低公平

7.3.1 初次分配"高效率"是一种畸形效率

转轨时期，虽然我国初次分配呈现"高效率"，但这种"高效率"是以牺牲公平为代价取得的，没有"低公平"作为代价，是不可能取得初次分配的"高效率"。这种"高效率"很大程度是以超公平为代价换取的，在此过程中存在强势集团对弱势集团的利益剥夺；或者说，这种"高效率"是只考虑某些主体和客体的效率，而忽视其他主体和客体的效率所取得的，所以这种初次分配的"高效率"是一种畸形效率。

假设存在一个最合理的公平分配的界限，它是由收入与贡献均衡的点形成的，能达到此界限的状态是一种最理想状态，即分配绝对公平。但实践中是很难达到最合理的分配界限，一般以合理分配区域作为分配的判断标准。合理的分配公平区域就是以最合理分配界限为中心，上下有一定浮动范围的区域。偏离此公平合理区域的状态都认为是一种非公平状态，偏离公平合理区域越远，分配公平的程度越低。如图 7 - 5 所示，假设有两个分配主体 A 和 B，A 的所得（或待遇）远远大于贡献，A 就处于一种超公平状态；B 的所得（或待遇）却远远小于贡献，B 处于一种缺公平状态。超公平和缺公平都属于低公平或不公平。

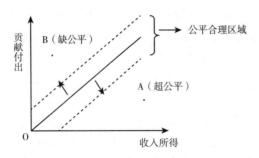

图7-5　分配的公平合理区域

　　如果初次分配单纯追求效率，那么很可能滋生一些处于优越地位的社会成员和控制社会权力资源的强势集团。这些强势集团依靠政府特权、垄断等超公平的方式带来自身的高效率。因为对一种生产要素的优惠性政策待遇，在一定时期和条件下可能是公平的，但在另一时期和条件下可能就是超公平的[①]。这种优惠性的待遇虽然能带来该类生产要素的高效率，但同时对应着使其他生产要素缺公平，从而引起其他生产要素的低效率[②]。

　　改革开放以来，我国初次分配过程存在强势生产要素对弱势生产要素的利益剥夺现象，这是以强势生产要素所享有的某种超公平为条件，它降低或牺牲了弱势生产要素的效率，带给弱势生产要素缺乏公平，主要表现在以下几个方面。

　　第一，外资经济的较高效率一定程度上来自国家的优惠政策待遇。我国对外资企业的税收优惠政策助长了其强势地位，使内资企业一般处于弱势地位，甚至挤占了内资企业的许多国内投资机会，而且内外资企业所得税优惠的巨大差别为企业避税提供了条件。即使在2008年企业所得税制改革后，外资企业继续享受"超国民待遇"，导致内外资企业的税务征收标准不统一，即使企业的税前利润大致相同，但因内外资企业的所得税税率差异出现税后利润相差悬殊。据测算，外资企业所得税实际税负一般约为7%～8%，仅相当于内资企业实际税负的1/3～1/4，内资企业明显处于竞争劣势[③]。第二，垄断企业的较高效率很大程度上来自国家赋予的垄断特权。国家对垄断企业实行行政保护，使它们能获得超额垄断利润，从而有较高的生产效率或资源配置效率，但这种较高的垄断企业效率是以牺牲非垄断企业的利益或压低非垄断企业的效率而取得的，并非来自企业的有效经营。第三，在国企改革过程中，我国曾采取行政手段促使企业大量减员，从而提

　　① 陈永杰. 新公平/效率观——对公平与效率问题的重新审视 [J]. 经济理论与经济管理，2006，05：5-12.

　　② 段学芬，蔡晨风. "十二五" 期间我国利用外资的政策选择 [J]. 学术界，2010（12）.

　　③ 西安市税务学会课题组. 对我国企业所得税制存在问题的思考 [J]. 税务研究，2003，06：34-38.

高了在岗工人的生产效率，也提高了企业的整体效率，但这是以牺牲或降低下岗职工的生产效率为条件的，严重损害了下岗职工的权利和利益。第四，部分私营企业的较高效率来自国家对其监管不力。私营企业在对待工人方面存在一些不公平的现象，如实行超低工资、长期拖欠工资等，而政府部门对私营企业的监管并不得力。这使私营企业的运营成本明显降低，利润大幅增加，私人资本的效率得到迅速提高，这是以牺牲普通劳动者的合法权益为代价的。

总之，在追求初次分配"高效率"过程中，存在强势生产要素对弱势生产要素的利益剥夺，这种以超公平换取的高效率，并不是在公平分配的条件下所取得的；而且不是全部生产要素、各类人群和各个阶层人民取得的高效率，只是部分生产要素、少数人群和富有阶层取得的高效率。虽然社会整体的效率是比较高的，但这只是一种短期的、畸形的效率，这种畸形效率不能保证未来经济的持续高速增长，而是在不断地恶化社会分配状况，造成整个社会的和谐危机。

7.3.2 初次分配"低公平"是制约效率提高的瓶颈

在经济系统中，当所有生产要素的使用效率相等时，总产出达到最大。实际上，总有某种生产要素的使用效率最低，这个最低的使用效率限制了产出的增长，成为经济系统当前的效率瓶颈[①]。当一个效率瓶颈被消除后就会出现新的效率瓶颈，因此经济增长过程就是不断发现和消除效率瓶颈的效率竞赛过程[②]。如经济增长过程出现的结构变化、制度变迁、分工细化、产业升级等一系列现象，都是消除效率瓶颈的过程和手段。

这里需要区别要素的使用效率和固有效率。一般来说，要素在生产过程中的实际表现和它固有能力有差别。如果把要素在生产过程中应该表现出来的效率称为固有效率，那么它实际表现出来的效率就是要素的使用效率。在通常情况下，要素的固有效率是使用效率的上限。因此，要消除当前的效率瓶颈，不仅要提高要素的使用效率，而且要提高要素的固有效率，即当前经济系统中固有效率最低的要素构成了经济系统的最终效率瓶颈[③]。在效率竞赛过程中，当各种要素的使用效率不同时，经济系统中就存在大量效率剩余和效率损失，此时经济增长的目

---

① "瓶颈"（Bottleneck）一词最早用于工业生产中，指一个流程中生产节拍最慢的环节。从广义上讲，瓶颈是指整个流程中制约产出的各种因素。这里的效率瓶颈指的是制约效率提高的各种因素。

② Mangeloja, Esa. Economic growth and religious production efficiency. By: Applied Economics, 11/10/2005，Vol. 37 Issue 20，p2349－2359.

③ 杨德权. 经济增长：过程及微观机理［M］. 北京：经济科学出版社，2005：68.

标就是消除剩余，趋向效率最大化的过程①。各生产要素的效率剩余比较多，效率提高的余地比较大，而在此效率竞赛过程中需要不断消除效率瓶颈。

我国初次分配过程效率不断增大，但效率的进一步提高必然受到"低公平"的制约，即初次分配"低公平"成为效率最大化的效率瓶颈，主要体现在以下几个方面。

第一，初次分配"低公平"会破坏效率提高的基础。效率提高的根基在于人的积极性和主动性，而这一根基又取决于人民大众对分配公平与否的感受。如果漠视公平而片面强调和追求效率，所产生的畸形效率只能带来少数人的福利增进，损害了其他更大部分人民的福利，这种隐性剥夺必然挫伤利益受损一方的积极性，使其使用效率和固有效率都低下，成为效率瓶颈，严重破坏了效率提高的基础。

第二，初次分配"低公平"常常使强者更强，弱者更弱，产生贫富分化的"马太效应"。一方面，富人可以运用其财富换取更多的机会甚至权利，并使之成为财富进一步扩大的源泉，由此导致富人相对更富；另一方面，穷人极其脆弱的生存环境，必然使其面临的收入下降的压力大大超过他们对收入增长的预期，由此产生的沮丧心态和强烈的失落感影响生产积极性②。尤其是某些人通过手中掌握社会特权而支配很大财富时，导致普通劳动者很难有提高效率的积极性，这种贫富分化的"马太效应"制约了社会整体效率的提高。

第三，初次分配"低公平"会产生一种普遍的经济不安全情绪，削弱大多数经济主体提高效率的信心，进而破坏社会信用和经济主体之间的合作关系，增加市场交易费用，使各利益集团在相互博弈中陷入"囚徒困境"，由此造成资源的浪费和效率的低下③。

因此，初次分配"低公平"是制约效率提高的真正瓶颈，只有消除这些瓶颈因素的影响，初次分配的效率才能得到极大提升，未来经济持续增长的动力才能充足。

7.3.3 初次分配的"高效率"与"低公平"失衡

当前，我国居民收入分配差距过大问题比较突出，由此引发的各种社会利益矛盾成为危及社会和谐与稳定的重大问题。虽然我国的初次分配格局已经反映了

---

① Zilcha, Itzhak. Efficiency in economic growth models under uncertainty. Journal of Economic Dynamics & Control, Jan1992, Vol. 16 Issue 1。
② 邹丽花. 我国收入分配公平理念的变迁 [D]. 开封：河海大学，2006.
③ 邱明霞，高矩. 公平与效率：和谐天平的两大砝码 [J]. 理论导刊，2006，01：17-19.

市场机制是初次分配主导机制，按照要素贡献大小分配收益多少的效率原则也得到具体实施，可是利益受损群体和利益过度享用群体之间具有明显的收入差距，这又凸显了我国初次分配的秩序还未完全理顺，收入分配调控机制还不健全。

可以说，转型时期我国初次分配呈现的是一种"高效率，低公平"的运行状态。改革开放以来，不断累积的贫富差距成为天平倾斜的"砝码"，它使效率一极"高高翘起"，而公平一极却"低低沉下"。需要注意，这里所谓的"高"和"低"是相对而言的，这是因为相对于初次分配较低的公平程度而言，我国初次分配的效率是较高的。反映在收入动态分布图形中，即相对于趋于双峰分布得越来越平坦的收入分布曲线来说，其却不断向右漂移。很显然，这种"高效率，低公平"状态是一种失衡状态。

初次效率与公平均衡就是要实现这样的状态：效率与公平的实现程度大致相当，即使两者之间有所变动，也是以最小的不公平换取最大的效率，或以最小的效率损失换取最大的公平①。实际上，在初次分配领域内部，就存在"高效率"与"低公平"的冲突。

如果不能在初次分配中达到效率与公平的平衡，而寄希望于政府的再分配来解决分配公平的问题，很可能事与愿违，达不到分配公平的目标，从而导致社会整体的收入差距越拉越大，危及社会的安全运行和经济的健康发展。这犹如一个跛腿的人，他的左腿长而右腿短，那么，他在与正常人的长跑竞赛中获胜的概率是比较小的，甚至可能会摔跤。

7.4 初次分配效率与公平失衡导致居民收入差距过大

7.4.1 分配起点不公平：垄断行业被赋予"特权保护"

起点公平，是指所有的社会成员都在同一条起跑线上竞争，这反映了初始分配是公平的。在我国，由于国有垄断行业与非垄断行业在资源占有和配置、市场准入等方面存在差别，垄断行业提供的产品和服务价格普遍偏高，而其所获得的超额利润并没有全部回馈给国家和社会，却以各种理由留在了部门和企业内部，并且部分地转化为垄断行业经营者和职工的收入，使垄断行业与非垄断行业之间存在很大的收入差距。这是国家（或政府）所有制在初次分配起点造就的不公平交易机制所导致的。

---

① 林毅夫，潘士远，刘明兴. 技术选择、制度与经济发展［J］. 经济学（季刊），2006（2）.

一般说来，行业性高收入来自行业性高额利润，而行业性高额利润又依赖行业垄断、投机、高新技术和行业性优惠政策。其实，行业性垄断并不必然导致行业性高收入。因为国家垄断行业在市场经济发育完善的西方国家不乏其例，而"西方国家并没有出现垄断导致行业工资提高的现象"。他们主要通过界定产权、分清资产收益与劳动收益、通过成熟的劳动力市场等来平衡行业间收入差距[①]。我国垄断行业要比非垄断行业获得较多的收入和利润，这是因为垄断者通过限制产量、抬高价格，使一部分消费者剩余转移到垄断生产者手中，对消费者进行了剥削，使消费者购买相同数量的产品要比完全竞争条件下支付更高的价格。

第一，我国的行业垄断纯粹是国家所有制垄断，是国家为了维护公有制、掌控国家经济命脉而赋予某些部门单独经营的权利，它并非来自生产集中而形成的自然垄断；第二，我国的垄断行业与政府部门有着紧密联系，它们依靠政府部门所给予的特权或者垄断某种经营范围，或者垄断某种资源要素，如电力、石油、电讯等；第三，我国的垄断行业是高度集中的垄断，行业中企业数量很少。如中海油、中石油、中石化三家石油企业，表面上是几家企业，实际上却是国有独资或国有控股公司一家企业而已。因此，我国垄断行业中的企业已经形成"利益联盟"，它们普遍享受垄断利润所带来的高工资和高福利；即使行业经营亏损，它们不为亏损担负责任，依然享受与以往相同的福利待遇。因此，特权保护为垄断行业高收入提供了前提条件，这造成了分配起点的不公平。

垄断行业一般通过垄断产品定价或高额收费来增加行业收入。如电力行业集中了我国 1/6（约 8000 亿元）的国有资产，1999 年仅向中央财政上缴 86 亿元，资金利润率只有 2.3%，2004 年上缴了 143.9 亿元的利润（约占用 11115.4 亿元国有资产），资金利润率也仅为 2.63%，人均利润只有 1.1 万元/人；而据业内资深专家分析，电网的供电成本一般应在每度电 0.10 元左右，但是电厂上网价与销售价之差一般都超过 0.15 元；国家电力公司每年至少提供 10000 亿度电，所以每年所取得的利润至少在 1500 亿元以上[②]。在上缴较少的国家财政利润之后，剩余的垄断利润都流向哪里了？据研究，1995～1999 年电力行业比其他行业每个职工多收入 14294 元，平均每年多收入 2859 元，该行业平均每年多支出工资额为 7911 亿元[③]。胡鞍钢等学者在不考虑消费者的净福利损失的情况下，对我国 20 世纪 90

① Montgomery, James D. Equilibrium Wage Dispersion and Interindustry Wage Differentia ls [J]. The Quarterly Journal of Economics, 1991, 106 (1): 163–179.

② 郑维伟. 民生、民主与社会正义——基于罗尔斯正义理论对中国政治转型的一种分析 [J]. 天津行政学院学报, 2012, 01: 33–39.

③ 杨万铭. 国有资产产权的二重性 [J]. 经济学家, 2000 (6).

年代下半期一些垄断行业获得的垄断租金进行了估算①，见表7－4。

表7－4　　　　1995~1999年我国主要垄断行业的垄断租金及占GDP比重

行　业	垄断租金（亿元）	占GDP的比例（%）
电力行业	900~1200	0.5~0.75
交通运输业	700~900	1.0~1.2
航空运输业	75~100	0.1~0.13
邮电通信业	215~325	0.29~0.43
合计	1300~2020	1.7~2.7

资料来源：胡鞍钢.中国挑战腐败［M］.杭州：浙江人民出版社，2001.

　　行业垄断所创造的巨额垄断租金为这些垄断行业的低效运营和维持比较高的工资福利水平提供了充足的资金。我们可以计算垄断行业职工高工资所耗散的垄断租金，其估算见表7－5，其中不包括这些垄断行业职工所获得的各种高额奖金、津贴、福利和非货币收入等。可以看出，表7－5中列出的三个垄断行业2013年城镇职工工资耗散的租金达4512.77亿元。

表7－5　　　　　　垄断行业城镇职工工资耗散的租金（2013年）

行　业	职工平均工资（元）	全国平均工资（元）	超出全国平均工资（元）	职工人数（万人）	耗散租金（亿元）
电、气及水的生产和供应业	67085		15602	404.5	631.10
电信等信息传输业	90915	51483	39432	327.3	1290.61
金融业	99653		48170	537.9	2591.06
合　计	—		—	—	4512.77

资料来源：国家统计局数据库网站：http：//data.stats.gov.cn/workspace/index？m＝hgnd。

　　既然分配的起点不公平造成垄断行业和非垄断行业之间存在很大的收入差距，所以破除垄断保护是营造起点公平的唯一途径，但是若想将竞争机制引入我国的行政性垄断行业，改革的难度是比较大的。首先，垄断行业的企业资金来源非常充足，几乎都有强大的国有资本做支撑，而很少有民营企业能与其进行资金抗衡；其次，垄断行业以政府特权做后盾，民营企业即使进入，也往往以整顿秩序，对其进行剥夺，驱逐出该行业；最后，即使用行政手段把垄断行业的企业拆分，拆分后的企业仍是共同垄断，不是真正的市场竞争。在集团利益的驱使下，

　　① 垄断租金的简单计算公式为：垄断租金＝消费量×（垄断价格－竞争价格）＋消费者的净福利损失

它们可以结成"利益联盟"，瓜分垄断收益，如银行业、航空业、通信业等。

　　由于以上原因，中国垄断行业改革难度非常大，要想仅凭引入竞争破除垄断，实在不易！这犹如溺水的人，要让他扔掉救生圈，他愿意吗？源于政府特权保护下的行业垄断，不就是受保护企业身上的救生圈吗？

7.4.2　分配过程不公平：农民工劳动力价格被扭曲

　　据统计，"十一五"期间，与城镇职工工资水平的增长速度相比，农民工的工资增长微弱，2005年农民工人均年收入为8520元，仅相当于城镇职工年平均工资的45%，2010年也仅为46%左右，可见为社会创造大量财富的农民工的收入水平一直处在最低层。据2010年中国劳工观察（CLW）的调查，中国大部分的制造企业处于生产链的最低端，低廉的劳动力是这些劳动密集型企业利润的主要来源，对劳动力最大化的利用和最小化的支出是这类企业的盈利模式。一直以来，人们始终觉得中国的廉价劳动力——农民工供给近乎无限，这给了用工企业一种"充裕的错觉"，珠三角不少企业主以种种理由向农民工压价。这些不公平的劳动力定价模式极大地损失了农民工的劳动积极性，近年来他们开始用行动表现出不满，各地出现了"民工荒"。

　　农民工工资就是农民工劳动力的市场价格，它是农民工劳动力价值的货币表现形式。农民工劳动力价格低廉，一方面是我国在国际贸易中的比较优势所在，另一方面却蕴藏着社会收入分配的不公正。因为劳动者只有按劳动力价值取得劳动报酬才是公平的，而低廉的农民工工资不能正常反映劳动力价值的实现，同时会阻碍人力资本的积累与完善。2010年，深圳发生的富士康"跳楼"事件与本田"罢工"事件均与农民工低工资待遇有直接关联，这是他们用消极或积极的方式来表达对工资水平的不满[①]。

　　学者们把基于市场以外的因素所导致的劳动力价格低于劳动力价值看作不公平，且这一价格被认为是扭曲的。劳动力价格扭曲，特指由于市场不完善导致的劳动力资源在国民经济中的非最优配置，亦即劳动力要素市场价格与机会成本的偏差或背离。要素价格扭曲是转型经济的特征之一，它加大了收入分配的不公平程度。Patterson（1985）认为，扭曲的要素价格总体上降低了社会福利水平，使社会收入分配不公平程度加剧[②]。20世纪90年代以后，东欧实行了激进式改革，

① 郭宇宽，两代农民工［J］. 改革内参，2011（27）：6-9.
② 许经勇，劳动力均衡价格与劳动力价格扭曲［J］. 吉首大学学报（社会科学版），2007（5）：14-17.

转型经济所导致的产品和要素价格扭曲现象在上述国家都普遍存在着①。我国在市场经济转型中，同样也存在对农民工劳动力价格的扭曲，而且扭曲程度比较严重，农民工劳动力价格扭曲反映了初次分配的过程存在不公平。

在农民工劳动力市场上，扭曲的劳动力价格的形成过程实际上是农民工与企业之间的不公平博弈过程。在博弈中，虽然企业间也存在一个"扭曲"农民工工资和"不扭曲"农民工工资的选择，但博弈的结果是企业会一致采取扭曲农民工工资的联盟行动，而没有一个仁慈的企业会公正地给农民工定价。所以企业都采取一致"扭曲"行动的压力下，在收益分配过程中劳动者与企业的博弈是被动的和不公平的。这里我们分两步来讨论。

首先，我们采取"囚徒困境"模型分析在不完全信息状态下，企业间如何采取一致行动扭曲农民工工资的博弈行为。假设全社会只有A、B两个企业，它们都是理性的、追求利益最大化的主体，而且在劳动力市场上雇用农民工时，它们分别有"扭曲"和"不扭曲"劳动力价格的两种行为选择，每种策略选择带给企业不同的收益。如图7-6所示，矩阵中的数字表示假设的不同策略组合的收益，前面的数字表示企业A的收益，后面的数字表示企业B的收益。

企业A

不扭曲	扭曲	
(5, 5)	(10, 2)	不扭曲
(2, 10)	(8, 8)	扭曲

企业B

图7-6 企业间的"囚徒困境"博弈

我们逐步来分析每一种情况下企业的行为选择。第一种情况，企业A和企业B都不扭曲劳动力价格，劳动力取得的劳动报酬是公平的，企业各自按劳动力价值付给劳动力工资，而企业自身都获得5个单位的收益。第二种情况，企业A扭曲劳动力价格，而企业B不扭曲劳动力价格，在这种情况下，企业A的劳动力成本要比企业B低，在市场容量小的情况下，如果两企业竞争的手段就是价格战。两企业都希望消费者购买自己的产品，于是竞相压低价格。当价格降到一定成本时，企业A的商品竞争力要比企业B强，因此企业A的收益将大于企业B，前者获利10个单位，后者获利2个单位。第三种情况，企业B扭曲劳动力价格，而企业A不扭曲劳动力价格，与第二种情况相反，企业B的劳动力成本要比企业A低，这时，企业A的收益将小于企业B，前者获利2个单位，后者获利10个单位。第四种情况，两个企业都扭曲劳动力价格，这时两个企业的收

---

① 曾鸿志，中国劳动力价格扭曲的分析 [J]. 湖南工业职业技术学院学报，2010（1）：28-29.

益相等，分别获得 8 个单位的收益，在这种情况下，企业给予劳动力的报酬是不公平的。

根据博弈论的分析，最后的纳什均衡将是第四种情况，即企业各自的理性选择导致集体的帕累托低效率，这或许是双方按照各自预期效用最大化原则选择的最优策略。这是因为无论企业 A 采取什么策略，企业 B 的机会主义心理使其都会选择扭曲劳动力价格，这种状态下企业 B 的收益都比不扭曲劳动力价格下的收益要高；根据博弈的对称性，理性的企业 A 的最优选择也是扭曲劳动力价格，同样，它在此种状态下的收益都比不扭曲劳动力价格下要高。因此，最后均衡的结果只能是第四种情况，即在劳动力市场上，不同企业给予劳动力的价格都是扭曲的，没有任何一个"仁慈"的企业会给予劳动力比劳动力价值更高的工资。

其次，我们分析劳动力市场上企业与农民工之间的动态博弈过程，这时假定企业和农民工都处于完美信息状态下，即在劳动力市场上寻找工作的农民工明白雇用自己的企业没有按照劳动力价值支付工资。这是符合事实的。因为我国的农民工劳动力市场是典型的买方垄断市场，企业是大量劳动力的唯一买方，企业处于劳动力定价的强势地位，农民工基本没有讨价还价的能力，他们只能被动地接受企业提出的工资条件。从理论上来讲，农民工与企业之间的博弈行为选择是"相机选择"，即只要符合博弈方自己的利益，他们完全可以在博弈过程中改变计划①。实际上，来自农民工市场庞大供给量的压力，农民工在受雇过程中往往是"被迫选择"，所以劳动力市场上企业与劳动者之间的博弈是不公平博弈，如图 7 - 7 所示。在图 7 - 7 中，三个终端黑点处的数组代表博弈双方所实现的得益，括号中前一个数字代表先行动的企业得益，后一个数字为后行动的劳动者得益。

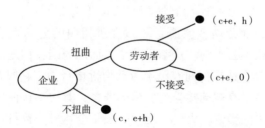

图 7 - 7　企业与劳动者之间的两阶段动态博弈

如图 7 - 7 所示，企业在选择节点有"扭曲"与"不扭曲"劳动力价格两种可能

---

① 张恩宾，王海军. 大学生助学贷款的动态博弈分析 [J]. 科协论坛（下半月），2008，09：146 - 147.

的选择。如果企业不扭曲劳动力价格，"仁慈"的企业主愿意给劳动力支付高工资，则博弈结束。这时企业能得到 c 单位的收益，而劳动者则会得到（e＋h）单位的收益，其中的 e 是劳动者从企业处得到的高于市场上一般低工资的部分，此时的劳动力商品交易行为是公平的。根据前面的分析，企业间的竞争博弈使它不可能采取"不扭曲"劳动力价格的行为选择，所以企业根据自己的利益最大化目标行动，它会选择"扭曲"劳动力价格的行为，这样则到达劳动者的选择信息集，轮到劳动者进行选择。

在劳动者的选择节点，他也有两种可供选择的行为，即"接受"与"不接受"企业支付的低工资。无论劳动者"接受"或"不接受"，博弈都告结束。若劳动者选择"不接受"企业支付的低工资条件下，此劳动者将不与企业合作，那么他的收益为0。在我国买方垄断的农民工市场上，企业不愁找不到与它合作的农民工，也就是说总有劳动者会接受企业提出的工资条件。与不扭曲劳动力价格的选择节点相比，在扭曲劳动力价格的情况下，e 部分的收益从劳动者手中转移到企业，即企业侵吞了少支付给劳动者工资的部分，它的收益为（c＋e）。只有最初选择"不接受"的劳动者没有收益，他的"未得"收益部分 h 将转到别的劳动者手中。

若劳动者选择"接受"企业支付的低工资，则企业的收益是不变的，仍然是（c＋e）部分，选择"接受"的劳动者可以获得 h 部分收益，此时企业和劳动者的商品交易都达到最终目的。实际上，这是企业与劳动者博弈过程中的唯一选择路径。因为在博弈中，劳动者很清楚地知道自己选择"不接受"行为的后果，那样企业的收益将不受影响，自己的实际收益为0，而别的劳动者会获得可能属于自己的收益。另外，劳动者即使"不接受"某一个企业扭曲的劳动力价格，他也不会找到"不扭曲"劳动力价格的企业，因为"扭曲"劳动力价格是企业间"囚徒困境"博弈后的一致联盟行动，所以理性的劳动者一般会选择"接受"既定企业扭曲劳动力价格的事实。

上述企业与农民工之间的动态博弈，表面上是公平的，企业"愿意"支付扭曲的劳动力价格，而劳动者"愿意"接受被扭曲的劳动力价格，实际上这种劳动力交易过程是很不公平的。这源于三个方面的原因：首先，企业间的"囚徒困境"博弈使他们都会选择扭曲农民工劳动力价格行为，它们有主动定价农民工工资的权利，劳动者只有被动接受此价格的选择；其次，在博弈中，受买方垄断农民工市场供求压力的影响，农民工之间一般不会达成一致行动的契约，某一农民工"不接受"时，总有其他农民工"接受"，无论农民工采取什么策略，企业的收益都不受影响，而农民工之间的收益分布会受到影响；最后，企业采取扭曲劳动力价格策略比不扭曲时多要出 e 部分，而这 e 部分的收益本来应归劳动者所有，但企业与农民工之间的博弈使得企业最终会将这部分收入夺走，他们不可能"仁慈"地采取不扭曲农民工价格的行为。

总之，劳动力市场上农民工与企业之间的博弈过程是不公平的，他们往往是被动、弱势的，所获得的收益也是不公正的，由此造成农民工劳动力价格是被严重扭曲的，这种劳动力价格扭曲是企业间博弈后的一致联盟行动，体现了我国的初次分配过程是不公平的。

7.4.3 分配结果不公平：贡献与收入逆向偏离

公平的收入分配制度要求要素贡献与收入获得相一致。但是在现实中，由于受非市场因素的作用，不同要素主体的贡献与收入比例很难保持一致或相近。一般来说，某要素主体通过为社会生产提供要素贡献而获得一定数量的收入，这种收入贡献比 β 被表示为：

$$\beta = R/G \qquad\qquad (7-6)$$

其中，R 代表要素收入，G 代表要素贡献。在现实中，当政府以征税形式扣除人们的一部分收入用于公共利益支出时，各要素所有者所获得的收入一般小于他们的贡献，也即 β 是小于 1 的。如果一个经济单位有 a 和 b 两种要素主体，其要素贡献分别为 G_a 和 G_b，两者之和等于总产出，设 $G_t = G_a + G_b$；如果 a 和 b 的收入分别为 R_a 和 R_b，两者之和等于总收入，设 $R_t = R_a + R_b$，那么按照要素贡献与收入所得相一致的公平分配原则，将存在以下关系：

$$R_a/G_a = R_b/G_b \qquad\qquad (7-7)$$

式（7-7）表示 a 的收入贡献比大致等于 b 的收入贡献比，这是分配结果公平的一种体现。该式可以推广到社会范围内任意数量的主体和要素，即当主体数量为 n 时，应当尽可能使他们的收入所得分别与各自的要素贡献保持一致[1]。由（7-7）式可以推导出：

$$\frac{R_a}{R_t} = \frac{G_a}{G_t} \text{或} \frac{R_a/R_t}{G_a/G_t} \qquad\qquad (7-8)$$

式（7-8）表示在公平分配的理念下，某种要素主体所获得的收入份额比重应当与贡献份额比重相一致；或者说收入份额比重与贡献份额比重之比（即分配公平系数 γ）应等于或接近于 1。分配公平系数 γ 表示为：

$$\gamma = \frac{R_a/R_t}{G_a/G_t}(0 \leq \gamma < \infty) \qquad\qquad (7-9)$$

---

① 郑志国. 中国企业利润侵蚀工资问题研究［J］. 中国工业经济，2008，01：5-13.

其中γ系数是分配结果公平合理程度的体现。一般来说，γ等于1说明分配结果公平合理，γ偏离1说明分配结果不公平，偏离1的程度越大分配就越不公平。实践中，γ系数偏离1的情况比较常见。用γ系数分析收入侵蚀问题时，γ近似等于1时，不存在收入侵蚀；γ过度偏离1，则存在收入侵蚀。

当各主体之间发生收入侵蚀时，侵蚀一方的收入与贡献之比将发生正向偏离，即γ系数大于1；这同时意味着，被侵蚀一方的收入与贡献之比将发生逆向偏离，即γ系数小于1。一般来说，当发生利润侵蚀工资时，必然存在劳动收入与贡献的逆向偏离，或者说资本收入与贡献的正向偏离。这里，我们以私营性企业为主体的行业来考察利润侵蚀工资，这些行业一般会引起的劳动贡献与收入的逆向偏离问题。一般来说，只有在非垄断行业不存在资本的进入障碍时，才会出现众多的私营企业，容易发生劳动贡献与收入的逆向偏离；而垄断行业凭借其国有垄断地位，一般存在的是劳动贡献与收入的正向偏离，这源于垄断机制的"保护"。

表7-6   2001~2009年部分行业劳动收入与贡献的分配公平系数（γ）

年份	制造业	建筑业	交通运输业	批发零售业
2001	1.0831	0.9570	1.0399	0.4856
2002	0.9845	0.9668	1.0451	0.4377
2003	0.8557	0.9773	0.9982	0.4709
2004	0.7653	0.9564	0.9739	0.4699
2005	0.6812	0.9877	0.9183	0.4585
2006	0.6405	1.0197	0.9473	0.4503
2007	0.7466	1.1478	1.0364	0.4569
2008	0.7375	1.0988	1.0653	0.4496
2009	—	1.0573	1.1739	0.4209

资料来源：由2002~2010年《中国统计年鉴》中的数据计算得到。

通常我们把一定时期某个行业增加值占全社会增加值的比例称为该行业贡献率，该行业工资总额与全社会工资总额的比例为该行业的收入率。后一个比例与前一个比例之比，相当于式（7-9）中的γ系数。在具体计算时，我们从国内生产总值中扣除农业增加值，剩余部分称为非农业增加值。一个行业的职工工资与全国城镇职工工资的比例除以该行业增加值与非农业增加值的比例，结果是γ系数的近似值。如表7-6所示部分非垄断行业的劳动与贡献分配公平系数。可以看出，建筑业与交通运输业的劳动贡献与收入的分配基本公平，其γ系数接近于1，而制造业由最初的分配基本公平向不公平转化，其γ系数趋向偏离1，批发零售业则一直处于劳动贡献与收入分配不公平的状态，而且分配的不公平程度越来越大。

　　劳动收入与劳动贡献的逆向偏离是初次分配过程中的一种不良倾向，因为企业利润对工资的侵蚀直接造成微观企业中劳动收入与贡献的逆向偏离，并导致宏观经济中劳动者报酬在初次分配中的比重不断下降，这样的分配倾向使经济发展一方面更加依赖资本投资，另一方面会导致贫富差距的代际转移与固化，产生一批"贫二代"和"富二代"，显然这非常不利于经济持续快速增长。具体来说，"利润侵蚀工资"通过两方面渠道实现。一方面，通过对职工工资总额的挤压直接增大利润总额，如同工不同酬、拖欠工资或直接压低普通劳动者的工资等，例如，在南京同样是环卫工人，城市户口的所谓的"正式工"月薪2000元左右，另有各项奖金月均800元左右，而农民工呢，每月只有400元左右，一分钱奖金都没有①。另一方面，有些企业通过不交、少交或欠交职工养老、医疗、失业保险费等费用项目，可以造成对职工福利支出的减少，由此间接对职工工资总额进行挤压以增大企业利润总额。一般说来，利润侵蚀工资出现在竞争性行业中，它是一种劳动收入与贡献的逆向偏离，而工资侵蚀利润却出现在垄断行业，是一种劳动收入与贡献的正向偏离。实际上，这两种情况都反映出初次分配结果不公平。

　　综上所述，改革开放以来我国初次分配的效率水平较高，但公平程度较低，表现为经济增长的总量不断增长，而居民之间的收入差距却随之拉大。在初次分配的起点、过程和结果中都蕴含着分配不公平的因素。因此，居民收入分配差距过大的本质在于初次分配效率与公平失衡。

---

① 石飞. 不宜制定"农民工最低工资标准"［EB/OL］. 新华网，http：//news. xinhuanet. com/comments/2007 – 03/15/content_ 5845770. htm，2007 – 3 – 15.

下篇：缩小我国过大的居民收入差距应该"怎么办"?

第 8 章

缩小居民收入差距的途径：从
初次分配制度变革入手

当前，从外部治理的角度来看，要缩小我国居民收入差距必定要改变我国初次分配"高效率"与"低公平"的失衡现状，使初次分配向"高效率"与"高公平"转变，首要的任务是进行彻底的市场化改革，重点在于消除在中国目前发展阶段由市场进行资源配置的各种障碍和约束条件。然而，市场化改革是一个循序渐进、不断完善的过程，不可一蹴而就，需要经历很长时间的过渡，并且我国的经济改革实践一直在向完善的市场化方向努力。只有从合理的分配制度选择出发，弥补市场结构缺陷以及制度安排缺陷，使初次分配的效率与公平得到均衡发展，才是缩小居民收入差距的根本途径。

8.1　公平效率观与初次分配的制度选择

8.1.1　分配制度和效率与公平之间的互动影响关系

从某种意义上来说，分配制度的设置就是为了调整和规范人们的收入分配关系，可以说，收入分配状况是分配制度的函数，而分配制度是影响、制约收入分配状况的一个主要变量①。在不完全竞争条件下，分配制度与社会经济效率、分配状况公平与否之间存在明显的互动关系，分配制度变迁会引起效率与公平观念的变化，而效率与公平观念的转变也会推动分配制度变革。具体而言，特定时期的分配制度会引起生产要素配置效率和社会分配公平状况的变化；相反，社会居民对效率与公平状况的关注和评价会直接促使人们努力去调整和创新分配制度。

---

① 曾伏秋. 收入分配研究［M］. 北京：科学出版社，2004：75.

这一互动循环关系可以表示为图 8-1。

图 8-1　分配制度和效率与公平之间的互动影响关系

社会福利函数理论认为，经济效率是社会福利最大化的必要条件，公平合理分配是社会福利最大化的充分条件，最低限度的效率是公平增长的极限，同时最低限度的公平则是效率增长的极限，效率源于竞争，竞争要有规则可依，规则必须公平，公平才会带来效率；也就是说，从经济行为的公平原则来看，公平恰恰是效率的基础①。当我们假设人们只是纯粹利己时，公平与效率的确是矛盾的；但是如果我们从整个社会经济活动看，一味追求效率反而可能带来无效率②。

收入分配政策是经济政策的重要组成部分，是指政策主体在收入分配领域，采用政策手段，去实现收入分配目标的行动或行动方针。公平和效率是一对矛盾统一体，公平属于生产关系的范畴，它是人们在一定社会生产条件下形成的物质利益关系在分配领域的表现，也是劳动者积极性的动力源泉；效率属于生产力的范畴，它是生产力诸要素有机结合并发挥合力作用的必然结果。没有效率的提高，就没有实现公平的物质基础，只有效率提高到一定的程度产生了剩余物品之后，才出现公平问题③。在效率比较低下时空谈公平是没有意义的，就像"画饼"不能充饥一样；同样，只注重效率提高不重视分配公平也是会带来很多社会经济问题，就像"钝刀"会误砍柴一样，严重的分配不公会降低劳动者的积极性，抑制社会效率提高。

可见，要形成合理的初次分配格局，做到效率与公平相统一，就必须在完善市场体系、健全市场机制的基础上，由政府通过一系列制度和法律、法规来规范初次分配的行为，形成一套合理的初次分配制度体系，实现分配效率与公平的均衡统一，才能缩小居民收入差距；否则，如果政府的制度和法律、法规不到位，管理和监督缺失，必然造成在初次分配领域只注重效率而忽视公平的局面，任由居民收入差距拉大的事实继续恶化。

总之，在转轨经济条件下，初次分配效率与公平的运行状态或实现程度与政府提供的分配制度有很大关系。如果存在公平的分配制度，能公正地分配所创造的财富，能对有利于公平和效率的行为做出激励，而对破坏公平和效率的行为进

---

①② 黄世贤. 初次分配也要处理好效率和公平的关系 [J]. 求实, 2008, 04：43-46.
③ 梁德康. 试谈正确处理初次分配和再分配中的效率和公平的关系 [J]. 辽宁行政学院学报, 2008, 05：23-24.

行阻止和惩罚，财富的创造和分配就能达到公平和效率兼顾的最优均衡点。如果缺乏这样的公平分配制度，我们只能在效率和公平之间取舍，以致效率与公平失衡，这无益于居民收入状况的改善。

8.1.2 不同偏好的效率与公平政策组合

效率与公平的关系是在收入分配过程中为了处理好发展与稳定的关系而确立的基本分配原则或政策。因为收入分配政策既有促进公平的可能，也有增进效率的可能，政策的不同组合可以看作在效率与公平之间进行权衡取舍。当然，这些政策组合要以当前社会经济发展的需要和制度的成本——收益为依据。实际上，一个国家在不同时期对收入分配制度的选择过程，也是对效率与公平不同轻重偏好的政策组合过程①。

一般来说，一个社会对效率与公平的偏好分别有轻、重之分。这种偏好的轻、重是人们给予事物发展的不同主观态度。若人们对事物的发展只给予必要的努力和一般的关注，则偏好态度为轻；反之，若人们对某一事物发展给予最大的努力和最大的关注，则偏好态度为重。因此，偏好态度的轻重反映了人们的价值判断以及选择次序。在初次分配政策组合过程中，效率与公平各自的两种偏好可以形成四种不同的政策策略，如表8-1所示。

表8-1 初次分配效率与公平的政策组合

不同组合	轻公平	重公平
轻效率	政策组合模式一：（轻效率，轻公平）	政策组合模式二：（轻效率，重公平）
重效率	政策组合模式三：（重效率，轻公平）	政策组合模式四：（重效率，重公平）

根据表8-1，我们可以绘制效率与公平不同偏好政策组合的坐标图，如图8-2所示。可以看出，四种政策组合模式在坐标系中占据不同的位置，这是由人们对效率与公平的偏好程度所决定的。当然，这些政策组合有不同的制度特性，会对社会经济形成不同的发展路径。在实践中，处理效率和公平的关系时不存在某种固定模式，而是应该根据具体的历史条件选择适宜的政策组合。如果按照某种一成不变的模式来处理效率和公平的关系，就会出现各种社会经济问题②。

政策组合模式一：轻效率，轻公平型。在这一政策组合模式中，人们给予效率与公平同样的发展地位，都处于"轻偏好"的价值判断位置，人们不会去尽

---

① 蒋永穆，刘承礼. 公平与效率组合模式的选择问题研究 [J]. 当代经济研究，2006，01：50-53.
② 陈宗胜. 经济发展中的收入分配 [M]. 上海三联书店，上海人民出版社，1995：45.

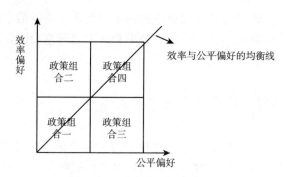

图 8 – 2　不同效率与公平偏好的初次分配政策组合

力追求社会财富的增长，也对财富的不公平分配采取顺从接受的态度。在这种状态下，效率与公平会达到平衡组合，但平衡组合的经济发展程度很低，社会可供分配的资源非常有限，而且整个社会存在的是无序分配状态，可能存在以大欺小、以强欺弱的现象。这种政策组合一般在生产力发展水平比较低的人类社会初期被采用。例如，在奴隶社会，由于当时人类征服自然、发展生产的能力有限，而分配的特权掌握在统治阶级手中，他们自然不会提倡社会的公平分配。

政策组合模式二：轻效率，重公平型。在这一政策组合模式中，人们对效率持"轻偏好"态度，而对公平持"重偏好"态度，认为公平要优先于效率发展。这种过分偏重公平、轻视效率的制度安排会使经济财富的增长失去动力，社会陷入普遍的贫困之中，最终导致效率与公平的失衡，而任何一种失衡状态都存在帕累托改进的可能，所以这种政策组合是一种非稳态，有进一步制度变迁和演化的倾向。这种政策组合模式在我国古代发展历史上比较常见，许多封建王朝都把"不患寡而患不均，不患贫而患不安"的公平偏好作为他们的执政策略，我国在计划经济条件下也曾推崇过这一组合模式，但这种没有效率的公平被计划经济的贫困所证伪。即便是西方发达国家，他们在经济的发展过程中也采用过这种政策组合，例如，20 世纪 30 年代的英国政府，鉴于经济危机所暴露出的市场机制缺陷，他们以公平为发展目标，通过国家干预，实行个人累进税制和一整套社会保障体系，建成从"摇篮到坟墓"的社会福利国家。进入 20 世纪 90 年代后，英国出现机能性障碍——"英国病"：人们普遍丧失工作热情，懒汉增多，经济效率低下，浪费严重，资本形成不足，增长率下降，使英国成为全球滞胀最严重的国家之一。

政策组合模式三：重效率，轻公平型。在这一政策组合模式中，人们对效率持"重偏好"态度，而对公平持"轻偏好"态度，认为效率要优先于公平发展，这也是"先增长后分配"或"先恶化后改进"的发展思想。这种政策组合强调财富的增长是社会发展的前提，为了财富总量的增长可以先舍弃公平分配，所以整个社会可以容忍收入差距的拉大以及贫富的分化，甚至在库兹涅茨倒"U"型曲线的指引下，等待效率极大提高后对公平的自然改进。这种靠效率提高后再改善公平的思路是缺乏逻辑的，因为效率的上升是否最终带来公平的提升，经济学的研究并没有给出肯定的答案。另外，这种政策组合是一种非稳态组合，它对效率偏重的同时却轻视公平，这必然引致效率与公平失衡，这种没有公平的效率是短暂和虚假的，存在帕累托改进的余地。我国自改革开放以来的分配制度就是以这种政策组合为主导的，其实许多拉美发展中国家也曾贯彻过这种政策组合，从而出现发展停滞，即"拉美陷阱"现象。例如，1967～1973 年巴西创造了年平均递增 10% 的经济奇迹，迅速跨入世界第八大经济强国行列，但由于轻视公平分配，公平被认为是留待经济增长之后能自行解决的事情。事实上，经济增长的所有好处几乎都流入最富有的 5% 的富人手中，由此引发外债高筑、高失业和收入两级严重分化的"巴西病"。

政策组合模式四：重效率，重公平型。在这一政策组合模式中，效率与公平被赋予平等的"重偏好"位置，主张以最小的效率损失换取最大的公平，或以最小的不公平换取最大的效率，从而达到效率与公平的均衡状态。这一政策组合在实施时，随着公平度的进一步提升，公平的边际效率增长处于递减状态；同时效率的提高会放大公平的效果，在公平效果被放大到足以使整个社会感觉到不合理时，效率的边际公平代价会处于递增状态，因而公平的边际效率递减和效率的边际公平代价递增会产生许多结合点，其中会存在一个效率与公平的最佳结合点。在此点，公平与效率组合达到最优状态，即在效率不损失的前提下实现公平最大化，或在公平合理的情况下实现效率最大化，当然这是一种最理想的状态。即使不处于最佳结合点，这种政策组合所产生的政策效应也是比较好的，它使社会财富极大增长，又使收入分配尽可能公平合理，这也是经济发展的最快路径。例如，新加坡等经济增长与收入分配同时改善的一个重要原因，就是制定和执行了一系列既重效率又重公平的收入分配调节政策，包括发展社会公益事业、扩大社会教育支出、对农村及落后地区增加投入等相关措施。这些政策的实施使这些国家和地区的经济得到迅速提升，而收入分配不均的状况又得到极大改善。

总之，在社会发展的不同阶段，效率与公平的轻重偏好程度一般有所不同，特定的社会发展阶段总要选择相应的效率与公平政策组合模式作为分配的指导原则，这主要取决于一个国家特定时期的经济社会发展状况。如果一个国家经济落后且社会相对稳定，就应该把效率放在重偏好位置；如果一个国家经济发展良好且社会矛盾突出，就应该把公平放在重偏好位置；如果一个国家既需要发展经济且社会矛盾日益显现，就应该采取效率与公平并重的原则，即采取"两手抓"

的政策，不要为了公平牺牲效率，更不要为了效率牺牲公平①。另外，当给定的组合不能最大限度地推动社会发展时，就需要改变这一组合模式。所以效率与公平的政策组合模式是动态变化的，这一过程就是进行科学合理的分配制度选择和设计的过程②。

8.1.3 我国初次分配制度的经济政策演进

改革开放以来，随着社会主义市场经济体制建设的深入，我国的收入分配政策和效率与公平的关系提法在实践中不断完善。有关初次分配效率与公平的理论成果有两种类型：一是以政府文件形式表述的收入分配政策；二是学者们围绕收入分配政策所形成的研究成果，其中政策评论性的文献居多。因此，我国学者对初次分配理论的研究进展实际上是与不同时期收入分配政策的历史变迁相一致，只有沿着我国国民收入分配政策的变迁脉络，理顺中央政策和学者们对效率与公平关系认识的深化过程，才可以反映出我国学者对初次分配效率与公平的学术理念。

(1) 初次分配"公平"优先：平均主义

自马克思主义传入中国至改革开放以前，中国经济学者一直用阶级分析的观点考察社会分配问题，主张由国家对社会物质资料进行分配。因为在计划经济体制下，许多生产资料由国家占有，所以强调由国家为实现其职能并以其为主体无偿地参与一部分社会产品或国民收入的分配，而对居民却实行按劳分配，认为劳动是唯一的分配原则，这是马克思主义分配理论在中国的具体实施。

改革开放之初的 1978～1987 年，我国实行按劳分配的收入分配政策。从马克思主义分配理论本质来讲，按劳分配体现了效率与公平的统一，但在高度集中的一元分配机制实践中，按劳分配却演变成了平均主义，这与我们在公平与效率权衡上选择了"公平"优先有关。这种"公平"优先实际上是平均主义，其有很大的负面影响，例如，分配中的平均主义严重挫伤了劳动者的生产积极性，贫困依然困扰着广大民众，使人民的温饱问题得不到解决。

这一时期，我国的社会生产效率低下，收入差距仅仅体现在劳动收入的微小差别上。实践证明："过去搞平均主义，吃'大锅饭'，实际是共同落后，共同贫穷，平均发展是不可能的。"所以这种"公平"优先不仅损害了效率，也损害

---

① 吕文慧. 福利经济学视角下的效率与公平 [J]. 经济经纬，2007，02：27-30.
② 李双胜. 效率、公平与和谐社会 [J]. 社会主义研究，2006，03：37-39.

了公平本身。因此，改革开放初期的平均主义分配方式极大地抑制了初次分配效率提高的空间，同时也没有实现真正意义上的公平，这种分配方式导致了公平与效率的双重损失①。

（2）初次分配只注重效率却不注重公平：效率优先

1987～1993 年，我国的收入分配政策为"按劳分配为主体，其他分配方式为补充"，这充分反映了收入分配原则发生了转变，从以往的"公平"优先发展到"兼顾效率和公平"；党的十四大首次明确提出要"兼顾效率与公平"；随后的党的十四届三中全会进一步提出"体现效率优先、兼顾公平的原则"②；邓小平更是对"先富"和"后富"的关系、"共同富裕"的含义进行了论述。实际上，这一时期对效率的重视程度可能超过公平，在初次分配领域也是以强调效率为主，这是因为当时我国面临的主要收入分配矛盾不是公平，而是效率。在这一分配原则的指导下，我国造就了城乡个体经济的壮大和私营企业的形成，人们逐渐接受非劳动收入，居民收入之间出现的较大差距也被认可。

1997 年，江泽民在党的十五大报告中提出：在社会主义初级阶段"坚持按劳分配为主体、多种分配方式并存的制度。把按劳分配和按生产要素分配结合起来……允许和鼓励资本、技术等生产要素参与收益分配"，另外明确提出，要坚持"效率优先，兼顾公平"。"效率优先，兼顾公平"的原则是按要素贡献分配方式的体现。2002 年，党的十六大报告又指出："确立劳动、资本、技术和管理等生产要素按贡献参与分配的原则，完善按劳分配为主体、多种分配方式并存的分配制度。坚持效率优先、兼顾公平……初次分配注重效率……再分配注重公平"③。这是我国政府首次提出初次分配和再分配各自坚持的立场原则，这一提法是对"效率优先，兼顾公平"思想的延伸和进一步的阐释。

2003 年 10 月召开的十六届三中全会，我国政府又进一步提出了整顿和完善分配秩序、重视解决居民收入差距过分扩大等问题、提出扩大中等收入者比重等具体推进措施，这是"效率优先，兼顾公平"的分配原则的强化。

总之，20 世纪 80 年代中后期到党的十六届四中全会召开之前这一时期，党中央在收入分配政策方面强调"兼顾效率和公平"、"效率优先，兼顾公平"和"初次分配注重效率，再分配注重公平"的一系列收入分配政策，使在初次分配领域出现只注重效率而不注重公平的倾向。研究表明，这一时期的收入分配政策

---

① 付瑶. 当前中国收入分配改革的复杂性研究 [D]. 昆明：云南师范大学，2013.

② 杜飞进. 继续发展中国特色社会主义的纲领性文献——略论十八大报告中的新思想、新论断、新要求、新部署 [J]. 哈尔滨工业大学学报（社会科学版），2013，01：4-19.

③ 江野军. 收入分配制度改革历程、成效、问题与目标取向 [J]. 价格月刊，2013，02：70-77.

导致居民收入差距不断拉大，基尼系数持续上升。例如，陈宗胜等计算出了1988～1999 年，基尼系数从 0.35 上升到了 0.41，增加了 18.07%，年均增长率为 1.4%；李实等计算出 1995 年全国的基尼系数为 0.445，而且发现基尼系数每年以 1 个百分点的速度在不断上升。

（3）初次分配也应注重公平

初次分配注重公平并不表明对效率优先原则的否定，而是意味着要减少收入差距，把收入差距控制在一定范围内。由于我国居民收入差距过大，贫富悬殊，因此注重社会公平成为 2004 年以后中共全会多次强调的重点。

2004 年十六届四中全会提出："注重社会公平，合理调整国民收入分配格局，切实采取有力措施解决地区之间和部分社会成员收入差距过大的问题，逐步实现全体人员的共同富裕"①；2005 年 10 月十六届五中全会要求"更加注重社会公平，加大调节收入分配的力度，努力缓和地区之间和部分社会成员收入分配差距扩大的趋势"②；2006 年 10 月十六届六中全会又提出："在经济发展的基础上，更加注重社会公平，着力提高低收入者收入水平，逐步扩大中等收入者比重，有效调节过高收入，坚决取缔非法收入，促进共同富裕"③；2007 年 10 月召开的党的十七大报告指出："初次分配和再分配都要处理好效率和公平的关系，再分配更加注重公平"；2012 年召开的党的十八大报告指出："共同富裕是中国特色社会主义的根本原则。要坚持社会主义基本经济制度和分配制度，调整国民收入分配格局，加大再分配调节力度，着力解决收入分配差距较大问题，使发展成果更多更公平惠及全体人民，朝着共同富裕方向稳步前进"④。

可见，党中央已经注意到"效率优先"与"初次分配注重效率"分配原则的缺陷，注意到收入分配公平问题的重要性，所以随后不断提出"注重公平""共同富裕"以及"初次分配和再分配都要处理好效率和公平的关系"等提法，这些都是对原有提法的修正与补充。党中央对解决初次分配的尖锐矛盾意志很坚决，意在遏制近年来收入分配状况恶化、贫富差距不断扩大的趋势。

实际上，在党的十六大报告提出"初次分配注重效率"后，有些学者就对此表示怀疑，认为初次分配也应注重公平，而不应只崇尚效率。卫兴华认为，在

---

① 李辉，张军伟. 改革开放以来效率与公平关系提法的演进与思考 [J]. 传承，2013，04：72－73.

② 付瑶. 当前中国收入分配改革的复杂性研究 [D]. 昆明：云南师范大学，2013.

③ 屈胜喜. 改革开放以来党中央关于公平几种提法演变的解析——兼析十八大报告中"更公平"提法 [J]. 大连干部学刊，2013，01：34－36.

④ 卫兴华，胡若痴. 近年来关于效率与公平关系的不同解读和观点评析 [J]. 教学与研究，2013，07：52－60.

分配问题上不再讲"效率优先"，是因为要将效率优先于分配公平、将公平降为次要地位的思路进行放弃。李军鹏认为平衡资本利益与劳动利益的关系，以国民收入初次分配的公平与效率的统一为主，以政府再分配的效率与公平的统一为辅，尽可能实现国民收入分配效率与公平的统一，才能促进经济的健康发展。林毅夫认为在初次分配中达到公平和效率的统一，把再分配作为补充手段，解决初次分配可能会遗留的一点问题。宫希魁研究发现在初次分配领域存在以下事实：一是劳动力价格长期被压低有失公平；二是高收入阶层的部分所得没有法理依据；因此，初次分配中的不公平问题主要应该在初次分配中解决，不要推给二次分配。吴忠民认为初次分配领域不重视公正问题，不仅会直接地造成过大的贫富差距，而且还会增大再分配的难度，因此初次分配重效率、再分配重公平的观点从理论上看是难以成立的，在实践中是有害的，因此很有必要矫正这一观点。

可见，相当多的学者都注意到初次分配领域的公平问题，他们认为初次分配的"效率"有意无意地被放在了过分突出的位置上。结果造成效率"优先"得到发展，创造了举世瞩目的成就，但"收入差距过大"、"贫富过分悬殊"等问题说明公平并没有得到实现。因此，初次分配实现公平与效率的统一，对于我们国家正在着力推进的和谐社会建设意义重大，这是党的十七大报告提出的一个新的分配原则推断，是我党在收入分配问题上对效率与公平关系的新认识。

（4）初次分配效率与公平并重统一：共享发展

党的十七大之后，虽然我国对初次分配效率与公平的关系没有进一步进行明确，但实际上一直践行在初次分配领域效率与公平并重统一的原则。近年来，党的重大方针政策中关于"全面建设小康社会"的提法比较突出。虽然这种"全面建设小康社会"首次出现是在党的十六大报告中，但在党的十八大报告中对全面建设小康社会提出新的更高要求，这是我国在经济社会发展中关于全面建设小康社会认识的不断深化，是对全面建设小康社会框架体系的充实与完善。

党的十八大报告指出"我国仍处在大有作为的战略机遇期。我们要准确判断重要战略机遇期内涵和条件的变化，全面把握机遇，沉着应对挑战，赢得主动，赢得优势，赢得未来，确保到 2020 年实现全面建设小康社会宏伟目标"。这种全面建设小康社会发展的理念体现了我国一方面追求经济发展的高效率，另一方面更是追求全社会范围内社会公众的共同富裕。

除了"全面建设小康社会"的提法外，共享发展理念也开始在我国的政策文件中慢慢显现。2013 年 11 月，党的十八届三中全会提出："让一切劳动、知识、技术、管理、资本的活力竞相迸发，让一切创造社会财富的源泉充分涌流，让发展成果更多更公平惠及全体人民。……紧紧围绕更好保障和改善民生、促进社会公平正义深化社会体制改革，改革收入分配制度，促进共同富裕，推进社会领域制度创新。……实现发展成果更多更公平惠及全体人民，必须加快社会事业改革，解决好人民最关心最直接最现实的利益问题，更好满足人民需求。"

2015 年 10 月，党的十八届五中全会为我国未来经济社会发展描绘了蓝图，提出"人人参与、人人尽力、人人享有"的共享发展理念。全会提出"坚持共享发展，必须坚持发展为了人民、发展依靠人民、发展成果由人民共享，做出更有效的制度安排，使全体人民在共建共享发展中有更多获得感，增强发展动力，增进人民团结，朝着共同富裕方向稳步前进"。"十三五"期间是我国建立小康社会的关键时期，我国提出共享发展的理念非常合乎时宜，因为全面小康社会的建立就是实现发展为了人民，人民共享发展成果，所以共享发展理念更是对全面小康社会建设的指导性理念。

可见，全面建设小康社会和共享发展理念的提出，反映了党中央对初次分配效率与公平关系的处理上已趋于并重，不再孰优孰劣。贯彻落实全面建设小康社会和共享发展理念，必须进一步缩小城乡之间、地区之间、行业之间以及社会群体之间的居民收入差距，这样才能将发展成果更多、更公平地惠及全体民众，实现既追求发展又追求公平的目标。因此，我们认为中央提出全面建设小康社会和共享发展理念，实际上是对初次分配效率与公平并重统一的落实践行。

8.2　初次分配效率与公平组合的不同经济发展历程

8.2.1　"重效率，轻公平"下的经济发展历程——"弓背历程"

在初次分配"重效率，轻公平"的政策模式中，与公平相比，效率往往处于"优先"实现的位置。我国自改革开放以来到党的十七大召开之前，在收入分配制度方面一直贯彻这一思想，先后实行了"让一部分人先富起来"、"效率优先，兼顾公平"和"初次分配重效率，再分配重公平"的政策，这些政策的核心是在初次分配中保证效率优先于公平得到发展。这种"重效率，轻公平"的模式在我国的分配制度中被称为"效率优先"模式。

一般来说，初次分配"效率优先"模式是在社会生产力低下、人均收入水平比较低的情况下被采用的。因为社会对效率的偏好程度高于对公平的偏好程度，效率比公平更重要一些，即把生产力的发展放到社会发展的第一位。如果效率与公平出现了矛盾，人们可以容忍因效率的提升而降低公平，或者在初次分配中忽略公平分配，即使出现一些分配的不公平现象，认为可以留到二次分配去解决。所以在效率优先模式下，虽然经济的发展过程一直存在效率的提升，但公平状况变化曲折，先经历"公平恶化"，再经历"公平改善"，整个社会达到帕里托最优的历程曲折，形似弓箭之背，所以俗称"弓背历程"，近似如图8-3所示的 AEB 曲线段。

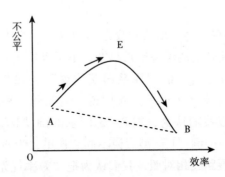

图8-3 "效率优先"模式下的经济发展路径——"弓背历程"

在效率优先模式发展的初期，由于社会对效率的偏重与追求，经济增长较快，社会财富极大增多，在这一过程中效率得到极大提升，并且效率提升的速度为正。相反，与效率相比，初次分配的公平处于被轻视地位，它或者被"兼顾"，或者干脆留待"二次分配注重公平"。所以伴随着效率的提高，初次分配阶段形成的收入差距在不断拉大，即公平出现恶化。虽然通过二次分配可以平衡一部分收入差距，但总体来说，整个社会的收入差距仍在不断拉大，这一过程效率与公平是一种此消彼长的关系，它会一直持续到社会对公平的容忍度达到极限，即在到达拐点 E 前，效率提高，公平恶化。在图8-3中，这一历程表现为AE 上升段。

在收入差距达到一定程度后，社会公众对不公平的容忍也会达到极限，即图8-3 中的 E 点。E 点为拐点，经过 E 点后，效率与公平的关系成为同向变动关系。因为在这一阶段，不公平现象会挫伤大部分生产者的积极性，但由于社会对初次分配的效率一直给予优先偏好或重偏好的位置，效率仍在不断提升，只是效率的提升速度有所减缓，甚至为负。这犹如物理学中物体的加速度为负时，物体仍然可以向前移动，但速度会减慢。同时，效率的减缓使不公平在下降，或者说公平在上升，表现在图8-3 中，就是EB 段。可见，在 EB 阶段，效率提高，公平改善。

总之，在初次分配坚持"效率优先"模式不变的情况下，效率可以一直得到提升，而且在这一过程中，效率的提升速度先为正后为负，但公平却要经历先"恶化"后"改善"的过程。所以整个经济发展路径表现在图中为 A - E - B，可谓曲折，呈倒"U"型，犹如弓箭之背。在图 8－3 中，虽然我们认为经济发展路径将呈现倒"U"型，但有一个很严格的界定条件，就是这样的发展路径是在初次分配"重效率，轻公平"这一政策模式条件下形成的。若政策模式条件发生改变，则经济发展路径也会发生变化。因此，这与库兹涅茨的倒"U"型理论不同。

库兹涅茨 1955 年在《经济增长和收入不均等》一文中指出"在从前工业文明向工业文明极为快速转变的经济增长早期，不平等扩大一个时期变得稳定，后期不平等缩小"，这就是著名的"库兹涅茨假说"[①]。虽然西方学者在 20 世纪 60～70 年代的研究大多支持了库兹涅茨假说，但亚洲一些国家和地区的发展经验对此并不支持。所以我们认为，图 8－3 所示的倒"U"型是有条件限制的，它与无条件的库兹涅茨的倒"U"型假说不同。这里，为与初次分配"效率与公平并重"模式下的发展路径相对照，我们认为把"效率优先"下的倒"U"型发展路径称为"弓背历程"更为确切。

8.2.2 "重效率，重公平"下的经济发展历程——"弓弦历程"

在初次分配"重效率，重公平"政策模式下，效率与公平都有发展价值，因此它们没有先后次序，其中的一方对另一方没有绝对的优先实现权，两者都处于同样重偏好地位，所以这一模式也可以称为"效率与公平并重"模式。在这一模式下，效率与公平会得到同时发展，即"效率提高、公平增大"。因此，这一模式可使社会经济发展尽快（走捷径）达到帕里托最优，与"效率优先"模式相对应，这一模式下的经济发展路径犹如弓箭之弦，所以称为"弓弦历程"，近似如图 8－4 所示的 AB 直线段。

在这一模式下，由于把效率与公平同等看待，在政策实施方面会实行既有利于效率又有利于公平的措施，各项具体措施的目标就是达到效率与公平的统一实现。例如，全社会实施促进教育事业发展、提高劳动者的人力资本水平的措施。因此，在实践中，对效率的追求使效率不断提升，而对公平的同等看重使公平不再恶化，并且公平状况将不断得到改善。由此，这种效率与公平并重的政策模式，将使经济沿直线发展，或者说走捷径发展，如图 8－4 中的 AB 段，这犹如弓弦，可谓简便。其实，这样的发展模式已为亚洲的一些国家和地区发展的经历所证实，它们在加速经济增长的同时，改善或至少了保持原有的收入分配状况。

---

① Kuznets, Simon, "Economic Growth and Income Inequality [J]. American Economic Review," XLV, 1955：1－28.

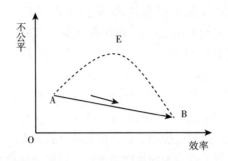

图 8－4　"效率与公平并重"模式的经济发展路径——"弓弦历程"

　　因此，若初始条件相同，只是因为采取了不同的效率与公平组合模式，经济发展路径就会变得大相径庭。在初次分配"效率优先"模式下，经济发展路径曲折，历程较长，形似"弓背"；而在初次分配"效率与公平并重"模式下，经济发展路径简捷，历程较短，形似"弓弦"。所以初次分配效率与公平政策组合模式的选择最为关键。

8.2.3　"弓背历程"和"弓弦历程"的比较分析

　　通过对"重效率，轻公平"与"重效率，重公平"两种政策效应进行比较，认为在初次分配"效率优先"的政策效应下，先"效率提高、公平恶化"，再"效率提高，公平改善"，整个社会达到帕里托最优的历程比较曲折，从而使我国的经济发展历程呈现"弓背历程"；而在"效率与公平并重"的政策效应下，一直都是"效率提高、公平增大"，它可使社会经济发展走捷径，尽快达到帕里托最优，由此使我国的经济发展历程呈现"弓弦历程"。可见，后者是一种较优的制度选择。实际上，我们不用证明"弓背历程"（曲径）大于"弓弦历程"（直径），因为两点之间直线距离最短，这是一个基本的数学命题。在这里，我们可以用不同国家人均 GDP 达到 1000 美元后，对于效率与公平政策选择上的经验和教训来分析比较。

　　2003 年，我国人均 GDP 首次突破 1000 美元，开始由低收入国家步入中低收入国家行列。这是一个新的发展阶段，其后的发展过程既可能成为社会经济加快发展的黄金时期，也可能因为对各种矛盾处理不当导致社会经济发展长期徘徊不前，甚至引发社会动荡和倒退。从世界上许多国家的发展经验来看，人均 GDP 从 1000 美元向 3000 美元的过渡时期属于一个非常关键的时期，此阶段经济的发展可能有两种不同的发展趋势：一是经济仍然保持持续快速发展态势，如亚洲一些国家和地区；二是经济发展出现波动、停滞等，如墨西哥、巴西和阿根廷等拉美国家，出现这种经济发展差别的原因在于在效率与公平关系上的政策选择不同。

新加坡、韩国等国以及中国台湾和香港特别行政区在 1971 年、1977 年、1976 年、1971 年实现人均 GDP 达到 1000 美元后，仅用 8～12 年的时间实现了 GDP 翻一番，并一直保持年均 6% 甚至 7% 以上的经济增长速度①。这些地区经济之所以能保持高速增长，原因在于：初次分配环节注重追求市场效率之外，政府还使用行政等干预手段进行初次分配管理。例如，在初次分配领域除了注重科技创新、重视能源发展以及产业结构全面协调升级之外，还制定和执行了一系列既重效率又重公平的收入分配调节政策，如通过控制工资、扩大社会教育支出、对农村及落后地区增加投入、开展累进个人收入调节税和遗产继承税、对税金和利率控制等相关措施，致力于缩小贫富差距和维护社会稳定，由此使这些国家和地区的经济经济增长较快，同时收入分配不公的状况得到很大改善，实现了"弓弦历程"式的发展路径。

与此相对照，巴西、阿根廷和墨西哥也分别在 1975 年、1961 年、1974 年人均 GDP 达到 1000 美元，之后经济发展缓慢甚至停滞，经济增速在年均 4% 以下，用了 20 年甚至 30 多年的时间才实现 GDP 翻一番②。这些国家的经济发展之所以停滞，原因在于：在初次分配领域只注重效率而轻视公平，政府仅仅将经济增长作为缓解贫困和降低收入分配两极分化程度的最主要途径，忽视了缩小收入差距的政府调节作用③。例如，这些国家过度依赖外国资本，消费结构升级没有带动产业结构升级，使其陷入债务危机，在初次分配阶段就形成了较大的收入分配差距，导致经济增长缺乏一个稳定和谐的社会环境，然而在再分配阶段，政府对收入分配进行公平调节的力度较弱，居民收入差距并没有大幅度缩小，最终使全社会的收入分配仍然保持很大差距，所以这种模式被称为"基本放任"模式。实际上，这些国家的经济发展路径就是走"弓背历程"，它们一直期望通过经济发展自主实现收入差距的缩小，这需要付出很长的发展时期与代价。

总之，不同国家的发展经验表明：在初始条件相同的情况下，因政策选择模式的差异，会形成不同的经济发展路径。虽然最终都会达到同样的发展目标，但殊途同归，其间经历的历程、所耗费的时间和资源成本却大为不同。显然，"弓弦历程"的政策效应要好于"弓背历程"的政策效应，前者的发展路径较短，实现同一目标所耗费的时间和资源较少，所以前者是一种较优制度选择。

8.2.4 对我国初次分配经济政策的客观评价

我国的经济分配政策演变的过程是："公平优先"、"兼顾效率与公平"、"效

---

①② 杜佩莲. 更加注重公平 实现公平与效率的统一 [J]. 经济与社会发展, 2006, 04: 16 - 19.

③ 王军. 效与公——深化我国收入分配制度改革的思考与建议（中）[J]. 经济研究参考, 2008, 53: 3 - 13.

率优先，兼顾公平"、"初次分配注重效率，再分配注重公平"与"初次分配和再分配都要处理好效率与公平的关系"到"全民共享发展"这样几种收入分配政策。通过这些收入分配政策的变化历程，使我们看到中央在解决初次分配领域问题的思路越来越清晰，策略越来越细致。

对于这些分配政策进行客观评价，一定要对应于当时的经济历史背景以及政策的历史效应，否则不可妄议分配政策的优劣。改革开放之初，为了解决计划经济长时期导致的物质短缺状态，我国政府试图通过收入分配关系调整启动经济高速增长，因此明确提出了"允许一部分人和一部分地区先富起来"、"效率优先，兼顾公平"和"初次分配注重效率，再分配注重公平"等一系列收入分配政策。这些政策明显带有"重效率，轻公平"的初次分配导向，它们是特定历史条件下的产物，有其特殊的实施背景。第一，"效率优先"等政策是针对传统计划经济体制下的弊端提出来的，它适应了大力发展生产力的需要；第二，"效率优先"等政策是适应市场经济发展的客观要求，中国市场经济体制的确立过程同"效率优先"等一系列提法密不可分。目前，人们对于这些提法有不同的认识，但是谁也不能否认这些提法在改革开放初期所具有的重要历史价值与无可争辩的历史合理性，这些提法对推动中国社会经济的阶段性发展具有重要意义。它们对经济增长具有刺激竞争效应和赶超效应，极大地丰富了初次分配的总量和规模，为我国居民收入分配提供了巨大的可分配"蛋糕"。

由于在"公平优先"、"兼顾效率与公平"与"效率优先，兼顾公平"三种政策提法下，基本上没有区分初次分配与再分配各自的适用原则，这就使在处理具体问题时很难把握对效率与公平的不同偏重程度；而在"初次分配注重效率，再分配注重公平"的政策下，虽然中央对初次分配和再分配的指导原则有了明确规定，但往往在实践中形成一种误区，即在初次分配领域只讲求效率，而忽视公平原则，把公平问题留待再分配去解决。这样的认识误区使收入分配效率得到很大提高，但公平问题愈来愈成为社会经济发展的"创伤"。所以在这一提法之后，政府又多次提出"更加关注社会公平"，直到党的十七大提出"初次分配和再分配都要处理好效率与公平的关系"，可谓是对原先所有提法的一次很好调整。此后即使在十八大召开后，党中央对于初次分配效率与公平关系问题并没有给出进一步明确的提法。实际上，理清初次分配效率与公平的关系有助于加快解决居民收入差距过大问题。

在学术界，学者们一般只是围绕这些收入分配政策提出各自关于初次分配效率与公平的看法。首先，学者们对"初次分配注重效率"的含义存在不同理解。有些学者将其理解为就是在初次分配中，以追求社会财富的增加为主，把经济效率的提高和促进资源的优化配置、有效利用放在优先位置，尽力做大"蛋糕"；有些学者却认为，初次分配注重效率可以理解为在市场进行分配时，如果生产的产品都是合乎社会需要的，并且这种产出相对于特定要素投入的比率提高了，那么就可以分配到更多的收入[1]；另外，有些学者把"初次分配注重效率"理解为"初次分配侧重效率"，认为在初次分配中可以忽略公平，只重视效率，把初次分配不公平问题留待再分配过程来解决。其次，学术界对"初次分配注重效率"的态度有不同的看法。一部分学者赞同初次分配注重效率，认为公平问题留待再分配去解决是一项正确的政策选择；而另一部分学者则对初次分配注重效率的政策提出质疑，认为初次分配领域也要关注公平问题。

总之，初次分配注重效率解决了当时历史阶段经济发展滞后的难题，但很容易造成在初次分配领域忽视公平，仅仅把效率作为唯一的分配原则，这样虽然效率得到提高，但收入差距过分扩大、贫富分化严重、社会不公现象凸显，又成为新的社会经济矛盾[2]。

8.3　初次分配制度改革的顶层设计

8.3.1　初次分配制度的改革路径：效率与公平并重统一

客观地说，"效率优先"等模式已在当前的制度运行中产生了很大的弊端。这是因为初次分配注重效率，很容易造成在初次分配领域忽视公平，仅仅把效率作为唯一追求的分配原则。这样，虽然效率得到提高，但居民收入差距过分扩大、贫富分化严重、社会不公现象凸显，产生新的社会经济矛盾。例如，近年来我国地区、城乡、行业、群体间的收入差距有所加大，收入分配格局失衡，社会财富向少数人集中，广大居民的劳动报酬过低，收入差距已经超过基尼系数标志的警戒"红线"，由此带来的诸多社会、经济问题正日益成为社会各界关注的焦点。国家发展改革委宏观经济研究院教授常修泽认为"我国基尼系数在10年前越过0.4的国际公认警戒线后仍在逐年攀升，贫富差距已突破合理界限"。显然，这主要是由初次分配"重效率，轻公平"造成的。

可见，在"效率优先"等模式实施多年后，我国的经济发展路径的确出现了图8-4中所描述的情形，并且似乎处于AE上升段，但当前是否已达到拐点E，或者还需要多长时间我国的经济发展会自主运行到B点，这些问题都很难预

① 吴绵超."初次分配注重效率，再分配注重公平"分析 [J].重庆工商大学学报（社会科学版），2003，04：91-93.
② 李晓宁，赵杭莉.初次分配效率与公平的不同政策组合效应——"弓背历程"与"弓弦历程"的比较 [J].经济体制改革，2011，06：20-23.

料，然而解决社会不公平分配的问题却又迫在眉睫。与其我们"守株待兔"式地等待 B 点的到来，不如像阿瑟·奥肯所期待的那样：很可能存在比现行制度更合理的选择，那将是更平等主义，同时又不减少效率的①。

因此，我们主张在初次分配"重效率"目标不变的条件下，解决贫富差距、消除收入分配不公平的关键在于同时建立初次分配"重公平"的机制，即选择图 8-5 中 M 点到 B 点的直线路径，走"弓弦历程"这样的捷径以发展经济。也就是说，在初次分配效率和公平的关系上，当前的改革提法应当是既要注重效率，又要注重公平，两者要并重统一。

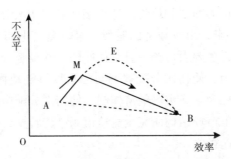

图 8-5 初次分配制度改革与经济发展历程

在图 8-5 中，AB 弓弦虽是整个经济发展历程中最短的路径，但它要求从初始就实施效率与公平并重的原则，我国自改革开放以来的经济现实并非如此，而是实施了很长一段时间"效率优先"政策。假如说当前我国经济发展处于 M 点，显然改变初次分配效率与公平偏好以后，MB 段相对于 MEB 曲线段来说，是一条更短的弓弦历程。总的来说，在初次分配效率与公平并重统一的改革路径下，经济发展的历程 AMB 要比 AEB 更简短一些。

8.3.2 初次分配制度改革的目标：效率与公平兼得

在未来很长时间，对效率的追求仍是我国收入分配政策的不变目标，尤其是初次分配注重效率非常重要。因为我国的经济仍然需要持续快速增长，收入水平仍要不断提高。当前，我们提倡"初次分配效率与公平并重统一"，并不是要忽视效率，只是强调在初次分配中加重公平的分量。把公平的偏好提高到与效率等同的位置，这样才能尽快处理初次分配不公平问题，缩小居民收入差距，在分配中尽可能实现效率与公平兼得。

---

① 阿瑟·奥肯. 平等与效率 [M]. 北京：华夏出版社，1999：61.

初次分配效率与公平关系失衡问题以及居民收入差距过大问题，从直观层次上看是经济问题，是经济体制改革过程中的不彻底性所造成的；但从制度层面上来看，却是多层次的制度安排和政策规定缺乏公平性的结果。在当前阶段，只有坚持"初次分配效率与公平并重"的模式，才能形成符合转轨时期市场经济发展规律下分配制度的路径依赖，改变收入差距过大所引起的各种经济社会矛盾。要使初次分配由"高效率，低公平"向"高效率，高公平"转变，缩小居民收入差距，必须两手齐抓：一是完善市场化改革，二是建立公平的初次分配制度。

首先，囿于现行市场经济体制的不完善，我国初次分配的分配效率较高，但要素贡献难以得到公正的衡量和评价，这直接影响到初次分配公平的实现。可以说，改革开放30多年来，市场经济的雏形已经具备，但市场经济的完善程度有待于进一步改善，如许多要素市场一直是扭曲的，甚至是处于诸多非市场因素的控制之中的。因此，为了使初次分配效率与公平尽可能地协调一致、同步实现，只有深化改革，完善社会主义市场经济体制，使初次分配中非市场因素的作用不断弱化，由不完全竞争市场结构向完全竞争市场结构转变，这是初次分配效率与公平均衡实现的可选途径之一。

值得肯定的是，现有的这些初次分配的不完全市场行为最终会随着市场化改革的完善而得到改正，而市场化改革的重点在于消除目前发展阶段中由市场进行资源配置的各种障碍和约束条件。通过完善的市场化改革，应使企业具有平等占有、使用社会资源的权利，不允许社会为某些利益集团谋私利提供条件，除特殊行业和领域外不能有行政垄断存在，让企业之间自由公平竞争，形成全国统一的各种要素市场体系。然而，市场化改革是一个循序渐进、不断完善的过程，不可一蹴而就，需要经历很长时间的过渡。我国的经济改革实践一直向着完善的市场化方向努力，这是我们效率追求的目标。

其次，从合理的分配制度选择出发，弥补市场结构缺陷以及制度安排缺陷，使初次分配的效率与公平得到均衡发展，这是必要而迫切的。因为"为了减少收入分配过程中分配主体的行为冲突和不确定性，维护和形成'合作竞争'的分配秩序，用制度规范收入分配交易，保护各分配方在收入分配中的合法权益，是必然的选择"①。如果没有公正的分配制度安排，没有富有激励性的资源配置的各种经济制度安排，就无法在不完全竞争市场中达到效率与公平的完美均衡。尤其在我国漫长的市场化完善进程中，公平合理的分配制度是效率与公平同步实现的必要条件。

---

① 程承坪. 从股东至上到利益相关者合作——论初次分配中公平与效率的兼顾 [J]. 财贸研究，2011，03：129－135.

8.3.3　初次分配制度的改革理念：全民共享发展

党的十八届五中全会通过了《中共中央关于制定国民经济和社会发展第十三个五年规划的建议》，第一次提出"创新、协调、绿色、开放、共享"五大发展理念，为下一阶段全面建设小康社会提出了发展目标。其中的"共享"发展理念是指坚持发展为了人民、发展依靠人民、发展成果由人民共享，这是新时期党中央关于收入分配改革的非常重要指导方针。因为只有坚持共享发展，做出更有效的分配制度安排，使全体人民在共建共享发展中有更多获得感，增强发展动力，增进人民团结，朝着共同富裕方向稳步前进。

初次分配制度改革更要贯彻落实共享发展理念。2015 年，全国居民收入基尼系数为 0.462，自 2009 年以来连续第 7 年下降，即便如此我国基尼系数仍超过国际公认的 0.4 的贫富差距警戒线，居民收入差距过大的难题仍然是高悬的"达摩克利斯之剑"。如何缩小居民收入差距，落实让发展成果更多更公平地惠及全体民众这一共享理念，这是初次分配制度改革成功与否的关键之处。试想如果在初次分配改革之中没有践行全民共享的理念，依然容忍居民收入差距过大的存在，也就很难通过再分配扭转这一格局，最终想要实现全民共享发展成果的目标是不可能的。因此，在初次分配制度改革中坚持共享理念，使发展成果更多更公平惠及全体人民，才能实现效率与公平的兼得，这是以人民为中心的发展思想的集中体现。

（1）全民共享发展理念是党执政为民理念的充分体现

中国共产党的实践历程是践行"来自人民、植根人民、服务人民"的历程，所以执政为民一直是我党奉行的行动宗旨。党的十八届五中全会提出，发展为了人民、发展依靠人民、发展成果由人民共享是新时期党执政为民理念的崭新表述，是党和政府执政为民、服务于民的时代命题和政策基点。全民共享发展是"十三五"发展目标的重要方面，建设全面小康实际上就是建设全民共享的小康，最终的受益者是广大人民群众。在初次分配中坚持共享发展理念，可以很好地实现效率与公平的统一与兼得。正如习近平总书记所强调的："广大人民群众共享改革发展成果，是社会主义的本质要求，是我们党坚持全心全意为人民服务根本宗旨的重要体现。我们追求的发展是造福人民的发展，我们追求的富裕是全体人民共同富裕。改革发展搞得成功不成功，最终的判断标准是人民是不是共同享受到了改革发展成果。"

（2）全民共享发展理念是初次分配目标的最好诠释

全民共享发展理念深入诠释了"为了谁发展、依靠谁发展和发展成果的分配"等问题。共享理念与当前人民最广泛最关切的利益诉求形成共振和共鸣，是社会民众对收入分配的真实期望。坚持共享式发展有利于破解收入分配难题，消除了经济快速增长过程中民众不能共享经济发展成果的障碍，顺应人民过上美好生活的期待，可以彰显社会的公平与正义，最终全面实现小康社会。当然，吸取我国多年的发展经验与历史教训，虽然全民共享发展理念为收入分配制度改革指明了方向，但不能只追求再分配后的结果能实现这一目标，而应该在初次分配阶段就努力践行。只有在初次分配阶段贯彻全民共享发展的理念，将居民收入差距降到最低限度，才能通过再分配的调整，最终将共享发展理念落到实处；否则，只单纯依赖在再分配阶段实现共享发展的结果，是不可能实现的，这是我国"效率优先，兼顾公平"政策实施过程中所验证的。

（3）全民共享发展理念是效率与公平问题处理的有力依据

当前，随着转型经济的深度推进和社会发展的非均衡态势增强，如何保障社会的公平正义和促进社会的和谐发展成为党和政府亟须解决好的课题。效率与公平问题是困扰收入分配改革的难题，如何做到既追求经济快速增长与社会财富的增多，又注重分配中的公平，实现初次分配效率与公平统一与兼得？在这样的关键历史阶段，党中央提出共享发展理念可谓"雨正逢时"，是处理好效率与公平关系的最强有力的证据。在共同富裕和利益共享整体价值观的引导下，共享式发展有利于推进和整合多重利益的价值诉求，促进社会公平、公正地分享经济增长的发展成果，让社会大众尤其是弱势群体能有尊严地维护和实现自身的根本利益。通过改革发展，兼顾各方利益主体，协调多方利益关系，使公平正义成为社会制度的首要价值。共同享有社会发展的成果，才能为更进一步的经济快速增长奠定基础，做到效率与公平的统一。因此，全民共享发展理念巧妙地解决了效率与公平的难题，厘清了社会发展与个人发展的关系，这对收入分配改革的指导作用是尤为关键的。

（4）全民共享理念对建设全面小康社会至关重要

党的十八届五中全会强调："十三五"时期是全面建成小康社会的决胜阶段。如期实现全面建成小康社会奋斗目标，推动经济社会持续健康发展，必须遵循全民共享发展的原则。党的十八届五中全会提出：按着人人参与、人人尽力、人人享有的要求，坚守底线、突出重点、完善制度、引导预期，重用机会公平，保障基本民生，实现全体人民共同迈入全面小康社会。共享发展的价值核心是民生、民享、民福，建立的是全民共享式的战略发展框架。实现共享发展需要在经济和社会两个领域同步进行，保证经济增长与居民收入增长同步、劳动生产率提高与劳动报酬提高同步，是让全体社会成员共享发展成果、实现公平发展的重大选择，标志着我国在调整收入分配关系方面迈出了历史性的步伐，昭示着我国开启国强民富的新时代。可见，全民共享理念对于建设全体人民共享的全面小康社会尤为重要。

总之，实现全民共享发展是党的十八届五中全会提出的五大发展理念之一。全民共享发展理念遵循"发展为了人民、发展依靠人民、发展成果由人民共享"的价值准则与内生逻辑，这一理念的提出对于初次分配制度改革以及如何处理效率与公平关系都有重要的指导价值。初次分配制度改革贯彻实施共享理念对营造公平、公正的环境，从最广泛层面上调动社会主体参与到经济社会建设中来具有重要意义。

8.4 居民收入差距过大背景下的初次分配改革

8.4.1 初次分配注重公平的紧迫性和必要性

在传统的发展观下，我国实施了"效率优先，兼顾公平"以及"初次分配重效率，再分配重公平"等政策主张，使初次分配明显地带有追求效率、忽视公平的倾向。这一方面实现了经济的快速增长，但另一方面却使整个社会面临收入分配显著不公乃至贫富两极分化的趋势。当前，在我国现阶段物质文明还相对落后的情况下，只有通过合理的制度安排实现公平与效率两者的最佳结合。因此，在初次分配制度的改革过程中，增强公平偏好是改革的唯一选择路径，即需要社会把对待公平的偏好或态度由"轻"向"重"转变，并与效率同等看待，以促进社会和谐和经济增长同时发展。

从目前来看，初次分配注重公平既有紧迫性又有必然性。首先，初次分配注重公平具有很大的紧迫性，这主要表现在以下两个方面。

第一，当前我国初次分配的核心问题是缺失公平，导致居民收入差距过大。从宏观视角来看，我国国民收入分配倾向于企业和政府部门，居民部门的收入比重不断下降；从微观视角来看，居民收入部门内部发生严重的贫富分化，出现了较大的行业收入差距、城乡收入差距、地区收入差距、劳资收入差距等。可以说，普通劳动者并没有获得经济增长的应得好处。有些学者通过对初次分配的动态分布进行考察，发现我国初次分配的公平程度很低，而且已经出现明显的贫富两极分化趋势[1]。究其

---

① 徐现祥，王海港. 我国初次分配中的两极分化及成因 [J]. 经济研究，2008，02：106 – 118.

原因，过大的居民收入差距从表面来看是初次分配市场机制不完善和政府部门没有发挥初次分配调节作用，实质上是初次分配效率与公平失衡所致。我国初次分配不公平已有明显的市场表现，如垄断行业利润畸高、劳动者报酬占 GDP 的比重不断下降等。因此，从尽快解决现实问题的需要出发，初次分配必须注重公平。

第二，初次分配低公平是效率进一步提高的制约"瓶颈"。以经济高速增长而直观反映的初次分配高效率，就是以牺牲公平为代价取得的，没有低公平作为铺垫，是不可能取得初次分配高效率的硕果，所以改革过程中的初次分配的高效率是一种畸形效率，而初次分配低公平常常使强者更强、弱者更弱，产生贫富分化的"马太效应"。例如，目前我国广大普通劳动者生产积极性不高，主要是受到劳动力价格扭曲的不公平待遇，要想提高生产效率，必须提高普通劳动者的劳动报酬。因此，初次分配注重公平是当前社会经济发展所迫切需要的。

其次，初次分配注重公平又具有很大的必然性，这主要表现在以下两个方面。

第一，初次分配公平是再分配公平的基础，初次分配公平奠定了整体收入分配公平的大局，再分配只能对初次分配格局进行"修补"，并不能进行大幅度调整。虽然我国收入再分配的资金总量在不断增加，但多年来我国收入再分配的资金平均仅为国内生产总值的5%左右，2007 年以来基本维持在 6% 左右。在国家财政支出中，用于社会保障和就业的资金仅占 10% 左右。我国的社会保障支出在财政总支出中的比重太低且不合理，远低于发达国家的社会保障支出比重，因此其调节收入分配差距的功能微弱。另外，在税收收入中，具有收入再分配职能的税种收入在总税收收入中的比重过低，仅为12% 左右①。其他具有收入分配调节作用的社会保障税、赠与税和证券交易税等还没有启用。因此，我国再分配的公平调节乏力，根本不能解决初次分配中遗留的低公平问题。若依旧遵循"效率优先"原则，把初次分配的低公平留待再分配去解决，只会进一步恶化整体分配不公平状态，并进而对经济和社会发展造成极大的不利影响。另外，我国社会保障支出的流向结构不合理，其主要流向城镇居民，而占人口比例大多数的农村居民被排除在社会保障之外。

第二，从实践上看，初次分配公平是社会和谐的基础。目前过大的收入差距引发了低收入群体心理失衡，导致贫富阶层出现很大的利益冲突，造成人口流动失序、教育失衡、民族矛盾等问题，这些都严重削弱了社会民众对现行政策的认同，影响了社会稳定。因此，初次分配的公平性是整个社会收入分配公平性的基

---

① 国家税务总局网站（ http：//www. chinatax. gov. cn/n8136506/n8136593/n8137633/n8138817/ index. html）。

础，只有初次分配注重公平，尽可能地在初次分配阶段解决不公平问题，提高初次分配的公平程度，即使存在一定程度或很小的不公平，再通过再分配阶段得到部分调整，从而使整体的收入分配比较公平。

可见，增强初次分配的公平偏好是初次分配制度改革的唯一选择路径，只有通过合理的制度安排实现公平与效率两者的最佳结合，把初次分配的公平与效率同等看待，以促进社会和谐和经济增长同时发展，才能实现居民收入差距的平抑。

8.4.2　初次分配效率与公平并重的基础条件

鉴于当前中国的社会现实状况，"效率优先"已经非常不合发展时宜。我们既要注重效率的提高，又要注意维护社会的公平，两者不可偏废。建立效率与公平统一模式已成为我国初次分配制度改革的目标，即实现由"效率优先"向"效率与公平并重"的过渡是我国初次分配原则发展的必然趋势，也就是说，在初次分配阶段既要注重效率，又要注重公平。可以说，从社会实践来看，实行初次分配"效率与公平并重"模式已具备充分的运行条件。

首先，共同富裕的奋斗目标是"初次分配效率与公平并重"原则的理论基础。1992年，邓小平的"南方谈话"首创了"社会主义本质"的新概念，指出"社会主义本质，是解放生产力，发展生产力，消灭剥削，消除两极分化，最终达到共同富裕"[①]。在这里，邓小平把"共同富裕"提到了"社会主义本质"的高度，突出了共同富裕是我国现代化建设的根本目标。改革开放以来，在"效率优先"和"初次分配重效率"原则的指导下，"部分先富"已经变成了现实，但居民收入差距却进一步扩大。显然，"效率优先"的原则不利于"共同富裕"的实现。因此，进入新的历史时期以后，初次分配也应更多地考虑公平，以防止贫富悬殊、两极分化，最终实现共同富裕的奋斗目标。

其次，现阶段居民收入差距过大是"初次分配效率与公平并重"原则实施的客观前提。"效率优先"原则在对我国的经济发展产生巨大推动作用的同时，也带来了未曾预料的负面效应，造成贫富差距愈拉愈大，基尼系数逐年迅猛上升，公平问题已变得愈发严峻。居民收入差距的扩大，某种程度上是由于在初次分配原则上轻视公平所导致的，这些过大的初次分配收入差距很难通过再分配得以调整，最终导致贫富两极分化。

最后，成熟的市场经济国家的成功实践是初次分配"效率与公平并重统一"

---

① 邓小平文选［M］. 第三版，北京：人民出版社，1994：120、155.

原则变革的现实依据。"效率优先"并不是市场经济分配的唯一原则，许多发达的市场经济国家为了缓解社会矛盾，致力于实行社会公正的措施的同时仍然保持了高效率，因而它们的收入差距比较缓和，基尼系数一般保持在 0.3～0.4 的合理区间。例如北欧诸国，它们建立庞大的公共财政部门，推行可行的贫富拉平计划，把公平摆在显著地位而非兼顾地位。这就表明，在社会主义市场经济条件下，逐步实现由"初次分配重效率"向"初次分配效率与公平并重统一"的过渡，不仅是必要的，而且是可能的。

随着效率问题的逐步解决，公平问题将成为需要突出解决的问题。邓小平曾明确地表示"可以设想，在 21 世纪末达到小康水平的时候，就要突出地提出解决这个问题"。现在，我国已进入全面建设小康社会的新时期，解决这一问题的条件基本成熟，到了突出实现社会公平的时候了。

8.4.3　初次分配改革实践的演变趋势：公平偏好不断增大

近年来，我国政府从实际发展现状出发，一再提出要注重社会公平。在改革实践中，政府逐渐放弃"效率优先，兼顾公平"的提法，把公平摆在与效率同等重要的位置，甚至在党的十七大报告中明确提出"初次分配和再分配都要处理好效率与公平的关系"政策主张。显然，在初次分配领域越来越重视公平，不断增大公平偏好，这是改革实践的一个必然趋向。

从 1993 年十四届三中全会到 2003 年的十六届三中全会，我国政府把"效率优先，兼顾公平"的提法延续一直讲了 10 多年。在 2002 年的党的十六大报告中对这一提法讲得更为具体，提出"初次分配注重效率，发挥市场的作用，再分配注重公平，调节差距过大收入"。从十六届四中全会开始，政府逐渐放弃这一提法，开始重视分配的公平问题，目的在于缩小收入差距的过分扩大。

2004 年 9 月，十六届四中全会强调提出"注重社会公平，合理调整国民收入分配格局，逐步实现全体人员的共同富裕"。这是"效率优先，兼顾公平"首次从政府文件中淡出，在分配关系上，政府不再提"效率优先"，公平也不再处于"兼顾"地位，而是作为重要关注点予以强调。

2005 年 10 月，十六届五中全会提出"注重社会公平，特别要关注就业机会和分配过程的公平"，并提出要"着力提高低收入者收入水平，逐步扩大中等收入者比重，有效调节过高收入，努力缓解地区之间和部分社会成员收入分配差距扩大的趋势"[1]。显然，这都是强调初次分配的公平问题。

---

[1]　张平. 效率与公平关系的再认识 [J]. 现代管理科学，2008，07：79－81.

2006 年 10 月，十六届六中全会通过的《中共中央关于构建社会主义和谐社会若干重大问题的决定》中提出"在经济发展的基础上，更加注重社会公平，着力提高低收入者收入水平，逐步扩大中等收入者比重，有效调节过高收入，坚决取缔非法收入，促进共同富裕"。这里继续强调注重社会公平，而且强调要"更加注重"社会公平①。显然，我国政府把对公平的重视程度不断提高。

2007 年 10 月，党的十七大报告既提出"把提高效率与促进社会公平结合起来"，又提出"初次分配和再分配都要处理好效率与公平的关系，再分配更加注重公平"。这标志着党中央把公平问题摆到了前所未有的高度，不仅提出在再分配中注重公平，在初次分配中也要关注公平。在此之前，我国政府只是明确强调初次分配的效率问题，认为公平问题仅是在再分配过程中要考虑的。

2010 年 10 月，十七届五中全会提出合理调整收入分配关系，这是群众呼声最强烈、全社会十分关注的问题，要兼顾效率与公平，走共同富裕的道路。提出逐步提高居民收入在国民收入分配中的比重，提高劳动报酬在初次分配中的比重，加大财政、税收在收入初次分配和再分配中的调节作用。

2011 年 3 月，温家宝在全国"两会"上做政府工作报告时，提到本年的工作重点之一是合理调整收入分配关系。这既是一项长期任务，也是当前的紧迫工作。将重点采取三方面措施：一是着力提高城乡低收入群众的基本收入；二是加快收入分配调节力度；三是大力整顿和规范收入分配秩序。实际上，这三项措施主要是为实现初次分配领域的公平调控目标而言的。

2012 年 3 月，温家宝在全国"两会"中进一步提到关于缓解收入分配差距的问题，认为着重从四个方面入手：第一，提高城乡居民的收入，提高最低工资水平，使城乡居民的收入能与经济增长和劳动生产率的提高相适应；第二，调节收入分配，要限制高收入者的收入，包括国有企业和国有金融企业高管人员的收入，要增加中等收入者的比重；第三，建立健全社会保障制度；第四，保护合法收入，取缔非法收入。另外，他提到在解决收入分配问题时，特别应该把握好三点：首先，就是要为所有的人创造一个学习、就业和创业的均等机会和条件，让他们在同一起跑线上起跑。其次，要关心困难群体的生活。一个国家如果困难群体生活状况得以改善，那么整个国家群众生活的状况也就得以改善。最后，要重视财政和收入分配制度的改革，使共同富裕建立在制度的基础之上。

2012 年 11 月，党的十八大报告指出：实现发展成果由人民共享，必须深化收入分配制度改革，努力实现居民收入增长和经济发展同步、劳动报酬增长和劳动生产率提高同步，提高居民收入在国民收入分配中的比重，提高劳动报酬在初

---

① 张平. 效率与公平关系的再认识［J］. 现代管理科学，2008，07：79 – 81.

次分配中的比重①。初次分配和再分配都要兼顾效率和公平，再分配更加注重公平，完善劳动、资本、技术、管理等要素按贡献参与分配的初次分配机制，深化企业和机关事业单位工资制度改革，推行企业工资集体协商制度，保护劳动所得，多渠道增加居民财产性收入，规范收入分配秩序，保护合法收入，增加低收入者收入，调节过高收入，取缔非法收入②。

2013年3月，温家宝在全国"两会"政府工作报告中指出：收入分配制度是经济社会发展中一项根本性、基础性的制度，是社会主义市场经济体制的重要基石，我们已经制定了深化收入分配制度改革若干意见，要抓紧研究制定具体政策，确保制度到位、政策落实到位，有效解决收入分配领域存在的问题，缩小收入分配差距，使发展成果更多更公平低惠及全体人民。可见，通过收入分配制度改革平抑居民收入差距成为政府的共识。

2014年3月，李克强在全国"两会"政府工作报告中指出：收入是民生之源。要深化收入分配体制改革，努力缩小收入差距。健全企业职工工资决定和正常增长机制，推进工资集体协商，构建和谐劳动关系。加强和改进国有企业负责人薪酬管理。多渠道增加低收入者收入，不断扩大中等收入者比重。使城乡居民收入与经济同步增长，广大人民群众普遍感受到得实惠。

2015年3月，李克强在全国"两会"政府工作报告中继续指出：立国之道，唯在富民。要以增进民生福祉为目的，加快发展社会事业，改革完善收入分配制度，千方百计增加居民收入，促进社会公平正义与和谐进步。

2015年10月，党的十八届五中全会通过的《中共中央关于制定国民经济和社会发展第十三个五年规划的建议》，提出了创新、协调、绿色、开放、共享发展的新理念，主张"坚持共享发展，着力增进人民福祉"的发展思路，"按照人人参与、人人尽力、人人享有的要求……实现全体人民共同迈入全面小康社会"。在缩小收入差距方面，提出"坚持居民收入增长和经济增长同步、劳动报酬提高和劳动生产率提高同步，持续增加城乡居民收入。调整国民收入分配格局，规范初次分配，加大再分配调节力度"。

2016年3月，国务院编制了《国民经济和社会发展第十三个五年规划纲要（草案）》，《纲要草案》紧紧围绕全面建成小康社会奋斗目标，针对发展不平衡、不协调、不可持续等突出问题，强调要牢固树立和贯彻落实创新、协调、绿色、开放、共享的发展理念，提出要进行供给侧结构性改革，主张为政之道，民生为

---

① 王立行. 加快健全和完善收入分配体制机制［A］. 中国国际共运史学会、大理学院. 中国国际共运史学会2013年年会暨学术研讨会论文集［C］. 中国国际共运史学会、大理学院，2013：8.

② 胡锦涛. 坚定不移沿着中国特色社会主义道路前进 为全面建成小康社会而奋斗——在中国共产党第十八次全国代表大会上的报告［J］. 求是，2012，22：3－25.

本，我们要念之再三、铭之肺腑，多谋民生之利，多解民生之忧。由此可见，中央对于共享发展的理念必然施行于改革进程中。

虽然自党的十七大报告及以后的政府工作会议都没有明确指出初次分配的效率与公平到底是一种怎样的关系。但值得肯定的是，我国政府已逐渐放弃了"效率优先"的提法，而开始关注"初次分配效率与公平的关系"问题，并且实际的改革趋势确实表明我国政府对初次分配的公平偏好不断增强。可以说，当前阶段是初次分配从"效率优先"向"效率与公平并重统一"的重要过渡时期，居民收入差距过大的现状也必将很快改观。

总之，从初次分配制度的变革入手，现阶段初次分配制度应该向"效率与公平并重统一"迈进，从而实现初次分配效率与公平兼得的目标，以缩小居民收入差距。试想，在效率不断提升之时，收入分配的公平状况越来越好，居民收入差距过大的问题将会得到解决，我国的社会主义经济制度才真正实现共同富裕的基本目标。

第 9 章

缩小居民收入差距的对策建议：
双层次与全方位

众所周知，由不完善的市场关系决定的初次分配结果，往往并不令人满意，它往往与人们所能接受的社会公平程度偏离较大。因此，矫正市场行为，解决初次分配效率与公平失衡所导致的居民收入差距过大问题，是彰显社会公平正义的重要举措。目前，在市场体制不完善和初次分配效率与公平非均衡的情况下，应采取多种举措缩小居民收入差距。我们主张采取双层次与全方位的调整思路：不仅要从"大分配"层次入手，提高居民部门收入在国民收入中的占比，而且要从"小分配"入手，尽力缩小居民之间的收入差距；另外，应不断地完善市场和提高市场的均衡程度，考虑运用各种调整性的对策建议，对初次分配的起点、过程和结果进行全方位调节。

9.1 不断提升居民部门的收入占比对策：
从"大分配"层次入手

9.1.1 不断降低企业部门收入比重

（1）转变经济发展方式与企业发展战略

在当前我国社会生产力水平不高的情况下，加强竞争，提高效率，做大"蛋糕"，仍是企业部门追求的目标。虽然我们主张初次分配强调公平，这并不意味着初次分配不是不讲效率，初次分配公平和效率是统一的。若企业部门不追求效率的提高，就没有经济的快速发展，国家财富"蛋糕"也很难增大，则公平分配就成了空谈，社会物质的贫乏很难实现真正意义的公平分配。因此，在市场经济条件下，企业通过不断提高效率，做大企业财富"蛋糕"，各市场主体按照生产要素贡献的大小取得要素报酬，贡献多的人获得的报酬就多，反之则少，由此激发各要素主体的生产积极性，为增大整个社会的国民财富而奠定基础。

当然，企业在提高效率的过程中，必然要处理好资本收益和劳动报酬的关系问题，这是以企业为初次分配主体时"绕不过去的弯"。当企业效率提高带来利润增大时，资本收益和劳动报酬面临如何进行公平分配的难题。在宏观视角上，当企业部门收入比重不断升高时，微观视角上就自然体现为企业内部往往存在资本收益侵占劳动报酬问题，因此要降低企业部门收入比重，需要资本收益向劳动报酬做出一定程度的让步，这需要从引导企业转变经济发展战略入手。

长期以来，我国主要实施粗放式经济发展战略，依靠投资和出口刺激经济发展，其突出表现是投资率居高不下，由此决定了企业分配过程中资本收益比重较高，劳动报酬比重较低。一方面，在依靠资本投资推动经济时，资本的强势分配地位必然倾向于取得高比例的资本收益，而使劳动报酬部分比例过低；另一方面，当凭借出口拉大经济增长时，我国低廉的劳动力要素优势在国际制造业市场中占据重要地位，导致中国被称为"世界工厂"，但这种低劳动力成本优势是以普通劳动者的低劳动报酬而换取的。因此，若想改变资本收益与劳动报酬的关系，必须从转变经济发展战略起步，我们应将投资与出口拉动型经济发展模式，转变为投资、出口与消费共同发挥作用的模式，特别是要调动消费的经济促进作用，弱化资本的强势支配地位，改变普通劳动者工资报酬被压低的现状，从而降低企业部门的收入比重。

另外，我国应通过加快发展第三产业与劳动力密集型技术企业等具体措施，促进产业结构升级优化，实现由原来主要依靠第二产业带动经济发展，转变成三大产业协同带动经济发展的模式；同时将粗放式经济模式下单纯依靠增加物质资源消耗促进经济增长，转变成科技进步、管理创新与劳动者素质提升共同促进经济增长的模式。因为经济发展方式的转变意味着企业投资效率的提高，反映了单位要素投入产出在增多，而增多的企业效益在新经济模式下可以更多地转化为劳动者报酬。

（2）提升国有企业利润的上缴比例

对国有企业的利润分配方式进行改革，要求国有企业除了依法缴纳企业所得税之外，还应该向国家缴纳一定比例的利润，减少国有企业盈余。这是因为国有企业的资本所有权是属于全民所有，或者说是属于国家的，将国有企业的一定比例利润上缴给国家，可以压缩国有企业的净利润剩余，减少国有资本收益，上缴的利润部分由国家财政将其用于改善民生，服务于全民，这样才是比较合理的。提高国有企业的利润上缴比例，完善国有资本和公共资源的收益分配机制，重新界定国有企业尤其是央企的利润上缴比例，实际上有些地方政府已将国企利润上缴比例上调30%左右。

对垄断性国企应该严格规定上缴利润的比例，体现全民所有的资本利润真正返还于民，能服务于民生，从而为全社会成员的公共服务提供财政资金支持。另外，应视国有企业的行业属性和经营状况区别对待，对是否应将一部分利润再返还给企业以及如何使用返还利润应有明确的指导意见，避免"一刀切"的做法。对于享受返还利润的企业应明确规定，它们只能将返还的利润用于扩大再生产和研究开发，不能用于企业高层管理人员的津贴发放及奖励。

以利润分红形式或以税收形式上缴的国企垄断利润都将被纳入公共财政预算，用于为社会民众提供公共服务，这是大多数国家普遍都采取的模式。例如，英国、法国、德国等国家的国企红利均通过财政预算体系上缴国库，美国不少州则对公有资产的收益进行直接分红，从1982年起坚持每年给每个公民分红，大部分国家都将国企利润用于全民福利和全社会的公共事业，如重点弥补义务教育、公共医疗卫生等资金缺口①。根据世行报告："如果国有企业50%的利润纳入财政预算，就能使对教育和医疗卫生的支出增加85%"②。这样，通过把国企利润还富于民，有利于改变我国财富分配失衡的现状。另外，拟订并实施垄断行业资源占用税、超额利润税等制度，对于减少企业盈余，调整企业所得转用于民生建设。

（3）开征企业资本税，减少企业盈余

Chamley（1986）的最优税收理论认为，与劳动收入税和消费税相比较而言，资本收入税对经济的扭曲最大③。当前，劳动收入和居民消费都是我国经济调控所需要提高的，以个人所得税为主的劳动收入税占我国总税收的比例不足10%，以及消费率不足50%，反映了我国当前的资本收入税不合理是导致劳资关系极端扭曲的重要因素，从某种意义上来讲，提高我国当前的资本收入税，降低劳动收入税有利于劳动对于资本的替代，将有利于普通劳动者就业岗位增加④。

对企业征收资本税不仅能改变要素之间的替代弹性，而且能有效提高劳动收入份额，降低资本收入份额对劳动收入份额的扭曲幅度。尤其是对某些行业征收改进型资本收入税，可以调整产业结构，促使冗余资本流出，引导资本的投资方

---

① 张茉楠. 国企高额垄断利润妨碍经济转型［N］. 证券时报，2011 – 07 – 12A03.

② 张茉楠. 2万亿垄断利润污染经济"生态"，改革内参，2011（5）.

③ Chamley C. Optimal taxation of capital income taxation in general equilibrium with infinite lives，Econometrics，1986（54）：607 – 622.

④ 许涛. 国民收入分配中的劳动收入改进［D］. 北京：中共中央党校，2011.

向。在此，建议对以下三类行业征收一定数额的改进型资本收入税。

第一，低端制造业中的产品生产部门。改革开放之初，我国沿海地区的低端制造业得到了飞速发展，这是与我国具有数量庞大且受教育水平普遍不高的劳动力供给过剩密切相关的，由此在全国各地出现了许多"血汗工厂"。当前，对这些产品附加值较低、技术水平欠缺且对环境污染较大的低端制造产业，应该征收一定比率的资本收入税，引导资本退出这些低端产品生产部门，从而流入高科技、环境污染小等知识密集型部门中去。

第二，汽车制造业中的私人汽车生产部门。目前，我国私人汽车制造业的产能过剩，消费市场已近饱和，私人汽车生产部门已经接近发展"瓶颈"，因此建议对其征收改进型资本收入税，将征收来的资本改进税用于汽车租赁的产品生产部门发展。一般来说，发达国家租赁车市场的消费占到汽车消费总量40%以上，我国租赁车行业的发展却仍处于初级阶段。因此，建议对汽车产业中的私人汽车生产部门征收改进型资本收入税，这不仅有利于多余资本从私人汽车生产转入租赁车生产，而且有利于我国汽车租赁产业及其相关服务行业的发展壮大。

第三，房地产业中的商品房生产部门。前些年，中国房地产行业成为造就"富豪"最多、最快的行业，各地快速提升的房价促使过多的资本集聚在商品房生产部门。资本逐利的本性不仅推高了商品房房价，而且也限制了其他产业的健康发展。因此，建议在房地产价格增长较快时，对商品房生产和销售部门征收改进型资本收入税，并对房地产业中的其他住房生产部门，如经济适用房、廉租房、限价房等部门进行税收优惠，有利于房地产市场冗余资本流出，限制房地产开发商的资本经营收入增长过快。

（4）开征暴利税，构建合理的资源价格形成机制

所谓的"暴利税"，是针对行业取得的不合理的过高利润征税，通过测算各种资源的成本、各种费用以及利润空间，保证留给企业足够的收入用于可持续发展的开支后，计算出暴利税，主要为了调控垄断行业的高利润[①]。英美等许多发达国家都对暴利行业征收暴利税，例如，澳大利亚于2010年5月2日提出准备在降低公司税税率的同时，向利润丰厚的矿业公司开征40%的"资源超级利润税"；2010年7月21日，印度某行业协会向印度总理建议征收40%的铁矿石出口暴利税[②]。通过暴利税的征收大大压缩了企业的利润空间，降低了企业的盈余留存。实际上，我国自2006年以来已经对石油行业的中石油、中石化、中海油

---

① 程瑞华. 暴利税指向资源垄断行业是调节财富有效方法 [N]. 中国改革报，2006 – 04 – 04002.
② 张旋. 国外开征资源暴利税潮流涌动 [N]. 中国财经报，2010 – 07 – 29004.

三家企业征收了特别收益金，这就是俗称的"石油暴利税"。史贵禄认为，无论任何行业要想健康持续的发展都必须把利润控制在一个合理的范围内，按照已经出台的"反暴利"的有关规定，只要利润超过25%就是违法的[①]，如美国政府已经向金融寡头征收暴利税。因此，建议国家对垄断性行业和特许经营企业征收暴利税，或者对企业利润超过社会平均利润率的企业收取暴利税，减少企业的资本收益，形成公平竞争的市场环境。

一般来说，矿产、水等自然资源应该为国家所有，所以资源收益本应在财政收入中占有较大的比重。可是我国的资源收益占比一直都低于1%，目前我国每年资源税费收入为200多亿元，可见我国一直存在对资源的定价不合理问题，由此导致资源价格并没有体现资源的合理价值。所谓构建合理的资源价格形成机制，就是完全依靠市场实现资源价格的供求平衡，形成市场均衡下的资源价格，这从本质上体现了公共资源如何公平分配，也是国民收入如何公平分配的重要体现。因此，应清晰地界定国有资源的产权归属，厘清资源开发中的政府与企业之间的利益分配关系，发挥市场机制的基础性作用，引入公平、公开、公正的资源交易方式，形成合理的资源价格形成机制。在必要的情况下，可以考虑对企业征收资源占用税，减少企业的资本盈余。

9.1.2 保持政府部门收入比重稳定

（1）进行间接税税制改革

税收既有再分配调节作用，也有初次分配调节功能。间接税一般属于初次分配阶段的政府生产税，而直接税属于再分配阶段的企业所得税和个人所得税。例如，政府可以通过对矿产企业征收级差收益税、资源税调节因开采自然资源而获得的高额收入，可以通过对垄断行业征收暴利税（即特别收益金）调节垄断高收入。不过，目前生产税的初次分配公平调节作用还很不明显，而且生产税份额高导致政府部门收入过多依赖间接税，而非直接税。所以我们应加强对生产税或间接税的税制改革，保证政府部门收入的稳定性。当然为了促进初次分配公平，对初次分配的税收调节是完全必要的。

间接税主要是对商品和劳务进行征税，但商品生产者和经营者一般均将税款附加或合并于商品价格或劳务收费标准之中，从而使税负发生转移。在我国现行税制结构下，70%以上的税收收入都来源于增值税、消费税与营业税等流转环节

① 台建林. 超出社会平均利润征80%暴利税 [N]. 法制日报，2013 – 03 – 16006.

的间接税，而欧美发达国家则维持在30%左右。这意味着，中国市场上的所有商品都背负着较重的间接税，大部分的盈利留在了企业，过重的流转税既增加了低收入群体的赋税压力，也不利于税收对收入的调节①。即便收入较低的人或弱势群体购买生活日用消费品，他们也承担了部分间接税，所以间接税造成了初次分配税收制度的不公平，加重了低收入群体的经济负担。政府必须进行间接税税制改革，降低初次分配生产税的净额比例，提升劳动者报酬比例。

针对当前初次分配环节政府征收生产税存在一些不完善之处，应该重视间接税税制改革。间接税改革的重点在于对增值税、消费税和营业税这些主要税种进行改革，改革的主要思路是：第一，应将间接税中的增值税更多地从生产型增值税转为消费型增值税；第二，适当加大消费税的征税力度与范围，把某些奢侈性消费行为纳入消费税征收范围之中；第三，降低某些生活必需品的税率，降低普通消费者的税负负担，改变低收入阶层承担较重税负的状况；第四，给予第三产业的企业某些营业税减免优惠，促进第三产业发展，提高第三产业吸纳劳动力就业的能力。

具体来看，首先，若对增值税进行改革，可以从以下几个方面入手：第一，进行彻底的消费型增值税改革，降低中低收入阶层居民的税收负担；第二，降低居民日用消费品的税率，在既定收入水平条件下，使居民会因"收入效应"而间接增加其可支配收入，实现对初次分配的调节作用；第三，逐步扩大"营改增"的税收改革范围，避免增值税存在的重复征税弊端；第四，对增值税的起征点进行调整，给予个体工商户等流转税方面的税收优惠。其次，为了充分发挥消费税调节收入差距的作用，可以进行如下改革：第一，扩大消费税的征税范围，将某些奢侈性消费行为以及更多的高档消费品纳入消费税的征税范围；第二，适当提高部分应税消费品的税率水平，合理引导高收入者的消费行为；第三，根据商品的消费需求弹性大小征收消费税，可以选择消费需求弹性大于1的消费品进行普遍征收，消费需求弹性越大征收的税率越高；第四，应将价内税转变为价外税，摆脱消费税的隐蔽性，发挥消费税的调节作用。再次，在改革营业税时主要从以下两个方面着手：第一，逐步实现"营改增"，将营业税纳入增值税的征收范围；第二，对所有的奢侈性劳务按20%税率进行营业税征收。最后，针对间接税中的其他税种可以进行适当的税制改革，但目的都在于发挥初次分配的公平调节作用。

---

① 罗治中. 我国税收政策对国民收入分配的调节研究［J］. 重庆与世界（学术版），2015，03：18 - 21 + 27.

（2）加强劳动的立法与执法

政府需要加强与初次分配公平相关的立法，包括最低工资、有约束力的劳动合同、强制性的生产条件和基本的福利保障等，因为在劳动力市场供给总体上超过需求时，个体的劳动者相对组织化的企业必然显得弱势，只有政府的介入才能增加劳动者的筹码，使初次分配的天平向劳动者倾斜[①]。另外，应尽快对现有的关于减少收入分配差距的政策方针进行规范和整合，提高改革政策的法律层次，以正式法规的形式颁布，并逐步建立起统一明确的、利于缩小贫富差距的财税制度体系，例如，对于国务院转批的《收入分配制度改革若干意见》进行细化，包括每一部分意见、出台详细的改革措施和相关配套的财政政策，尽快出台《收入入分配改革方案及实施细则》，并上升至法律法规层面[②]。

首先，完善劳动力市场立法是政府面临的最重要的任务之一。虽然我国已经出台了《劳动法》与《劳动合同法》，但与初次分配最为密切相关的《工资法》迟迟没有被制定出来。由于法律体系不够完善以及执法力度不到位，导致有些企业乘机钻法律空子，侵害劳动者权益。政府应继续完善有关劳动就业、劳动报酬、劳动时间、社会保障等方面立法，如工资法、集体合同法、竞争法、劳资关系法等，制定各项政策法规的具体实施细则，避免已公布的法律法规不具有可操作性而流于形式。尤其要加强劳动立法的执行力度，要求企业不能随意压低或拖欠劳动者收入，如果企业违反当地最低工资法律规定，要严格追究企业高层管理者等的法律责任。

其次，加强劳动监管，防止企业侵害劳动者权益的行为发生。我国很多涉及初次分配的法律法规的执行力度和监管力度都不够严格，加之现有的法制体系不健全，工会职能缺位，导致劳动者的基本权益无法得到制度保障，由此出现了居民部门收入占比下降。因此，政府应该加大劳动监管，严格执法，切实维护职工合法权益。实际上，若立法不能得到严格执行，就等同于没有立法，对于维护劳动者权益是不起作用的。若以现有的法律数量和质量来论，即使短时间内没有新的立法颁布，只要将现有的法律严格执行，初次分配的公平程度也可以得到大幅度改善[③]。

（3）明确划分中央政府与地方政府的财权与事权

长久以来，我国中央政府与地方政府对财权与事权的划分界限不匹配，各级

---

①③　顾骏．以国家行为促进初次分配公平［J］．工会理论研究（上海工会管理干部学院学报），2008，02：5 - 7.

②　杨雨婷．调整居民收入初次分配差距的财税政策［J］．税收经济研究，2013，02：54 - 61.

政府财政支出的责任边界不清、管理成本偏大，这是导致政府收入在国民收入分配中占比上升的制度性层面原因。尤其是近年来，中央政府在向地方政府大量下放事权的同时，并没有相应地赋予地方政府一定的决策权，致使地方政府收支缺口巨大，大量的地方政府出现了越来越严重的财政问题，陷入"无米下锅"的困境①。各级地方政府为了全面发挥公共服务的职能，需要千方百计地增加财政收入，他们往往过多地占有公共资源，过分地追求经济增长成效，所以他们会偏袒资本而轻视劳工利益，出现"亲商不亲工"，以此来增加政府预算收入。为了有效控制政府部门收入占比上升，必须从明确划分中央政府与地方政府的财权与事权着手改革。

虽然1994年分税制改革之时，明确规定了中央政府应当承担中央行政管理费用、国防、外交、司法、中央统管的建设投资等财政开支，地方政府需要负责城镇基础设施建设与地区各项社会公益事业开支②。然而随着经济改革的深入展开，出现了政府间职责的划分依据过于模糊，导致事权长期层层出现下移，造成中央与地方政府间事权错位，同样财权也是错位的。所以应进一步明确界定中央政府与地方政府的财权和事权界限，避免在财权与事权出现上下政府之间推诿与扯皮，推进政府体系中财权与事权相匹配的财税体制改革。

在实践中，在事权划分不清楚的情况下，也就很难清楚地界定中央政府和地方政府的财权问题，但往往是地方政府拥有较少的财权而承担了较多的事权，所以它们为了充分发挥公共服务的职能只能广开财源，从而加大政府部门收入。例如，有些地方政府通过低价拆迁农民的房屋取得土地使用权，同时又通过高价把土地转让给开发商，赚取很高的土地转让费，以维持地方财政支出，土地财政有助于缓解地方政府的财力压力，但却是日益推高地价和房价的"帮凶"。因此，有必要在充分听取省级政府意见并在其参与下重新拟定中央和地方的职责划分，并对税收财力的归属进行重新调整，在此基础上加大中央财政专项转移支付力度，并明确地方政府的财权，还要对其财政收支加强垂直监管，遏制各种福利性非规范支出的快速增长③。

（4）精简政府机构规模，严控行政管理费用开支

合理的政府机构设置才能保证政府行为的高效性。由于庞大臃肿、重叠交错的政府机构必然造成政府运行的低效率和高成本，因此，为适应收入分配体制改

① 中央财经大学课题组，安秀梅. 中央政府与地方政府责任划分与支出分配研究 [J]. 经济体制改革，2006，06：10-15.
②③ 国家发展改革委社会发展研究所课题组，常兴华，李伟. 我国国民收入分配格局研究 [J]. 经济研究参考，2012，21：34-82.

革的要求，应加快推行行政机构改革，转变政府的执政理念，将"大政府"、管理型政府变为"小政府"、服务型政府，从而压缩政府本身的运行开支，减少政府的运行管理成本，以降低政府部门收入在国民收入分配中的占比。可见，通过缩减政府规模与节约政府开支来压缩政府收入还有相当大空间，以此来稳定政府收入在国民收入初次分配中的比重，使其不再逐步增大而挤占居民部门收入，这是基本可行的。

政府可以从以下几个方面入手进行行政机构改革：第一，按照"统一、精简、效能"的基本原则进行各级政府的机构设置，合并精简一些职能相似的部门，撤销那些效能较低且职能不明确的机构部门，减少政府服务的环节链条；第二，按照"责权相一致"的原则，优化同级政府之间的组织结构，明确各自的职责；第三，减少行政划分层次，缩短政府管理的垂直链条，要大力进行省直管县、乡镇机构的体制改革，优化行政区划结构，逐步构造科学的行政层级构架。

严格控制和缩减政府的"三公"经费开支，在政府支出不增的情况下稳定政府部门的收入，从而相应地增加居民部门收入。近年来，围绕政府财政预算体系建设已出台了很多改革举措，特别是通过加强基本公共支出管理、优化财政支出结构、落实预算管理的完整性、开展财政支出绩效评价等措施，直接或间接地约束了政府的支出行为，促进了政府的职能转变，一定程度上杜绝了政府非规范性获取收入。

（5）转变政府调控职能，提高政府运行效率

初次分配公平性较低的一个很重要的原因在于政府的"错位"、"越位"干预经济，其本质原因还在于我国市场经济体制不完善，而政府不适当地干预或扰乱了市场分配，导致初次分配效率与公平失衡。为此应加快经济体制改革，转变政府的调控职能，使政府只在"市场失灵"的环节发挥作用，减少政府主导的投资，打破行政性垄断，杜绝政府与民争利。

构建有利于提高初次分配中劳动所得比重的政策体系，促进居民收入差距缩小，实现公平合理分配是政府面临的任务。政府应当发挥积极的分配政策引导和适当的市场调控作用，提高政府运行效率，尽快转变以 GDP 为核心对地方政府绩效的评价机制。在政府内部，保持上下级政府间的权责分配科学，实现政府间的财力均衡；在政府外部，避免地方政府不断向社会居民掠夺财富，提高公共服务能力，有效发挥财政的再分配作用，解决好民生问题。

总之，将政府部门收入规模维持在一个稳定的态势，这是优化国民收入分配格局的明智之举。虽然国民收入分配格局优化的内在逻辑迫切需要稳定政府部门的收入所得份额，使其不能再继续增长，但公共财政风险带来系统性风险的扩大

化与隐性化，决定了我国未来公共财政的支出继续呈现增长趋势，防范经济系统性风险的出现，需要可持续、稳定的政府财力做保障，所以不宜急剧减少政府收入比重①。总的来说，政府部门应该加强与劳动有关的立法和执法，通过间接税改革、明确政府职责权限、严控政府行政经费开支以及提高政府运行效率等方面，化解现实中存在的潜在系统性风险，按照市场原则进行分配，进而提高初次分配公平程度。

9.1.3 逐步提高居民部门的收入比重

(1) 不断提高劳动者报酬在初次分配中的比重

提高劳动者报酬在初次分配中的比重，对依靠劳动赚取收入的广大劳动者来说意义非常重大，他们可以更多地分享到经济发展的果实，这既有利于调动各种生产要素所有者的积极性，改善广大人民群众特别是普通劳动力的物质、文化生活；又有助于缩短贫富收入差距，为实现社会公平创造条件。因此，就劳动者个人而言，必须提高劳动者的生产率。因为劳动报酬的多少是对劳动生产率高低的直接反映，如果劳动生产率提高了，产出必然增多，劳动报酬也应该得到提高。就政府而言，应发挥对劳动力市场的指导和规范作用，建立有利于科学发展的宏观调控体系。

我国的城镇工薪阶层和广大农民工等中低收入群体，他们往往只能依靠自身的劳动要素参与初次分配，而资本所有者或富裕阶层除了以劳动参与分配之外，他们更多地凭借资本要素、企业家才能等其他要素参与初次分配②。因此，提高劳动者报酬在初次分配中的比重，将保证更多的人实现劳动价值，取得更多的劳动报酬收入，可以让劳动者分享到经济增长的大多数成果。在我国劳动力供给多于需求时，只有劳动力要素参与分配的比重超过资本要素以及其他要素时，才有可能使初次分配中劳动者报酬的比重增加，控制和缓解居民收入差距的扩大趋势。

由于劳动者报酬在居民部门收入中占相当大比重，提高劳动者报酬在初次分配中的比重也就实现了提高居民部门收入比重的目的，两者的努力目标是一致的，因此提高劳动者报酬在初次分配中的比重意义重大。在实践中，我们可以积极探索实施有关国民收入倍增的计划。例如，日本就曾构建用10年的时间实行"国民收入倍增计划"，实际上只用了7年时间就实现了日本国民收入翻一番的目

---

① 孙正，李学军. 基于"营改增"视角的流转税改革优化了国民收入分配格局吗? [J]. 上海经济研究，2015，02：46-56.

② 杨俊宏. 提高初次分配中劳动报酬比重的几点思考 [J]. 探索，2009，05：104-108.

标，最终创造了第二次世界大战之后举世瞩目的日本经济奇迹。目前我国可以提出"国民收入倍增计划"，特别是建立劳动者工资收入的倍增计划，尝试通过"工资倍增计划"的实施提高劳动者报酬在初次分配中的比重。

这里所说的劳动者报酬是指所有劳动者的劳动所得，当然农民的收入主要来自劳动者报酬，而农民的劳动者报酬提高对劳动者报酬在初次分配中的比重提高有很重要的影响。因此，应对农产品价格给予相应的保护，不致出现"谷贱伤农"，还要建立农民工工资的支付保障机制，加强对新农村建设的财政资金支持，增加农民技能的免费培训机会，提高农民的劳动者素质，从而保证农民的劳动者报酬相应增长。

（2）逐步提高中低收入者的收入增长速度

第六次全国职工队伍状况调查显示，全部职工中有23.4%的职工和上次调查时相比5年间没有增加工资。其中，制造业职工、居民服务和其他服务业职工、企业职工、一线工人情况比较严重，不增加工资职工的比重分别为24.6%、33.3%、24.4%、26.7%。本次调查表明，有17.5%的职工自2006年以来没有增加工资，最近一次增加了工资的职工中，73.3%的职工增加工资额在200元以下[①]。因此，当职工工资增长落后于经济增速时，职工对收入分配不公的反映便比较强烈。可见，只有不断提高中低收入者的收入增长速度，特别是普通劳动者的收入增长速度，让收入分配差距缩减。

国际学术界的研究普遍证明：工资增长应该顺应经济周期，即提高工资与经济繁荣相伴随[②]。提高普通劳动者的报酬水平，目前在实践中就是要不断提高中低收入者的收入增长速度，提高劳动贡献报酬率，形成劳动报酬合理增长格局，建立工资正常增长机制。只有不断提高中低收入者的收入增长速度，实现职工工资与企业经济效益同步增长，才能让广大劳动者共享企业发展与经济增长的劳动成果。

首先，要缩小收入分配差距，必须真正建立起职工工资正常增长机制，使企业员工工资的增长与企业收入增长保持同速，让员工能分享到企业发展的成果，这是很关键的一项举措[③]。建立企业职工工资性收入正常增长机制，必须以"两

---

① 全国总工会职工收入分配专题调研组，企业职工收入分配存在五大突出问题，改革内参，2010：10.

② 李济广. 劳资分配比例合理程度判断与优化目标 [J]. 湖南财经高等专科学校学报，2009，04：118－121.

③ 国家发展改革委社会发展研究所课题组，常兴华，李伟. 我国国民收入分配格局研究 [J]. 经济研究参考，2012，21：34－82.

个同步"原则为指导依据：一是要求企业工资性收入总额的增长与企业利润总额的增长同步；二是要求企业平均工资性收入增长与企业平均利润总额的增长保持同步。只有建立工资随企业利润增加而正常提升的机制，才能保证实现劳动报酬的合理合法收益，杜绝"只涨利润不涨工资"的现象发生，切实保障职工的劳动权益。但是需要注意工资水平变动不能忽视对企业经济剩余的分享部分，剔除工资正常的增长部分，劳动者也可以参与企业的剩余分配，或者考虑采取效率工资形式来体现。

其次，政府应通过发布工资增长指导线的方式引导职工工资保持必要的增长。各级政府应联合有关部门，定期对当地的职工平均工资水平进行估计，并根据地区经济发展水平、城镇居民消费价格指数等相关因素的变化情况，发布本地区职工工资增长指导线；要保持员工工资增幅与同期 GDP 增幅或企业利润增长率同步，全面发挥工资增长指导线、劳动力市场价位、行业人工成本信息对工资水平的引导作用；或者通过劳资双方的平等协商，共同决定员工的工资增长程度和水平，保障劳动者能取得合理的劳动报酬，并与企业利润的增长、资方收入的提高形成同步增长。在市场化背景下应调整和完善企业职工的工资结构，对中低收入者应增加各项补贴的力度，减轻中低收入者家庭生活的压力。

另外，政府还应建立企业职工工资的支付保障机制。政府可以启动建立工资保证金制度，让企业缴纳一定数额的工资保证金，当企业侵犯职工利益时，将以它们所缴纳的工资保证金作为对职工权益的相应补偿。除此之外，需要加强对劳动保障的监督执法力度，尤其是对农民工工资的拖欠行为要严加惩处，保证农民工能按时拿到工资。

（3）大力发展中小企业，提高普通劳动者的就业率

当前，我国政府在积极推行"大众创业、万众创新"的发展策略，目的在于提供更多的就业岗位，解决劳动力就业机会欠缺的问题。实际上，落实"双创"政策的一条现实路径就是大力发展中小企业。因为发展中小企业不仅有利于促进初始分配公平，还有利于促进国民经济有效率发展，从而较好实现效率与公平的统一①。可以说，中小企业是任何社会实现收入分配公平的重要机制。

在市场经济条件下，规模经济效应的影响使中小企业的生存和发展空间变得越来越狭窄，尽管政府不断强调全社会关注中小企业的发展，但控制金融资源的银行却偏爱与大企业合作，它们对执行有利于中小企业发展的政策缺乏积极性和

---

① "促进形成合理的居民收入分配机制研究"课题组，常兴华，徐振斌，李伟，杨永恒. 促进形成合理的居民收入分配机制研究（总报告）[J]. 经济研究参考，2010，25：2－28.

动力。事实上，我国沿海城市大量的民营企业为人们提供了更多的就业机会。然而，政府却常常运用行政指令和计划手段，将过多的资源集中于中央企业、国有企业，忽视中小民营企业在解决就业中的巨大作用，甚至限制其发展。

现阶段，我国的普通劳动力市场是一个买方垄断市场，即劳动力的供给远远大于需求，所以企业在雇佣普通劳动力时存在对劳动力价格的人为压低。要改变这种状况，首要的是要改变劳动力市场结构，使劳动力的供给与需求大致相等，即通过大力发展中小企业，增加劳动力就业岗位，扩大全社会居民的就业水平，提高就业率，使普通劳动力可以通过劳动获得更多的工资性收入，增加国民收入中居民部门的劳动者报酬。综合国外收入分配的经验并结合我国的国情，通过大力发展中小企业可以提高普通劳动者的就业率。

中小企业是实现收入分配效率与公平高度统一的有效载体。第一，中小企业是吸纳普通劳动者就业的有力载体。从世界各国的发展经验来看，中小企业提供的就业岗位占到全部就业人数的 65% ~ 80%，而且越是就业水平高的国家和地区，中小企业的比重越高。第二，创办中小企业是培育中产阶级的有效途径。从市场经济国家的发展经验来看，促使普通大众积极创业，发展创业经济，使他们成为中产阶级，可以使一部分劳动者既可以获得劳动报酬收入，也能获得企业资本收入；而且中产阶级的兴起可以使收入分配格局呈"橄榄"形结构，整个社会的居民收入差距相对较小。例如，韩国、日本等国家和地区都曾积极发展创业型经济，培育出许多中小型企业，社会就业率较高，极大地缩小了居民收入差距。第三，中小企业是培育具有企业家才能竞争优势的有效方式。目前，我国企业中技术与企业家才能要素资源比较短缺，而劳动力资源相对比较丰富。为此，在"双创"政策的引导下鼓励公众创业，通过中小企业的发展不断进行技术创新，培育企业家才能，吸纳众多普通劳动力就业，培育我国企业的竞争优势。

为此，我国政府应当制定扶持中小企业发展的各项优惠政策，鼓励中小企业多创造就业岗位和进行技术创新。各地政府应当进一步完善地区性中小金融机构体系，向中小企业提供多样化的金融产品与服务形式，并制定能促进中小企业发展的金融扶持政策，如提供无息贷款的创业基金等，鼓励企业进行风险投资；落实国务院出台的《关于鼓励支持和引导个体私营等非公有制经济发展的若干意见》以及"大众创业、万众创新"的新发展策略，放宽企业的审批条件和程序，加大政府的财税与金融支持力度，完善各种配套性的社会服务，清除影响中小企业发展的体制性障碍；在小额贷款、税收减免、税收起征点等方面为城镇下岗职工和失业人员给予优惠，扩大他们的就业机会，鼓励他们创办微型企业和自主创业，实现劳动力的充分就业。

(4) 促进教育事业发展，提高劳动者的人力资本水平

目前社会上有两类低收入人群，一类是数千万的农村剩余劳动力，另一类是大量的城市下岗人员。这两类低收入人群的主要特点是他们的文化基础较差，知识技能匮乏，导致就业能力和收入能力较差。要使他们找到合适的职业并上移至中等收入人群，关键在于提高他们的基础教育水平并实行职业培训。因为个人受教育的程度越高，在其他条件相同时，就业与谋取收入的能力越强，而个人受教育的程度越低，就业与谋取收入的能力就越低。研究表明，劳动力素质提升是提高劳动者收入水平的有效路径。因此，可以通过公共财政支付加大基础教育投入，加强劳动技能培训，重视高等教育发展和职业技术教育培训，通过提高劳动者的人力资本水平从而提高劳动者的工资收入。

劳动要素参与收入分配所取得的收入高低，不仅取决于劳动的数量，而且取决于劳动的质量。但是劳动质量高低又主要取决于劳动者所受到的教育程度，或者说教育事业可以促进劳动者的人力水平得以提高，从而取得较高的收入。因为教育可以降低人们在人力资本上的差距，创造起点公平的基础，进而为缩小居民收入差距创造条件。例如，在二元劳工市场上，通过职业技能培训等，促使只掌握简单技术的低级劳工向掌握复杂技术的高级劳工转变，使他们能获得较高收入以及有更好的升迁机会。

学者认为，当初等教育的投资不足时（即初等教育中追加投资的收益率较高），采取增加高质量的普通初等教育投资的政策，就会既有利于提高经济效率，又能减少个人收入分配的不平等[①]。所以提高人力资本水平可以显著提高低收入人群的收入水平和福利。另外，教育是改变代际间收入流动最好的手段。例如，要想改变二代农民工的工资待遇，除非增加他们的人力资本积累，通过提供教育、培训等提高他们的综合能力，使他们能获得更多更好的就业机会。

当前，要切实推行城乡义务教育的国策，改革城乡统筹的基础教育投入体系，保证义务教育政策的全面覆盖，以及公民都有平等的受教育机会，关键是要保障穷人的受教育权。尤其是加强对农村地区教育体系的财政投入，使家庭困难子女都能接受义务教育，落实农民工子女在务工地免费接受义务教育的政策。另外，要加大高等教育投入的力度，促进高等教育的公平，继续通过国家助学贷款体系帮助家境贫寒的学生完成学业，提高劳动者的素质，弱化劳动力市场进入壁垒，为缩小居民收入差距提供必要条件。

调整优化教育的财政支出结构，不断提高职业技术教育的财政投入力度。逐

---

① 黄世贤. 初次分配也要处理好效率和公平的关系 [J]. 求实, 2008, 04: 43 - 46.

步推进免费中等职业教育，以提高城市低收入群体、下岗职工及农民工的劳动技能，增强劳动者创造价值的能力。具体来说，第一，加强对职业教育培训机构的税收优惠政策，减免营业税和所得税；第二，对企业用于职工技能培训方面的支出费用，允许其税前扣除或者加计扣除；第三，激励家庭和个人增加对职业教育的投入，对坚持实行员工培训制度的企业给予一定数额的补贴等；第四，按照市场需求发展职业培训，调整高校的课程设置，根据市场需求设置能满足市场需要的高校专业。总之，通过多种渠道、发展各类职业技术教育来提升低技能、低收入者的劳动技能，改变劳动力市场的供给结构，从而增加劳动者的收入水平。

（5）建立工资集体协商制度

美国在1933年就出台了《国家工业复兴法》，规定联邦政府保障工会有自发组织及进行集体谈判的权利。1949年国际劳工组织通过集体谈判公约，到目前为止，集体谈判已经成为市场经济国家调整工资福利的通行规则，但是我国至今还没有形成完善、有效的集体谈判机制①。集体谈判机制的建立不仅要求工会能真正代表职工的利益，而且还涉及能否建立一个跨行业、跨地区处理劳工关系的雇主组织。如果在单个企业中劳资之间分别进行集体谈判，资方在集体谈判后给予劳方应有的福利待遇，这种境况对于在其他企业就业的劳动者是没有多大意义的，除非他们也与本企业的资方进行集体谈判，所以可以推动行业内工资集体协商，使劳资双方能有足够的谈判空间和时间决定工资水平，这样才能在健全劳动力市场运行机制时，形成劳方（以工会为代表）、资方（以雇主组织为代表）和政府三方合作伙伴关系，这是政府在初次分配中应当尽到的责任。

集体谈判机制的核心是建立工资集体协商制度，保障劳动者的集体话语权，破除"强资弱劳"的局面。工资集体协商是指国家通过立法规定职工代表与企业代表依法就企业内部工资分配制度、工资分配形式、工资收入水平等事项进行平等协商，在协商一致的基础上签订工资协议的行为，这也是一些市场经济国家解决企业工资问题的一个通行的做法②。工资集体协商制度的建立对于推进企业职工工资正常增长机制与支付保障机制的顺利实施，以及实现初次分配公平有很重要的帮助作用。

经验表明，通过建立工资集体协商机制可以有效提高劳动要素的分配占比。

① 提高收入，政府能够做什么？[N]. 社会科学报，2010-12-09001.
② 李福安.《资本论》关于市场经济下初次分配公平的思想及其启示[J]. 湖北师范学院学报（哲学社会科学版），2011，06：1-6.

这是由于在涉及工资制度、工资标准、工资支付以及工资调整等重要问题时，通过工资集体协商机制可以让劳资双方平等协商，协商的结果必须是双方都可接受的，所以既能实现工资协商过程的公平，也能实现工资协商结果的公平。因此，只有把工资集体协商制度作为劳动要素分配的基本形式，才能妥善处理劳资分配关系，促进劳资关系双方实现互利共赢。

一般而言，在劳资关系中劳动者往往处于弱势，而企业资本方却处于强势，劳资关系通常呈现"强资弱劳"状态，而一旦建立了工资集体协商制度，就能保证劳动者的话语权，促使资方与劳方进行协商对话，从而改变"强资弱劳"或者职工工资单纯由企业资方决定的局面。具体来说，从以下几个方面入手来做：首先，要在全社会范围内加强对工资集体协商制度的宣传力度，让企业管理层认识到该制度的合法性与合理性，政府、企业与工会三方协同采取必要手段全力推进工资集体协商制度的实施，以保护职工的合法权益。其次，要严格规范工会组织的代表性，使工会组织脱离对企业管理层的依附关系，让工会作为职工利益的代表在工资集体协商发挥重要作用，保证劳资双方协商的力量均衡。最后，强化政府在工资集体协商中的引导作用，包括参与、见证双方的集体协商过程，审核双方达成的工资集体协议，对不诚信履约协商结果的一方予以处罚。

(6) 发挥最低工资的引导作用

国际经验表明，最低工资标准一般是全社会平均工资的40%～60%，而我国农民工平均工资大概仅为当地职工平均工资的40%，东莞农民工工资甚至仅占到城镇职工工资的30%，难怪他们要"用脚投票"来闹"民工荒"。政府制定最低工资标准并强制实行，这是市场经济下维护劳动者合法劳动权益，促进初次分配公平的重要措施[①]。在劳动力供过于求、社会保障制度不完善、企业的工资增长机制不健全等情形下，最低工资制度在保障低收入者的收入水平方面有很重要的作用，政府应继续严格执行最低工资制度。

我国最低工资制度的实施一定程度上维护了劳动者的权益，保证劳动者能取得必要的劳动报酬，同时对保障劳动者个人及其家庭的基本生活需要发挥了重要作用。但是，近年来最低工资标准却成为许多企业给劳动者支付低工资的依据，而且最低工资标准一般未随着当地物价水平的变动而相应地发生调整。

因此，政府必须根据不同地区的物价上涨情况和当地经济社会的发展水平定期调整最低工资标准水平，以此作为劳动力市场确定劳动者报酬的最底线，确保

---

① 李福安. 论社会主义市场经济条件下政府调节初次分配的理论依据与路径 ［J］. 当代经济研究，2010, 08：33 - 36.

低收入职工工资水平随经济发展水平而提高。政府在制定最低工资标准时，应把最低工资标准提高到当地平均工资的40%～60%，在实施中可以根据不同地区的经济发达程度把最低工资标准分成不同的几个档，然后根据GDP增长率、CPI增长率进行上下浮动调整①；同时，还应该明确最低工资标准调整时间，规定每隔一段时间对最低工资标准进行调整②。另外，政府通过对工资谈判制定规则，对工资增长程序进行干预，要以硬性约束督促、监督企业执行最低工资标准，以使劳动者工资维持在一个合理的水平上。

截至目前，我国大多数省区市都调整了最低工资标准，把最低工资标准与当地经济发展结合起来，有些省区市还尝试建立工资物价联动机制。这是我国最低工资标准制度在缩小劳资分配差距、促进和谐劳资关系建设方面进行的有益探索。

（7）发展资本市场，创造条件让更多群众拥有财产性收入

党中央的政策一直强调"让更多群众拥有财产性收入"，这是一个很好提高居民部门收入比重的思路。这意味着我们不仅要让普通劳动者努力创造更多的社会财富，实现财产性收入总量的更快增长，又意味着要让普通劳动者实现财产性收入分配的更加公平。

如何让广大群众特别是让更多的中低收入者拥有更多的财产性收入？首先，从分配体制上为维护和增加广大群众的财产性收入提供制度保障，因为财产性收入的增加有助于提高居民部门收入在国民收入分配中的比重。其次，从法律和产权制度上保证广大群众的财产，要完善与财产性收入有关的市场规则，让劳动者能公平、公正、公开地参与市场交易，并通过税收杠杆区别对待不同来源的财产性收入，如对通过房地产投机与证券投资所取得的不同财产性收入征收不同比率的个人所得税。最后，大力发展金融资本市场，不断开发金融创新产品，拓宽公众投资渠道，构建一个宽松、平等的金融投资环境，使普通劳动者也有机会参与资本市场投资。

从发展资本市场入手，继续推进金融创新深化，这是一条增加居民财产性收入的路径。具体来说，可以从以下几个方面改革：第一，推进金融市场创新，开发更多的金融投资衍生产品，拓宽普通居民的投资渠道，让他们通过投资理财，从而增加居民的财产性收入来源。一般来说，由于发达国家金融市场比较透明公开，介入金融投资市场相对容易，因此发达国家居民的投资偏好往往高于储蓄偏

---

① 国家信息中心经济预测部邹士年. 发挥初次分配作用 推动收入分配改革［N］. 中国证券报，2013－05－13A16.

② 贾宏图. 加速推进要素市场化改革和国企改革［J］. 价格与市场，2013，07：20－21.

好。第二，加快推进多层次股票证券市场建设。由于单一的证券交易市场无法满足投资者的多样化投资需求，应尽快推进场外交易市场的建立与发展，完善财务公司、保险公司和商业银行等非证券金融机构的投资服务能力，提高他们的投资服务质量。第三，为避免投资者的利益受损严重，应努力使投资品的价格与实体经济之间有一定的关联性，以免产生严重的资产"泡沫"。总之，加大对资本市场监管体系的创新，为投资者营造透明公正的投资环境，让群众有参与资本市场投资的对象与渠道，以便提高他们的财产性收入。

9.2　尽力缩小居民之间收入差距的对策：从"小分配"层次入手

9.2.1　完善市场规制，破除垄断，缩小行业收入差距

（1）培育和发展自由竞争的要素市场

一般来说，生产要素与生产资料资源都要在要素市场上进行配置交换，而生产出来的产品都需要在商品市场上进行买卖，然后才能进入消费环节。在所有者权益明晰、充分竞争的商品交换中，市场价格由交换双方平等议定，劳动、资本、技术和管理等生产要素才能更好地实现等价交换，即实现公平分配①。因而，商品和生产要素在市场上的自由流通，是商品实现等价交换、形成公允的市场价格以及合理分配经济利益不可缺少的条件。因此，培育和发展全国统一、自由竞争的各类要素市场是实现效率和公平分配的关键，尤其是建立平等竞争、自由流动、统一开放的劳动力市场。

既然实行市场经济，就不可能没有"高收入"，问题在于高收入的取得是否合法合规。改革的目标并不是取消高收入，而在于规范高收入取得的合法性，而且对于高收入，要有完善地能调节高收入的税收监督等制度。垄断行业的员工高收入和高福利待遇，特别是企业高层管理人员的职务消费与年薪过高问题，都已成为社会不公平分配的重要反映。对垄断行业的各种行政保护是产生垄断高利润的主要原因，如给予垄断行业生产、交换、分配等的各种特权，这些都是竞争性行业所无法获取的，可见竞争起点的不公平是产生行业收入差距的深层原因。因此，加快推进垄断行业的改革步伐，引进现代企业管理体制和公司制改革方案，

---

① 龙静云. 经济伦理的三个维度 ［J］. 哲学研究，2006，12：113－117.

坚持政企分开，放宽市场准入限制，引入竞争性企业，依法监管垄断行业的运行，形成合理的分配格局。

按照市场经济的规律，矫正现阶段的要素配置体制下存在的要素市场分割与扭曲配置，充分发挥市场的资源配置功能，保护要素所有者产权，维护市场秩序，减少要素流动障碍，通过改善收入分配功能来缩小居民收入差距。我国的市场经济体系正处在逐步完善的过程之中，或者说还处在经济体制转轨时期，这一时期要素市场出现扭曲和不健全是必然的，但是这种扭曲对市场经济作为资源配置方式的有效性产生冲击。在要素市场改革过程中，市场体制能否趋于完善完全取决于政府改革作用的力度与方向。政府改革的方向与目标是能充分发挥市场配置资源的基础作用，从原来政府作为要素市场的配置主体转变为政府仅仅是市场的引导和服务主体，着力培育和发展自由竞争的要素市场，为要素的配置和职能发挥创造有利的市场环境。

（2）破除垄断壁垒，引入竞争机制

国家发展改革委就业和收入分配司编辑出版的《中国居民年度收入分配报告（2008）》分析认为，行政性垄断行业收入有1/3是靠各类特许经营权获得的，另外，还涉及资源税、资源产品价格等问题①。因此，政府需要采取各项改革举措，消除行政性垄断壁垒，引入市场竞争机制，推进与垄断有关的资源产品价格与资源税改革，有效调节行业间居民收入水平。

加强对垄断行业收入分配的监管，改革的核心是打破垄断壁垒，引入市场竞争机制，让民间资本或私人资本进入垄断行业，促进市场的自由竞争；或者说反垄断的关键是实行完全的市场化改革，限制垄断或打破垄断局面，尽快清除一些市场准入的障碍性因素，防止垄断利益集团侵占全民利益，才有可能从根本上实现分配，平抑行业收入差距"鸿沟"。垄断利润的存在是导致垄断行业高工资和高福利的根源，所以只有鼓励其他资本适度介入，使垄断行业形成的高利润趋于平均化，才能消除由于垄断而导致的行业收入差距②。因此，要加快推进政府职能转变和实现政企分开，破除垄断壁垒，减少因行政垄断产生的"设租"和"寻租"行为。

对于一般性的行业，消除垄断"门槛"的关键是降低行业企业的准入"门槛"，增加行业内从业企业的数目，不断提高行业内企业之间的自由竞争性，从而打破垄断以降低行业收入差距。当然，反垄断并不是要完全消除垄断，在不宜引入竞争机制的垄断行业，要强化政府的监管职能，应由国家掌控垄断经营利润，如电

---

① 提高收入，政府能够做什么？[N]. 社会科学报，2010－12－09001.
② 任文雯. 我国初次分配公正的公共政策研究 [D]. 青岛大学，2012.

力行业。尤其是对于在特定时期必须保留垄断特性的部门或行业，政府应限制它们的经济特权，约束这些垄断利益集团的行为规范，将垄断企业利润也应纳入国家监管之下。

另外，在对垄断行业改革时还应该重点完善垄断行业准入的配套改革措施，尽可能地消除行业垄断壁垒或打破经营范围封锁，让更多的企业投资涉猎于垄断行业经营领域，对垄断行业提供的产品与服务的价格应采取听证会方式合理定价，避免垄断行业的高价格；由政府对垄断行业的职工工资水平与管理人员薪酬给出指导价，与全社会其他行业之间尽量保持一致或偏离较小，促进初次分配中行业收入分配差距的公正合理。总之，要促进垄断行业改革，引入竞争机制，采取各种严格限制垄断行业的高收入与高福利，尽可能地缩小行业收入差距。

（3）规范央企的工薪制度，加大国有垄断行业的上缴利润

一般来说，国有垄断行业的企业所得往往被企业内高管人员的高收入与员工的高工资、高福利等所侵吞，而对企业外员工或全社会居民的福利没有多大贡献，因此造成行业之间收入差距比较突出，应当对此进行改革。既然国有垄断行业的资产所有者是国家，也就是全民，所以垄断行业的利润必须通过一定渠道上缴，这笔上缴利润的使用上也要与一般财政收入有别，体现直接服务民生、造福全民的方向[①]。

在我国，许多垄断行业都具有国有垄断的特征，如铁路、电信等行业，而且目前国家对这些国有垄断行业规定的利润上缴比例普遍都较低。由于国有垄断行业利润上缴比例过低，使大量利润滞留于垄断行业内部并转化为行业内部员工收入，导致行业收入差距扩大，所有者权益损失[②]。因此，应尽快调整和提高国有垄断行业的利润上缴比例，使国有企业的利润能被全民共享，而不是仅仅被垄断行业内部员工所享有。

随着经济结构的调整，国有经济的比重将不断降低，国有资本的经营范围也将明显缩小，国有资本只集中在某些关系国家经济命脉的重要领域或关键性行业，这意味着少数行业仍保持国有垄断或国有控股的行业属性，因此欲通过引入竞争机制或消除垄断壁垒，达到完全解决行业收入分配差距问题，这是根本不现实的。因此，对垄断行业高收入改革的其他可行之举，便是提高国有垄断行业的利润上缴比例，使全体人民均享发展带来的收益，这是限制垄断行业高收入被完

① 陈萍. 中国收入分配制度的改革——基于劳动报酬在初次分配中的比重的分析 [J]. 经营管理者，2012，09：52 – 53.

② 杨兰品，郑飞. 我国国有垄断行业利润分配问题研究——以电力行业为例 [J]. 经济学家，2013，04：66 – 73.

全在行业内部分配的有力举措。

当然，政府对国有垄断行业或企业利润上缴比例进行划分时，应当尽量避免"一刀切"，应根据进一步细化到不同行业甚至是具体的公司个体进行个案研究，从各企业资本结构和经营状况、企业业务布局等方面着手分析该类型企业的利润上缴比例问题，所以建议通过对不同类型企业利润上缴比例进行经验估计。例如，针对垄断行业中的资源垄断型国有企业而言，利润分配的一个基本前提是其凭借垄断地位及垄断资源获取的超额利润都应当上缴，具体上缴比例应当结合社会资本成本（即国有资本的平均回报率）以及国家对该类型企业的治理目标综合考虑。

9.2.2　改革户籍制度，加快中小城镇建设，缩小城乡收入差距

（1）加快户籍制度改革，形成统一的劳动力市场

户籍制度以及与之有关的城乡公共服务体系是形成我国城乡收入差距的主要诱因。自1949年以来，与户籍制度有关的社会服务体系把城乡居民分割为两个不同的社会群体，城市居民比农村居民享受了更多的公共服务，如城市居民的福利分房制度。这种用户籍制度把城乡居民进行分割是典型的政府行政手段，是政策体制不公正的体现。所以稳妥地改革户籍制度，是缩小城乡收入差距的必然之举。

正是由于户籍制度所造成的劳动力市场分隔，一般即使从事同种工作，作为正式工的城市职工比临时工——农民工的工资要高出许多。研究显示，如果按照现代统一的劳动力市场规律作用，反对户籍制度所造成的就业歧视，实现同工同酬，我国上亿农民每年至少可以多得3000亿～5000亿元，远远高于我们"免除农业税""家电下乡"等惠农措施[①]。因此，加快户籍制度改革，改变户籍制度所造成的二元劳动力市场结构，消除人为制造的劳动力身份不平等所引致的收入不平等，对于缩小城乡收入差距是有积极影响的。

根据我国国情并结合一些地区的试点经验，及时修改和完善《中华人民共和国户口管理条例》，对户籍制度进行改革从而形成统一的劳动力市场是非常关键的。尤其是取消有关农业户口与非农业户口的分类，实行全国统一、无城乡差别的户籍制度是至关重要的。因此，建议全国人大立法委在适当的时机制定并推出具有前瞻性的《户籍法》，搭建起完善的户籍法律体系和科学的户籍管理制度，从根本上解决造成我国二元劳动力市场的法律障碍。

---

① 提高收入，政府能够做什么？［N］. 社会科学报，2010 - 12 -09001.

建议新的《户籍法》在户口登记方面应遵循如下基本原则：第一，确保公民享有自由迁徙和流动的权利，允许公民自由流动，任何国家机关、法人、其他社会组织，不得限制公民自由迁徙和流动的权利（因刑事原因，法律法规限制除外）；第二，在日常工作中，户籍登记和管理机关应坚持"公开、公平、公正"的原则，让户籍管理成为阳光下的管理工程，避免腐败现象的发生；第三，实现公民在居住地登记的原则，改变以往在出生地登记的做法，规定居民在常住地区进行户籍登记；第四，明确户籍制度的信息统计功能，户籍管理的实质就是登录人口的基本信息，不应该附加其他社会职能，不能再让户籍制度所造成的城乡分割产生社会保障等方面的差别，或者带来就业歧视。

就目前而言，实行覆盖全国的"居住证"制度是较为合适的，如可以为在小城镇居住超过一定年限的流动人口或在城镇中拥有合法居所或有稳定职业的流动人口发放"居住证"。通过"居住证"制度将居民在准入标准上予以统一，并着力维护流动人口的切身利益，让流动人口享受到与城市居民同样的公共服务和社会保障。实行城市"居住证"制度可以提供以下便利：第一，便于政府对流动人口实行统一管理，在保护好流动人口权益的同时，维护好地方社会问题；第二，通过"居住证"制度带来的公共福利吸引外来人才的进入，推动当地经济的快速发展。当然，在推行居住证管理的过程中要充分考虑本地情况，要重点关注人口承载力以及资源提供的能力。

（2）加快中小城镇建设，推动城乡一体化发展

如果工业化提高了市场供给，那么城镇化就加大了市场需求，所以工业化与城镇化是现代市场经济发展的主要内容。实际上，城镇化发展也是世界各国经济社会发展的必然趋势，它不仅可以不断增加社会就业能力，提升社会居民的收入水平，而且是缩小城乡居民收入差距的关键对策。因为提高城镇化水平，既可以让进城务工的农民工通过增加工薪收入大幅提高收入水平和生活水平，又可以将多余的劳动力转移出去，实现土地的规模化经营，从而大幅度提高第一产业的产值，提升留在第一产业就业农民的平均务农收入。同时，加快中小城镇建设是平衡城乡二元经济结构、推动城乡一体化发展的有效举措，通过中小城镇建设不仅加大了惠农、强农、富农的农村经济发展政策支持，而且深入推进了新农村建设与扶贫开发进程，这些都是缩小城乡居民收入差距的根本途径。

推进中小城镇建设是解决农村剩余劳动力转移问题的明智选择。我国农村剩余劳动力人数较多，这些冗余的劳动力窝积在第一产业，导致城乡居民收入差距较大；而且我国农民工的人口总数比较大，如果他们大部分都聚集在大城市就业，会给城市就业形成很大的压力，因此，借鉴拉美各国在城镇化发展中的经验

教训，要引导农村剩余劳动力有层次地向中小城镇聚集，避免他们一窝蜂地涌进大城市，造成大城市公共服务能力超负荷，形成很大的就业压力以及较低的农民工工资，从而导致城乡收入差距不断拉大。

以中小城镇建设为主导，加大中小城镇对产业和人口的承载能力，促进城乡一体化发展，这是缩小城乡居民收入差距的一条科学改革路径。另外，推动城乡一体化发展对提高城镇率、促进产业转移、新生代农民工市民化和城市可持续发展来讲，这都不失为一种较好的选择，它可以避免因利益格局变动引起的社会冲突，也能顺利推行城镇化制度的变迁①。在中小城镇建设过程中，要大力促进产业集聚，发展各种实体经济和主导产业，量身打造各中小城镇的独特品牌，如商贸重镇、工业强镇、旅游名镇等。

在中小城镇建设过程中，政府要引导和鼓励农村剩余劳动力向中小城镇合理转移。因为从吸纳就业人口的角度来看，大中城市的社会经济发展已经比较完善，大中城市的就业岗位也基本饱和，难以提供更多的就业岗位，而中小城镇更适宜于农民工的就业与生存；同时，从创业的角度来看，中小城镇创业的投资成本小，风险低，更适合于农村居民创业。因此，通过大力发展中小城镇，解决农村剩余劳动力转移问题，让人民能安居乐业，特别是可以提高农村居民的就业和收入，优化产业结构，促进第三产业发展，这样当然可以大大缩小城乡居民收入差距。

(3) 合法合理征用农民土地，放开农村土地市场交易

一般来说，出于公共利益需要的目的，政府可以征用农村集体土地并给农村居民相应的土地补偿金。可是，多年来我国征用农村集体土地时补偿额一般较低，农民对拆迁补偿金往往不满，甚至出现"暴力抗拆"；同时，政府将低价从农民手里拿到的土地又高价转让给投资者，巨额的土地增值收益几乎都被政府所占用，土地转让收益成为政府财政收入的主要来源。另外，我国政府一直管理与经营着土地运作，而国有土地缺乏市场化的经营方式使政府是土地经营的绝对垄断者，政府人为地将城市国有土地与农村集体土地分割为两个市场，通过对农村集体土地市场的价格扭曲挤占了农村土地资源，导致城乡居民贫富差距不断拉大。因此，在农民土地征地过程中，应对农民土地进行合理补偿，避免不合法的拆迁行为发生，侵害农民的合法权益。

2014年中央"一号文件"明确指出：建立农村产权流转交易市场，推动农

---

① 熊凤平，张勇. 加速中小城镇的建设是当前城镇化的战略选择 ［J］. 现代管理科学，2015，03：54－56.

村产权流转交易公开、公正、规范运行①。可见，只有让农民成为清晰的产权主体、明确的市场主体，才能让土地的流转在各个产权主体、市场主体之间有序地进行，制止土地使用中的寻租行为，保证农民有财产性收入。让农民成为土地的产权主体，最重要的工作是进行土地确权，因为土地确权保护了农民的权益，只有土地确权后才能进入土地流转交易市场进行交易。

土地确权时需要保证三权三证，即明确农民承包土地的经营权、宅基地的使用权、农民在宅基地上所盖房子的房产权，同时要给农民发相应的权证。土地确权完成以后，就着手实施以农民土地为基础的不动产统一登记制度。在现有土地权属明确的基础上，给予农民集体土地处置权、转让权和抵押权。这些权证可以用于抵押与买卖，通过土地的产权交易农民不仅可以获得财产性收入，而且可以获得创业资本。因为如果允许农村集体土地与国有土地平等进入土地交易市场，这无疑将给农村土地资源带来相对公平而合理的定价，这将增加农民的财富。

清理农村集体建设用地，制定城乡发展和建设规划，实行最严格的土地用途管制，分步实施土地市场开放，依照集约和节约的原则，开放农村土地交易市场②。在符合国家规划和计划的前提下，农村土地转变为城镇建设性用地，必须采取市场交易方式确定价格③。另外，需要改革征地制度，提高农民在土地增值收益中的分配比例。在城市化进程中，要尽力改变城市国有土地与农村集体所有土地不同定价的问题，实现"同地、同权"，让农村集体所有土地能与城市国有土地享有平等的待遇，在符合城市规划的背景下两类土地有同等权利。

（4）鼓励农民自行创业，创办小微企业

2015年7月17日，农业部提出关于推进实施农民创业创新计划，这是为配合国务院提出的关于大众创业、万众创新的发展战略。该计划主要是为促进农民就业增收为目标，以发展农村产业，创办农民家庭农场、农民合作社和小微企业等形成农民创业创新的新格局。当前，各地农民应以市场需求为导向，立足地区资源优势进行自主创业，大力发展特色种养业、农产品加工业、农村服务业等，带动周边农民就业致富。

首先，应当针对农民开展创业培训，提高农民的市场风险与创业发展意识。对农民进行创业培训，主要包括对应用技术的培训之外，还要加强农民的创业知识培训、市场风险知识培训等。通过各种培训让农民形成新的就业意识、经营理

---

① 倪羌莉. 论"农地新政"实施的路径依赖与突破 [J]. 安徽行政学院学报，2014，06：53-58.

② 邹士年. 重视初次分配对调节收入分配的作用 [J]. 宏观经济管理，2013，10：29-31.

③ 邹士年. 发挥初次分配作用 推动收入分配改革 [N]. 中国证券报，2013-05-13A16.

念和创业观点，提高农民对市场的风险识别能力、投资机会把握能力、资源组织和配置能力，提高农民的创业能力与创业成功概率。

其次，在当前全社会"双创"氛围的影响下，引导农民寻找出路，积极投身于自身创业，减少社会就业压力。借鉴国外发达国家的发展经验，对农民创办的小微企业给予适当优待，降低市场准入"门槛"，简化创业过程中各项繁杂的审批手续，消灭对农民的身份歧视与不平等待遇差别，为农民创业者营造一个公平合理的创业环境。对创业意愿比较强烈、创业项目可行的农民创业项目，优先给予信贷支持，也可以将其纳入国家产业开发计划或农业综合开发项目等政府资助项目范围。同时，政府需要筹措资金，建立有关农民创业的风险抵御机制，保障农民创业失败后生活能正常进行。除此之外，提高政府服务效率，严格执行《行政许可法》，减少不合理的收费，降低创业成本，为农民创业营造一个宽松的环境，对农民创办的各类企业，要放宽信贷条件，实行贴息、减免税收等优惠政策①。

最后，解决农民创业过程遇到的后顾之忧，帮助农民创业。在城乡接合部、"城中村"等经济发展水平相对较高地区，应考虑改善当地农民的创业环境，拓宽农民创业渠道，如建设创业孵化器与创业服务中心等；在偏远郊区、工业园区等经济发展水平一般甚至相对落后的地区，应着重考虑征地后农民的生活保障问题，如提高征地补偿标准满意度、考虑当地的就业与社会保障政策等，以解决农民创业的后顾之忧；在农村等地区，改善当地投资环境，制定有特色的发展计划，引导农民进行有计划的创业，发展特色产业。

(5) 促进农村金融市场发展，完善农村金融体系

要缩小城乡居民收入差距，针对现阶段我国农村金融市场远远落后于城市的现实状况，应加快完善农村金融机构体系改革，大力发展农村小额信贷，开发各种针对农民的投资品，增加农民的财产性收入。当然，在促进农村金融资本市场发展的同时，应该采取不同方式向广大农民进行宣传，提高他们的投资意识、投资风险、投资理念与投资技巧等方面的认识水平，使农民有条件进行证券投资，提高农民的财产性收入。

加快完善服务"三农"的大范围、多层次、可持续的农村金融机构建设。建立政策性金融、商业性金融、合作金融和其他形式农村金融组织，改革农业政策性金融的发展模式，充分发挥农业银行的服务优势，提高"三农"信贷支持，降低对中小投资者的借贷"门槛"，完善金融服务。另外，适当减少政府实施的金融控制和"所有制歧视"，进一步降低农村金融市场准入"门槛"，允许金融

---

① 刘璐璐. 农民创业能力的影响因素及对策分析［J］. 中国农业信息，2013，23：222.

行业对民间资本开放，通过提供差异化的产品和服务，应对利率市场化的挑战①。规范农村金融市场中的民间借贷行为，鼓励引导民间资本直接投资农村经济或农业发展。对于各农村金融机构吸纳的储蓄金，应当最先保证其用于"三农"的资金供给或贷款需求，以加强对"三农"的信贷支持力度，引导城市金融资本合理流入农村市场，促进农村经济发展，以提高农村居民收入。

加快建立以财政、税收、货币和监管政策为主要内容的农村金融支农政策体系，使其长期化、制度化，加快建立农业保险的协调机制，协调制定和实施农业保险与农业补贴、农业救济相结合的政策措施，确保农村金融机构能不亏损和正常运转②。

9.2.3　发展地区特色产业，实施政策的反倾向性，缩小地区收入差距

(1) 发挥资源优势，发展地区特色产业

我国可谓地大物博，不同地区有其自身的资源发展优势。要缩小地区收入差距，可以从发展地区特色产业入手，充分发挥不同地区的资源优势，培育特色产业，促进地区经济发展。例如，中西部许多地区在能源、畜牧业等领域有独特的资源优势，可以通过发展特色的能源产业或畜牧产业，以充分发挥本地的资源优势，从而提高中西部居民收入水平。同时，应积极改善地区特色优势产业发展的经济环境、制度环境与社会环境等，制定有利于促进特色优势产业发展的金融、财税、土地、投资等方面的优惠扶持政策，为其创造良好的市场环境和外部发展条件。另外，中西部地区应加快促进产业结构升级，转变以第一、第二产业为主的经济发展方式，大力发展第三产业，保持地区经济的可持续发展，拓宽居民的增收渠道，缩短中西部与东部地区的经济差距，降低地区居民收入差距。

通过培育地区特色产业中的骨干和龙头企业，引导特色产业发展，优化产业集群。实际上，地区经济的发展对特色主导产业的发展是有很强的依赖性，也就是说，特色主导产业发展得好，地区经济一般就比较发达，而特色主导产业的发展一般又依赖于具有较强市场竞争能力的骨干和龙头企业，一般由它们做"领头羊"来引导主导产业壮大发展。充分利用地区优势，着重发展特色产业，拉长产业链条、培育产业集群。加大农村基础设施建设资金投入，努力发展特色优势产

---

① 丁忠民，朱晓姝. 金融发展与城乡居民收入差距的实证研究 [J]. 贵州财经大学学报，2013，04：42－46.

② 陈金. 关于缩小我国城乡居民收入差距的对策研究 [D]. 太原：山西财经大学，2011.

业，推进乡镇服务业等农村劳动密集型产业发展，拓宽农民的就业渠道。需要注意的是，对地区特色优势产业的培育应从本地区的实际状况出发，仔细寻找地区产业优势，更要深入了解地区产业劣势，慎重选择特色产业的发展方向，不能盲目照搬。

立足贫困地区的资源条件和比较优势，加强对贫困地区特色产业开发。尤其是为加快贫困地区的经济发展，需要重点开发贫困地区有特色的能源、自然景观、生物资源、人文资源等，将其产业优势的潜力挖掘出来，转换为经济发展优势，培育地区特色产业。在开发过程中，要坚持从实际资源状况出发，突出特色产业发展的重点，找准特色产业，给予投资、税收等方面的优惠支持，让贫困地区尽快脱贫，提高贫困地区居民的收入水平。同时，打破制约贫困地区特色优势产业发展的"瓶颈"，编制特色产业发展规划，整合区域优势资源，形成各级政府部门共同支持贫困地区特色产业发展的工作机制。

(2) 形成产业集聚，培育地区产业集群

培育产业集群是缩小地区收入差距的重要途径，因为不同地区的产业集聚能力大小是造成区域经济发展不协调的主要原因，由此导致不同地区居民收入出现很大差距。因此，应根据不同地区的区位优势、产业基础与资源禀赋优势，寻找本地区具有比较优势的产业发展方向，提高产业聚集水平，促进地区产业向集群式发展。特别是要加快推进经济欠发达地区的特色产业发展，形成优势产业集群，缩小与发达地区经济发展差距，这样形成的产业聚集有助于缩小地区居民收入差距。

集聚增强了竞争，竞争也提升了产业集聚区的竞争能力，使区内企业比起那些分散在各处的企业具有了更强的竞争优势，更容易进入行业前沿，产业在区域上的集聚能加强地区经济的竞争优势，对区域经济增长产生广泛而积极的影响[1]，如四川德阳的重大装备制造产业集群、关中地区的煤化工产业集群、成都地区的制鞋产业集群、重庆的摩托车产业集群、四川的集成电路产业集群等。在市场经济条件下，一个地区的优势产业来自大量的厂商群体选择与竞争的结果，尤其是产业集群的竞争效应、创新效应与成本效应发挥作用，可以大大促进地区经济的发展，提高本地区居民的收入。

培育地区产业集群的发展，可以从以下几个方面入手：第一，统筹整合区域内的各种发展资源，优化产业的空间布局，选择一些可能形成集群的特色主导产业进行主推，或者突出发展有比较优势的产业，做大做强这些产业，以便产业联

① 王家新，姜德波. 以集群理论指导地区产业分工 [J]. 南京社会科学，2003，S2：71-75.

合产生产业集聚。第二，扶持龙头企业发展。龙头企业不仅是产业集聚的主导者，而且也是产业集群的平台，经过龙头企业的示范、拉动和整合，可以使相近或相关企业集聚在一起，促进产业集群的发展，因此要加强扶持龙头企业的发展，加大培育力度，使龙头企业在整个产业链上发挥核心领导作用。第三，完善产业园区建设。产业园区是产业集群的空间载体，它支撑着产业集群的聚合与提升，如果没有产业园区建设，将使企业之间的专业分工与交易成本大大增加，产业就不能在空间上进行集聚，所以应该通过产业园区把相同或相近的产业聚合在同一区域。第四，积极扶持相关商会、协会、中介咨询、金融等配套机构的发展，这是发挥产业集群集聚效应的必要条件。

（3）实施支持中西部地区发展的倾斜性政策

改革开放之初所确立的自东向西渐进式的梯度发展战略，虽然对中国经济的快速发展发挥了巨大作用，但同时也扩大了中国的地区经济增长差距。实际上，这种梯度发展战略是给予地区经济发展的倾斜性政策，虽然短期内可以带来地区经济的快速增长，但是从长期来看却可能会促使地区经济发展不平衡，导致地区收入差距拉大，从而不利于社会经济的长远发展①。另外，在地区经济差距已非常显著的情况下，给予能促进中西部地区经济快速发展有关的优惠政策，特别是为不发达地区在投资支持、税收优惠等方面提供优待，转移经济发展的重心成为必然的选择。只有全国的经济发展趋于平衡，才能保证地区收入差距趋于收敛。

当前，为了使中国区域经济平稳持续发展，应该转变梯度发展战略的运作区域，将一些在沿海地区逐步取消的优惠政策重新实施于中西部地区，充分重视中西部地区的发展，给予一些促进中西部地区经济发展的倾斜性政策，增加中西部地区的经济开发力度与投资规模，从而为中西部地区吸引外资、发展出口外向型经济进一步创造条件。为此，需要制定出有利于中西部地区全面发展的政策，实行区域协调统一发展战略。同时，中西部地区也要发挥资源优势，抓住发展机遇，大力发展第三产业，创造条件增加就业机会，加快中西部的经济快速增长，努力提高城乡居民收入并缩小区域之间的收入差距。

一是要构建促进国家区域经济平衡发展的战略，不断推进西部大开发战略、中部崛起战略、东北振兴战略等已有战略，东部沿海发达地区更要对中西部地区实行"一帮一"对口扶贫办法，帮助中西部地区发展经济。二是改革完善促进中西部发展的财税优惠政策。在东部沿海地区经济快速崛起时，国家曾经给予了非常有利的优惠政策，同样国家也应完善中西部不发达地区的各种投资的财税优

---

① 覃一冬，张先锋.空间集聚会扩大地区收入差距吗［J］.当代财经，2014，05：15－24.

惠政策，适当增加向中西部地区的资金投入，包括实施偏向中西部的财政转移支付制度，以及能吸引外资流入的税收优惠政策，促使资金流由东部向中西部地区无阻碍地流动，快速提升中西部地区的经济发展，以缩短与东部地区的经济差距。三是完善面向中西部地区的金融优惠政策，同时完善中西部的非银行金融机构体系。例如，按分类指导、区别对待的原则，由国有商业银行根据中西部地区的实际发展情况，确定适应地区经济发展的金融政策，发挥政策性银行的功能，可以在贷款期限、存贷款利率、额度限制、低保险费率、再贷款条件和期限等方面实施有差别的金融政策。四是根据中西部地区劳动强度、地区艰苦程度实行差别工资率，给予适当的地区工资补贴，促进人才合理的流动和地区的平衡发展。

9.2.4 统筹设计经营者收入分配制度，加强工会力量，缩小劳资收入差距

（1）建立完善的企业经营者收入分配制度

我国社会主义经济是以生产资料公有制为主体的，国有资本占有相当大比重。从名义上来说国有资本属于全民所有，但实际上国有资本是"所有者缺位"的，在经济运行中由国有企业经营者代表全民进行资本管理。这些国有企业经营者作为资方代表，他们的收入往往与普通职工相差很大；甚至当国有企业进行股份制改造时，出现国有企业原高层管理人员低价买断企业或国有企业原工人被低价买断工龄的情况，曾经的国有企业经营管理者摇身一变成为私营企业主或资本所有者。同样，在私营企业也存在类似的"内部人控制"情况，企业经营者作为资本所有者的代表，他们的收入通常比普通员工要高得多。

改革国有企业经营管理人员的薪酬分配制度，彻底解决初次分配中高管人员与普通职工之间的收入悬殊问题，对国有企业高管人员的薪酬要实行"限速"和"限高"，将其严格控制在适当的范围内。一般来说，对国有企业高管人员的薪酬分配把握以下两个原则：第一，国有企业高管薪酬的增长速度不能高于企业效益的增长速度。虽然有些国有企业的经济效益增长较快，但国企的发展往往不是凭借技术创新获得，而是依靠政策扶持或垄断获利，因此应考察企业当期业绩与可持续发展能力。第二，国有企业高管的薪酬增幅不能高于企业职工的平均工资增幅。在企业绩效增长的情况下，要适当增加职工的工资薪酬，不能让企业高管的薪酬增幅大于职工工资增幅，以免高管人员与普通职工的收入差距拉大。

在现代企业中，委托代理制要求建立有关经营管理者的收入分配制度，保证在企业所有权与经营权相分离的情况下能有效激励和约束经营管理者，使经营管

理者的行为符合公司所有者的要求。尤其是要完善经营管理者分配机制的法制环境，统筹设计经营管理者的收入分配制度，规范企业经营管理者收入，确定管理者与职工的收入合理比例，建立企业经营管理者年薪的公示制度，把企业经营管理者年薪与职工平均年收入差距限制在一定范围内，并逐步规范和解决各地方企业之间、中央企业与地方企业之间年薪制办法差别大的问题。

在经营管理者的收入分配体系设计中，应当建立根据经营管理的绩效、承担的风险和责任来确定薪酬的制度，推广薪酬延期支付和追索扣回制度。因此，一方面经营管理者的收入既要含有固定性收入部分，如固定工资等，也要含有风险收入或非固定性收入部分，如奖金、股票等；另一方面经营管理者的收入既要包括现期收入，也要包括远期收入，如股票期权、退休金计划等。从收入的具体形式来看，经营管理者的收入应当由基本薪金、津贴、年度奖金、养老金计划和一些长期激励项目（即股票、股票期权等收入）组成。当然，经营管理者的收入水平应该与经营业绩挂钩，这样才能激励经营管理者提高管理水平，追求经营业绩增长。

总之，要严格控制国有企业经营管理者的收入，保证高管人员薪酬与普通职工的收入差距维持在一定合理范围之内。例如，可以明确规定国有企业高管的收入不能超过普通职工工资收入的 5～8 倍。除此之外，需要大幅度提高企业普通职工的工资收入，逐步缩小国有企业经营管理者与企业普通职工的收入差距。

（2）有效发挥工会作用，增强劳动者的议价能力

在社会主义市场经济体制下，雇佣劳动制仍然是发挥作用的，但是由于分散的被雇用的劳动者个人力量薄弱，他们往往很难与资方相抗衡，或者在与资方较量的过程中失利。若想改变"强资弱劳"的局面，只有依靠工会组织壮大职工的力量以代表劳动者维权，才可能保障劳动者的合法劳动权益。但是，当前我国的工会组织体系构建很不健全，尤其是工会组织依赖于企业管理层，工会组织大体上流于形式，在劳资对抗中没有发挥应有的作用，造成无组织的劳动者议价能力较弱，所以工会组织的作为并不十分令人满意。与此相对照，西方国家的工会组织力量强大，工会一般能代表职工与雇主进行平等谈判，针对工资收入水平、工资分配制度、工资分配形式等事项进行商谈，在协商一致的基础上代表职工与雇主签订工资协议[①]。所以我国政府要进一步完善工会制度，建立健全工会组织，保持工会组织的独立性，从制度上构建职工利益表达机制和劳资平等对话

---

① 吴佳强，潘文轩. 提高初次分配中劳动所得比重问题研究：基于工资决定机制的分析 [J]. 当代经济管理，2013，05：15－20.

机制。

工资集体协商机制中工会的作用是显而易见，而工会组织的自主性与独立性是影响工人集体行动能力的重要因素。在工会组织比较健全的国家，政府一般主张工会作为职工利益的代表可以与雇主签订集体合同，并约定劳资纠纷的解决程序，当劳资纠纷发生时可根据集体合同规定，由工会代表出面与雇主代表进行协商谈判，以保证劳动者的权益不被侵犯。可见，建立健全工会组织全程参与集体协商工作较为重要，单个的劳动者只有依靠工会组织才能与雇主进行平等对话，否则单凭一己之力是无法与资方进行对称博弈的，最终只能处于"强资弱劳"的局面，导致劳资关系紧张。所以工会组织能否有效地组织起来并发挥应有作用，是劳资双方分配关系能否平衡的关键性因素。

在市场经济改革中，虽然我国企业的工会建制进行了一系列的制度创新，企业工会在劳动者实际维权方面发挥了一定的成效，但工会的独立性不高导致集体谈判力量相对较弱，而且工会职能转变滞后于市场变革，使集体谈判制度的建立和工会组织的成立并没有从根本上改变"强资弱劳"的劳资关系。因为在工会缺少独立性的情况下，工会并不能为工人的"威胁承诺"提供可信性，使工人仍处于权利缺失状态。因此，应健全工会职能，促使工会角色顺应市场化转变，增强工会的独立性，使其摆脱对企业的行政与经济上的依附关系这样才能使工会真正成为职工利益的代表组织。

当前，我国的企业工会并没有完全代表劳动者利益，在他们不能摆脱对政府和企业管理层依赖的情况下，他们对劳动者的代表性很弱。只要劳资之间的抗衡力量不均时，劳动者会继续处于弱势地位，因此政府应该发挥扶持作用，为劳资双方搭建谈判平台。首先，劳动监管部门应严格检查《劳动法》与《工会法》的实施情况，督促国有企业完善工会组织体系，尽量要求私营企业也要建立健全工会组织，进一步扩大工会组织覆盖面，形成规范的劳资合作博弈机制，提升劳动者与企业主的协商谈判能力与抗衡能力，使之真正成为劳动者的利益代表。其次，要保持工会组织的独立性，降低工会组织对政府和企业管理层的依附性，实现工会运作经费来自职工的会费缴纳，而不是来自企业经费的划拨，同时工会财务应实现独立核算，与企业财务分开，充分发挥工会组织对职工的代表优势，完善工会组织的维权运作机制，健全职工的权益保护制度。再次，需要调整工会干部的产生机制，特别是要保证工会主席是由职工推选而来的，不是由企业管理层任命的，另外依据《工会法》的规定，基层工会干部由工会会员民主选举产生，而不是来自行政任命或组织派遣。最后，确立区域工会联盟和总工会的领导地位，使企业工会从政府的可有可无的助手转化为必不可少的合作伙伴。

（3）建立有效的劳资合作利益共享机制

劳动力属于劳动者所有，将其投入生产经营后，劳动者应该得到两部分收入，即工资和利润分成。在现实经济中，我国企业的初次分配过程一般把劳动者排除在利润分成之外①。因此，导致劳动者的劳动报酬收入与企业雇主的资本收入差距很大，劳资贫富分化很严重，从协调劳资关系、缩小劳资收入差距的角度来看，建立劳资合作利益共享机制是非常必要的。

劳资利益共享，即合理的分配结果能被双方所接受，这是实现劳资合作的必要条件②。劳资利益合作共享机制是指劳资双方基于共同的目标（如合作剩余），通过采取合作的态度和方式，争取各自利益最大化的行为，即企业利润由劳资双方分享，确保双方的收益权（剩余索取权）平等。劳资合作利益共享并不等同于劳动和资本平均享有收益，只是要求在利润分成中确认劳动具有一定的企业剩余分享权。因为按照劳资双方利益共同体的思维，通过风险共担、利润共享的路径，确立劳资合作制度，是构建和谐劳动关系的不二选择③。这里，设想劳资利益分配的理想标准，应是把资方利益最大化同时转变为劳方利益最大化，也就是使资方的利益限制在必要的范围内，这一范围就是引致资本前来投资所需要的水平，即足以而又不太高于吸引资本到社会所需要的其他地方投资所需要的盈利率。

基于上述这样的理想分配标准，实现劳资合作与利益共享的一种思路是在劳动权益与资本权益统一的基础上，由劳动力所有者和资本所有者集体共同占有、使用企业资产，由各自按照双方认可的投入比例共同参与决策、共担风险、共享利益，实现劳动力与资本联合起来的共同经营制④。坚持劳资合作与利益共享，把劳资双方之间的分配差距控制在双方都能接受的合理范围之内，防止贫富悬殊和两极分化，才能实现公平分配，缩小劳资收入分配差距。这里所说的公平，指的是资本和劳动在利益分配方面的公平。即对资本和劳动力来说，在效率提升且不减少或损害任何一方利益的前提下，共同增进双方利益和社会整体利益，通过合作实现帕累托最优。

按照劳资合作利益共享机制的要求，政府首先应该修订和完善相关立法，通

---

① 石瑞勇. 政府干预初次分配认识误区及改进建议 [J]. 人民论坛，2012，08：36 - 37.

② 王逆. 调整劳资关系 促进社会和谐 [J]. 理论界，2012，01：20 - 22.

③ 邸敏学，王琳. 现阶段我国非公有制企业劳资合作基础分析 [J]. 当代世界与社会主义，2010，03：141 - 143.

④ 赵丽芳. 劳动力要素与资本要素的收益分享分析——一种并重与趋同倾向 [J]. 内蒙古财经学院学报，2006，06：12 - 16.

过法律形式明确劳动者的"劳动股权"，赋予劳动要素所有者与资本要素所有者都具有分享企业剩余的权利，这是保证劳资合作利益共享机制发挥作用的初步条件。另外，劳资合作利益共享机制实施的平台条件是建立劳资双方平等协商的对话机制，如集体谈判机制，通过劳资之间的集体谈判解决利润共享问题，才能实现劳资合作与利益共享，化解劳资纠纷，从而大大缩减劳资收入差距。

9.2.5　打破劳动力市场分割，促进要素自由流动，缩小体制内外收入差距

（1）破除体制壁垒，统一劳动力市场

劳动力市场的分割必然带来劳动者之间出现收入差距，而且即使存在劳动力转移，也未能使收入差距趋于收敛。由于户籍制度与用工体制等的影响，目前的劳动力转移并非完全意义上的劳动力转移，它仅使劳动者产生位置上的变动，并没有使多元劳动力市场以及区域劳动力市场完全统一，更没有使城乡劳动力市场产生融合①。即使户籍制度已经进行了大幅度改革，但造成劳动力市场分割的制度壁垒仍然产生影响。因此，通过户籍制度改革以及用工体制创新尽快消除制度壁垒，打破体制内外差异，构建自由竞争的统一劳动力市场是很有必要的。

体制内外差异带来劳动力市场分割，这完全来自传统体制下政府对劳动力市场存在制度设计偏好。这些制度偏好将一个经济体系的不同部分切割开来，各个部分自我循环，而且还可能出现强势集团对弱势集团的生产剩余的占有，它销蚀了劳动力转移所带来的收入均等化的作用，拉大了收入分配不平等的程度，并带来了严重的社会不和谐②。准确地说，这种劳动力市场的制度性分割拉大了收入差距，特别是用工体制造成很明显的体制内外收入差距。因此，应该打破体制壁垒，弥合不同劳动力市场的分割，以降低劳动者收入差距。

在原有的户籍制度下，具有公职的城市正式工可以享受的国家或单位提供的大量公共资源和福利待遇，他们可视为体制内人员；与此相对照，按照权益标准来衡量无公职的城市居民、临时工、农村居民等，他们只能算作体制外人员。农民工就是最好的体制外标本，虽然他的职业是工人，但身份是农民，所以他只能享受体制外的待遇，自然与干同样工作的城镇正式工的收入有很大差异。我国长久以来形成的体制分割加大了收入的分化，形成了体制收入差距，而且体制内外劳动力流动性较差，这更固化与拉大了居民收入差距，所以若想缩小体制内外收

---

①② 李晓宁，姚延婷. 劳动力转移与工资差距同时扩大的"悖论"研究——基于市场分割的视角 [J]. 当代财经，2012，04：5–12.

入差距，必须从打破体制壁垒入手解决。

把体制内与体制外简单比较进行职业取舍，是简单化了两者关系，这样同样不利于体制改革及激活市场经济，仍旧是一种体制思维的"遗毒"。体制内外应该能自由流动，双方还应该优势互补。为了激活体制活力，让体制内能更多与体制外衔接互补，去除"衙门"弊病，激活科学合理的选人用人机制，让优秀人才自由双向流动，而不是单向流动，以免体制内外的天平失衡。另外，要打破劳动力市场的体制性分割，应该从公平的视角出发，逐渐取消不利于经济发展和社会公平的体制安排，重新建立统一的劳动力资源配置机制。

（2）消除劳动力市场歧视，实现同工同酬

要统一城乡分割的劳动力市场，可采取的主要措施就是加快户籍制度改革，消除劳动力就业中的身份性歧视，保障务工农民工的合法权益，实现同工同酬。可以说，造成城乡劳动力市场分割的最直接原因就是户籍制度带来的对就业人员的身份歧视，例如，在招聘中出现仅招本地户口或城镇户口等限制，这种身份歧视导致劳动力市场是非统一的，所以建议政府颁布有关工作岗位招聘的政策法规，要求企事业单位一般不得以城乡户籍、男女性别等为由歧视劳动者，从而建立统一、公平、竞争的劳动力市场。

要实现同工同酬，应该从消除劳动力市场身份歧视入手，逐步引导城乡劳动力在统一劳动力市场上开展公平就业。针对农民工就业歧视问题，政府需要加强对农民工的就业培训，增强农民工职业的稳定性和从业技术水平，消除城乡劳动力市场分割的制度壁垒，建立公平、公开、公正的招聘机制。政府还应逐步将进城农村劳动力纳入城市社会保障体系，通过社会服务来降低农民工就业成本，重视解决农民工就业中的相关问题，为农民工就业提供公平竞争的就业环境，从而实现城乡间劳动力的充分流动，尽可能地消除因市场分割而造成的体制收入差距。

在劳动力市场中除了身份歧视之外，还存在由于性别因素导致女性劳动力比男性劳动力受到更多的性别歧视。因此，政府应在顺应市场运作机制的同时，更有效地监控劳动力市场上对女性的一些不公平行为，加强对女性劳动力的法律保护，为女性创造更多、更平等的社会参与机会，同时为市场经济发展创造更公平和有效率的竞争环境①。从国家层面看，不仅要通过严格的立法和执法来保护女性受教育的权利，动员家庭和社会持续不断地加强对女性的教育投资，更要通过严格的司法实践向一切性别歧视行为发起反击，确保女性在就业、工资和晋升中

---

① 张丹丹．劳动参与及工资的性别差异［D］．北京：中国社会科学院研究生院，2003.

的合法权益。

9.2.6 培育中等收入阶层，约束特权阶层，实现"橄榄"形分配结构

（1）培育中等收入阶层，形成良性社会结构

一个"两头小、中间大"的"橄榄"形社会形成与中等收入群体的培育有很大关系。当一个社会只有低收入阶层和高收入阶层的存在时，收入必然两极分化，这个社会将不是一个稳定发展的社会，所以我们要促使收入向居民进而向中低收入群体的正常流动，形成中产阶层群体，这样才能有利于社会发展。

目前中国的中间阶层占人口的比例仅为12.1%，中等收入阶层的规模非常小，所以整个社会除了少数富人处于"金字塔"顶之外，大多数的社会居民仍是处于"金字塔"底的穷人。国际经验显示，如果一个社会中中等收入阶层人群只占极少部分，收入分布呈贫富两极分化，那么这个社会就很难从"生产型社会"向"消费型社会"转变，整个社会分配结构只能呈"金字塔"形，这是一种不合理的社会结构。

一个以中等收入阶层为主流的社会分配结构一般是比较合理的，原因在于以下几点：第一，与富裕阶层的消费需求相比，中等收入阶层有更强的边际消费倾向，他们更能有效地刺激社会需求，从而拉动经济增长；第二，中等收入阶层是民间投资主体，他们的创业意识很强，能积极投资开办中小企业，创造就业岗位，拉动就业；第三，中等收入阶层的政治诉求较高，参与政治的热情度较高，是社会改革的中坚力量，能促进社会公共资源的公平配置；第四，中等收入阶层有助于消除贫富分化，推动两极分化的财富分布形态趋于集中，使社会结构由"金字塔"形向"橄榄"形转变，从而促进社会稳定与公平分配。

目前，中国的中等收入阶层人数所占比重较少，并且其产生的制度基础极其薄弱，除了少数可以和任何国家相媲美的富人外，社会的大多数仍然是穷人，这种局面不利于促进合理的收入分配格局形成。只有壮大中等收入阶层的人数，才能形成良性的中等收入者占多数的"橄榄"形分配格局，而且可以稳固社会阶层基础。因为中等收入阶层是推动经济发展的主力，他们的消费需求能成为拉大经济增长的内动力。按照世界发达国家的经济发展规律来看，一般经济快速增长时期也是社会中等收入阶层人数的扩张时期，而我国虽然经历了经济增长的快速上涨时期，但中等收入阶层的规模却并没有增大，这主要在于还未形成公平的分配制度基础。中国社会群体中收入分配的巨大差异，既是中等收入阶层发育不良

的现实写照，也是中产阶层成长的障碍①。

可见，培育中等收入阶层成为促使收入合理分配的必然选择。当然，中等收入阶层的出现也必须依赖于收入分配制度的变革，而新的收入分配制度的确立又依赖于中产阶层的壮大成熟②。由此决定了这个过程将是个长期的过程，同时也将最终改变整个社会结构。

（2）严格规范特权阶层，理顺分配秩序，减少寻租行为

我国已形成一个高收入阶层，这一阶层包括通过诚实劳动和合法经营而富起来的高收入者，也包括向特权阶层寻租，通过权钱交易和官商勾结而富起来的人。对于前者，我们不应用泛泛的仇富心理去对待，他们的收入属于劳动收入与劳动贡献的对等，一般通过再分配的所得税手段进行调节就可以达到"抽肥补瘦"，平抑一部分收入差距。然而，对于后者，我们要加强廉政建设，减少寻租行为，不仅要对触犯法律的追究法律责任，而且应通过改革割断利用权利获取收入和财富的途径。

缩小特权阶层与普通民众的收入差距，理顺分配秩序。特权阶层主要是指各级政府中掌控行政权力的人，他们利用手中的特权不仅可以享受医疗、教育、社会保障和住房等方面的特殊待遇，而且可以以权谋私占有大量社会财富，导致分配不公。在现代化过程中，西方国家、日本等国家的社会特权都经历了一个社会化过程，所以权势人物与一般社会成员社会待遇基本一样，都享受着最基本的社会权利。在新形势下，我国政府正在通过各项改革严格限制特权阶层的行为，减少围绕特权而发生的寻租活动，形成一个良好的分配秩序。

首先，要以制度来约束和监督掌握资源配置权力的政府部门工作人员，形成必要的信息披露的基本程序和制度，有效规范各级公务员的隐性收入，坚决取缔非法收入，从源头遏制以权谋私行为的发生。其次，加强廉政教育，严肃法纪，实施有效的反腐败举措，确保官员清正廉洁，为民服务，要规范健全收入分配有关的基础制度，如个人财产登记制度、政府官员储蓄实名制以及收入申报制度等。再次，严格界定公共权力行为与合法收入的法律边界，保护个人的合法财产，加大对灰色收入的打击力度，将打击钱权交易、贪污受贿的行为真正落实。最后，应该完善各级政府的财政支出预算体制，加大财政支出的规范性和透明度，避免因体制上的漏洞导致公共支出扭曲。

总之，通过全面清除体制漏洞，规范特权阶层的分配行为，约束他们合理合

---

① 郑永年. 谁"偷"走了中国的中产阶级？[J]. 改革内参，2011，19：45－35.
② 靳卫萍. 从收入分配改革到现代国民财富分配体系的建立 [J]. 经济学动态，2013，10：29－35.

法使用手中特权，铲除特权阶层对资源配置的过度干预，整顿分配秩序，解决机会公平和过程公平问题。通过对现有的不合理的分配行为进行整治，重建国民收入初次分配的合理分配系统。

（3）按照大体统一的基本公共服务标准提供服务，缩小个人禀赋差异

在收入分配治理中，我国政府既要对高收入群体进行必要的"限高"，又要对低收入群体提供必要的"兜底"，同时应在经济领域提供平等竞争的机会，这就需要从提供统一的公共服务水平，缩小个人禀赋差异入手。因为在公共服务水平大体一致的情况下，可以很公平地提高个人的素质和发挥个人才能，缩小了个人之间的禀赋差异，从而保证竞争起点公平，这是从根本上解决收入分配差距问题的路径。

只有将社会提供的基本公共服务水平均等化或标准统一化，才能保证低收入家庭的孩子能公平享受到良好的教育和医疗服务，提高低收入人群的文化素质与生活水准，这样可以大大缩减个人禀赋上贫富两极之间的差距，那么这些贫困家庭的孩子才能具有与富裕家庭孩子具有同等竞争的平台，从而在收入分配上打破贫穷的代际循环，增加社会阶层的流动性①。通过提供均等化的公共服务来改善低收入群体特别是农民工群体的教育状况，以缩小因人力资本差距、资源禀赋差异而造成的收入差距，从而为劳动者创造一个公平竞争的起点。

具体来说，根据经济发展水平和国家财政收入规模，对医疗卫生、教育、科技、文化、司法、公共安全等领域分门别类，各自制定全国大致统一的基本公共服务标准，并根据经济发展水平和社会进步做定期调整，并采取有力举措实现全国范围内的基本公共服务均等化，中央政府应重点帮助落后地区和广大农村尽快达标。

---

① 胡书东. 初次分配公平是缩小收入差距的基石［J］. 红旗文稿，2013，04：11－13.

第 10 章

研究结论

10.1 居民收入差距过大的现状

第3章：在"大分配"视角下，通过对初次分配环节与再分配环节考察，发现都存在一个共同特征：政府部门和企业部门的收入比重都有上升趋势，而居民收入比重却有下降趋势，即政府部门和企业部门对居民部门收入有"挤出效应"；另外，作为居民部门主要收入来源的劳动报酬份额也不断下降，而居民部门收入占比下降主要发生在初次分配阶段，同时初次分配阶段劳动收入份额的下降幅度较大，所以居民部门从经济增长中获利相对不多。

第4章：在"小分配"视角下，对我国居民收入差距进行多维特征描述，分别对行业收入差距、城乡收入差距、地区收入差距、劳资收入差距及城镇居民内部收入差距等进行分析，反映我国居民收入差距过大，贫富分化鲜明，且整体上呈现出不断增大趋势。无论从基尼系数来判断，还是通过居民收入分布形态来分析，我国居民收入差距已经处于过大的不合理区间，需要尽快通过收入分配改革平抑居民收入差距。居民收入差距过大造成消费断层和内需不足的经济影响，还带来了和谐危机和潜在风险的社会影响。

第5章：初次分配过程是形成居民收入分配差距的主力场，再分配对初次分配格局的调节力度较小，调节乏力，居民收入分配格局前后变动不大；初次分配后形成较大的收入差距，奠定了我国收入分配状况的基本格局，从而形成整体的居民收入分配差距过大。因此，居民收入差距扩大的根源并不在于再分配环节，真正的收入分配不公平可能产生于初次分配中资源配置等环节。

总之，上篇研究主要分析了我国居民收入差距过大"是什么"状况。通过"大分配"和"小分配"的视角，分别对我国国民收入分配状况与居民收入分配状况进行分析，反映了我国居民部门收入被企业部门和政府部门不断挤占，不同类型的居民收入差距很大，并有不断加大的趋势，而且这种过大的居民收入差距主要形成于初次分配阶段，再分配阶段对初次分配阶段形成的过大收入差距调节比较乏力。

10.2　居民收入差距过大的成因

第6章：初次分配市场机制不完善是造成我国居民收入差距过大的主要原因，具体体现为：市场定价机制不同导致要素市场价格扭曲、要素流动性受限引起要素市场分割、地区经济发展不平衡引起的集聚规模效应、财富要素利用模式决定劳资收入分配格局等，这些市场机制因素导致居民收入差距拉大。同时，初次分配政府规制方面也存在许多不尽完善之处，表现为：以累退性为主的初次分配税制不利于公平调节、初次分配中政府职能发挥不得力，特别是初次分配制度设计偏离公平视角，这是导致我国居民收入差距过大的制度因素。

第7章：我国居民收入差距过大的深层本质在于初次分配效率与公平失衡。自改革开放以来，我国初次分配市场机制尚未完全建立起来，而政府制度性扭曲很难保证初次分配实现公平分配，初次分配收入分布的动态演进反映出我国市场经济的效率较高，但居民收入差距却在不断拉大，由此说明初次分配高效率与低公平是失衡的，这种"高效率，低公平"的初次分配模式导致初次分配起点、过程和结果三个方面都有不公平体现。如果说居民收入差距过大是问题的表象，初次分配的市场因素和制度因素是造成这种表象的导因，则初次分配效率与公平机制失衡是形成这种表象的深层次本质原因。

总之，中篇主要分析我国居民收入差距"为什么"过大？通过分析造成我国居民收入差距过大的初次分配市场因素和制度因素，反映初次分配市场机制不完善和初次分配政府规制不健全是造成居民收入差距过大的表层原因。结合市场和政府两类因素的分析，进一步分析我国居民收入差距过大主要是源于初次分配效率与公平机制失衡，也就是说，初次分配"高效率，低公平"的失衡模式是形成居民收入差距过大的本质原因。

10.3　缩小居民收入差距的对策

第8章：通过研究初次分配效率与公平的不同偏好组合以及由此带来的不同

经济发展历程——"弓背历程"和"弓弦历程",认为当前通过初次分配效率与公平并重统一的改革路径,可以达到效率与公平兼得的改革目标,尤其是在居民收入差距过大背景下进行"初次分配公平与效率并重统一"的体制改革,这是从本源上缩小我国居民收入差距的途径。

第 9 章:提出双层次与全方位的缩小我国居民收入差距过大的对策建议。一方面从"大分配"层次入手,不断降低企业部门收入比重,保持政府部门收入比重稳定以及逐步提高居民部门的收入比重。另一方面从"小分配"层次入手,分别采取各种举措尽力缩小居民内部的各类收入差距:第一,完善市场规制,破除垄断,缩小行业收入差距;第二,改革户籍制度,加快中小城镇建设,缩小城乡收入差距;第三,发展地区特色产业,实施政策的反倾向性,缩小地区收入差距;第四,统筹设计经营者收入分配制度,加强工会力量,缩小劳资收入差距;打破劳动力市场分割,促进要素自由流动,缩小体制内外收入差距;培育中等收入阶级,约束特权阶层,实现"橄榄"形分配结构。

总之,下篇主要分析过大的居民收入差距应该"怎么办"?研究认为,在当前居民收入差距过大的背景下,从初次分配体制变革入手进行"初次分配公平与效率并重统一"改革,实现效率与公平兼得,这是缩小我国居民收入差距过大的可选途径;在此基础上,以双层次与全方位相结合的思路提出一系列缩小我国居民收入差距的对策建议,以期实现居民部门收入占比不断提高,而且行业收入差距、城乡收入差距、地区收入差距、劳资收入差距、体制内外收入差距等都将缩小,形成"橄榄"形的社会分配结构。

参考文献

一、中文期刊论文

[1] 孙凤，易丹辉. 中国城镇居民收入差距对消费结构的影响分析 [J]. 统计研究，2000，05：9－15.

[2] 刘亭亭，刘传哲. 中国金融发展与城乡居民收入差距关系的实证研究——基于1978~2009年数据的检验 [J]. 特区经济，2011，02：23－25.

[3] 张义博，付明卫. 市场化改革对居民收入差距的影响：基于社会阶层视角的分析 [J]. 世界经济，2011，03：127－144.

[4] 杨灿明，孙群力. 中国居民收入差距与不平等的分解——基于2010年问卷调查数据的分析 [J]. 财贸经济，2011，11：51－56.

[5] 吕炜，储德银. 城乡居民收入差距与经济增长研究 [J]. 经济学动态，2011，12：30－36.

[6] 朱新武，阮大伟. 居民收入差距过大已成为制约我国经济发展的突出障碍 [J]. 统计研究，1999，10：10－16.

[7] 洪源，杨司键，秦玉奇. 民生财政能否有效缩小城乡居民收入差距？[J]. 数量经济技术经济研究，2014，07：3－20.

[8] 徐晓红. 中国城乡居民收入差距代际传递变动趋势：2002—2012 [J]. 中国工业经济，2015，03：5－17.

[9] 孙敬水，董立锋. 居民收入差距适度性测度研究 [J]. 经济学家，2012，03：27－36.

[10] 高帆. 中国居民收入差距变动的因素分解：趋势及解释 [J]. 经济科学，2012，03：5－17.

[11] 李实，罗楚亮. 我国居民收入差距的短期变动与长期趋势 [J]. 经济社会体制比较，2012，04：186－194.

[12] 常兴华，李伟. 我国居民收入差距问题研究 [J]. 经济研究参考，2012，25：3－23.

[13] 刘东皇,沈坤荣.要素分配、居民收入差距与消费增长 [J].经济学动态,2012,10：47－52.

[14] 匡远配.我国城乡居民收入差距：基于要素收入流的一个解释 [J].农业经济问题,2013,02：76－84＋111－112.

[15] 陈云.我国城乡居民收入差距扩大成因的动态测度研究 [J].中央财经大学学报,2013,04：48－55.

[16] 孙敬水,黄秋虹.中国城乡居民收入差距主要影响因素及其贡献率研究——基于全国31个省份6937份家庭户问卷调查数据分析 [J].经济理论与经济管理,2013,06：5－20.

[17] 曾国安,胡晶晶.2000年以来中国城乡居民收入差距形成和扩大的原因：收入来源结构角度的分析 [J].财贸经济,2008,03：53－58.

[18] 王朝明,曾传亮.转型期我国居民收入差距与利益协调——基于社会分层的视角 [J].社会科学研究,2007,01：120－126.

[19] 庄健.中国居民收入差距的国际比较与政策建议 [J].宏观经济研究,2007,02：29－35.

[20] 曾国安.论工业化过程中导致城乡居民收入差距扩大的自然因素与制度因素 [J].经济评论,2007,03：41－47.

[21] 林宏,陈广汉.居民收入差距测量的方法和指标 [J].统计与预测,2003,06：30－34.

[22] 韩文秀,尹艳林,冯建林.中国居民收入差距研究综述 [J].经济研究参考,2003,83：13－29.

[23] 国家计委宏观经济研究院课题组.中国城镇居民收入差距的影响及适度性分析 [J].管理世界,2001,05：44－57.

[24] 乔为国,孔欣欣.中国居民收入差距对消费倾向变动趋势的影响[J].当代经济科学,2005,05：1－5＋108.

[25] "促进形成合理的居民收入分配机制研究"课题组,常兴华,徐振斌,李伟.我国居民收入差距及其来源分解 [J].经济研究参考,2010,25：28－45.

[26] 王石生.关于我国居民收入差距扩大的现状、成因、影响及其对策的探讨综述 [J].经济研究参考,2010,54：30－37＋39.

[27] 林幼平,张澍,吴艳.近年来中国居民收入差距问题研究综述 [J].经济评论,2002,06：57－62.

[28] 刘波,王修华,彭建刚.我国居民收入差距中的机会不平等——基于CGSS数据的实证研究 [J].上海经济研究,2015,08：77－88.

[29] 吴伟.我国居民收入差距现状及国际比较 [J].调研世界,2015,09：

11 – 13 + 21.

[30] 范伟武，刘俊贤. 我国居民收入差距扩大的原因及对策分析 [J]. 商，2015，27：191.

[31] 李实，高霞. 居民收入差距的测量及其合理判断 [J]. 统计与决策，2015，10：11 – 16.

[32] 白翔. 马克思分配理论与和谐社会建设 [J]. 人民论坛，2010，29.

[33] 黄桂兰. 我国税收调节国民收入初次分配的作用探讨——以税种为切入点 [J]. 湖北经济学院学报，2014，01：64 – 69.

[34] 王珺红，唐满，张磊. 中国社会保障制度真的"失灵"了吗？——初次分配、再分配与城乡收入差距的关系研究 [J]. 首都经济贸易大学学报，2014，06：5 – 12.

[35] 高敏雪. 从初次分配、再分配到"第三次分配" [J]. 中国统计，2006，03：29 – 30.

[36] 林毅夫. 以初次分配实现公平和效率的统一 [J]. 党政干部文摘，2007，06：11 – 12.

[37] 吴忠民. 论公正的初次分配规则 [J]. 文史哲，2004，02：122 – 129.

[38] 陈书，刘渝琳. 收入差异的"倒 U 形"假说悖论：初次分配、再分配与政策选择 [J]. 财贸研究，2012，01：90 – 101.

[39] 李炳炎，沈佳坤，沈建国. 我国初次分配的现状与改革对策思考[J]. 探索，2012，02：87 – 92.

[40] 雷根强，蔡翔. 初次分配扭曲、财政支出城市偏向与城乡收入差距——来自中国省级面板数据的经验证据 [J]. 数量经济技术经济研究，2012，03：76 – 89.

[41] 李渊. 税收调节初次分配的路径选择 [J]. 河北经贸大学学报，2012，03：45 – 47.

[42] 庞永红. 初次分配失衡的政治哲学反思：中国语境及其问题 [J]. 马克思主义与现实，2012，03：193 – 200.

[43] 聂慧，张媛媛. 我国财政社会性支出影响初次分配的实证分析 [J]. 统计与决策，2012，20：124 – 126.

[44] 王朝科，冒佩华. 初次分配中劳动者报酬占比变动的决定机理 [J]. 马克思主义研究，2012，10：58 – 66.

[45] 梁东黎. 初次分配格局的形成和变化的基本规律 [J]. 经济学家，2008，06：56 – 63.

[46] 徐现祥，王海港. 我国初次分配中的两极分化及成因 [J]. 经济研究，

2008, 02: 106 - 118.

[47] 刘清亮, 高志勇. 初次分配的公平性与财政政策导向 [J]. 河北学刊, 2008, 01: 154 - 157.

[48] 李欣欣. 初次分配和再分配都要处理好效率与公平的关系 [J]. 经济研究参考, 2008, 17: 3 - 6 + 35.

[49] 杨承训. "深化收入分配制度改革" 的经济学解析——兼论以初次分配为重点架构中国特色社会主义分配理论 [J]. 经济学动态, 2008, 01: 64 - 69.

[50] 李稻葵, 何梦杰, 刘霖林. 我国现阶段初次分配中劳动收入下降分析 [J]. 经济理论与经济管理, 2010, 02: 13 - 19.

[51] 章上峰, 许冰. 初次分配中劳动报酬比重测算方法研究 [J]. 统计研究, 2010, 08: 74 - 78.

[52] 李福安. 论社会主义市场经济条件下政府调节初次分配的理论依据与路径 [J]. 当代经济研究, 2010, 08: 33 - 36.

[53] 沈涛. 我国初次分配的结构及其调整方向 [J]. 山东社会科学, 2010, 09: 80 - 83.

[54] 刘家珉, 林原. 经济转型期中国初次分配领域不公平问题研究——马克思劳动力价值与工资理论的视角 [J]. 中国人口科学, 2010, S1: 48 - 53.

[55] 曾国安, 黄勇, 胡晶晶. 关于不同种类生产要素收入初次分配公平问题的几个问题 [J]. 山东社会科学, 2009, 02: 45 - 48.

[56] 曾国安, 胡伟业, 胡晶晶. 国民收入再分配公平与初次分配公平差异的比较 [J]. 江汉论坛, 2009, 01: 51 - 55.

[57] 宁光杰. 中国工资差距问题的综合分析——完善工资形成机制、注重初次分配公平的视角 [J]. 中央财经大学学报, 2009, 02: 86 - 91.

[58] 王琦, 梅建军. 初次分配公平原则的理论基础 [J]. 经济问题, 2009, 02: 13 - 15.

[59] 陈丽华. 初次分配和再分配中公平与效率的权衡——兼论十七大对社会主义收入分配理论的创新 [J]. 经济问题, 2009, 01: 25 - 28.

[60] 肖红叶, 郝枫. 中国收入初次分配结构及其国际比较 [J]. 财贸经济, 2009, 02: 13 - 21 + 45 + 136.

[61] 韩金华, 李忠华, 白子芳. 改革开放以来劳动报酬占初次分配比重演变轨迹、原因及对策研究 [J]. 中央财经大学学报, 2009, 12: 63 - 68.

[62] 黄泰岩. 初次分配制度变动的发展方式解释 [J]. 经济学动态, 2009, 06: 55 - 58.

［63］常进雄，王丹枫．初次分配中的劳动份额：变化趋势与要素贡献［J］．统计研究，2011，05：58 – 64.

［64］常进雄，王丹枫，叶正茂．要素贡献与我国初次分配中的劳动报酬占比［J］．财经研究，2011，05：134 – 144.

［65］储德银，闫伟．初次分配对居民消费的影响机理及实证研究［J］．财政研究，2011，03：57 – 61.

［66］穆怀中，丁梓楠．产业层次的初次分配福利系数研究［J］．中国人口科学，2011，03：16 – 25 + 111.

［67］李超．基于"劳—资"初次分配效应的美国金融危机研究［J］．当代经济研究，2011，08：24 – 29.

［68］钱晓烨，迟巍．国民收入初次分配中劳动收入份额的地区差异［J］．经济学动态，2011，05：40 – 46.

［69］厉以宁．收入分配制度改革应以初次分配改革为重点［J］．经济研究，2013，03：4 – 6.

［70］臧旭恒，贺洋．初次分配格局调整与消费潜力释放［J］．经济学动态，2015，01：19 – 28.

［71］常进雄，杨坤．提高劳动者的工资水平能否有效改善我国初次分配状况？［J］．数量经济技术经济研究，2013，03：22 – 35.

［72］姬旭辉，邱海平．中国经济剩余价值率的估算：1995 ~ 2009——兼论国民收入的初次分配［J］．当代经济研究，2015，06：13 – 20.

［73］曾传国．论初次分配公平的内容、意义及实现途径［J］．毛泽东邓小平理论研究，2007，11：65 – 705.

［74］赵振华．关于提高初次分配中劳动报酬比例的思考［J］．中共中央党校学报，2007，06：49 – 52.

［75］赵海东．初次分配：由注重效率转向效率与公平相结合［J］．黑龙江社会科学，2007，06：70 – 73.

［76］陈宗胜，吴婷．沙漏型初次分配结构与产业结构调整——基于我国42部门投入产出表的分析［J］．经济社会体制比较，2013，05：14 – 31.

［77］刘伟．产业结构失衡与初次分配扭曲［J］．上海行政学院学报，2013，05：4 – 16.

［78］范德成，张伟．中国三次产业结构与初次分配结构变动关系的实证研究［J］．数理统计与管理，2013，05：769 – 776.

［79］白书祥．对初次分配与再分配关系的再认识［J］．前沿，2004，01：72 – 75.

二、硕博论文

[1] 孙浩进.中国收入分配公平的制度变迁 [D].长春：吉林大学，2009.

[2] 田卫民.最优国民收入分配研究 [D].天津：南开大学，2009.

[3] 张鑫.中国城乡居民收入差距及其成因的演化路径研究 [D].沈阳：辽宁大学，2009.

[4] 宋桂霞.社会主义和谐社会收入分配差距调节研究 [D].长春：东北师范大学，2010.

[5] 杨俊.经济增长与收入分配问题研究 [D].重庆大学，2001.

[6] 赵万江.社会主义收入分配理论与社会主义初级阶段收入分配制度 [D].北京：中国社会科学院研究生院，2002.

[7] 李颖.中国农村居民收入差距及其影响因素分析 [D].北京：中国农业大学，2004.

[8] 赵兴罗.中国转型期居民收入差距调节研究 [D].武汉大学，2005.

[9] 任红艳.中国城镇居民收入差距适度性研究 [D].北京：首都经济贸易大学，2006.

[10] 赵桂芝.中国税收对居民收入分配调控研究 [D].沈阳：辽宁大学，2006.

[11] 刘乐山.基于财政视角的中国收入分配差距调节研究 [D].西安：西北大学，2006.

[12] 祝洪娇.中国现阶段收入分配差距与两极分化问题研究 [D].北京：中共中央党校，2006.

[13] 冯虹.经济加速转型期我国城镇居民收入分配差距研究 [D].北京交通大学，2006.

[14] 王敏.中国城乡居民收入差距对消费需求影响研究 [D].沈阳：辽宁大学，2011.

[15] 许涛.国民收入分配中的劳动收入改进 [D].北京：中共中央党校，2011.

[16] 韩建雨.中国居民收入差距的利弊评价与政策思考 [D].长春：东北师范大学，2011.

[17] 林胜.我国公务员收入分配问题研究 [D].福州：福建师范大学，2012.

[18] 李栗.收入分配差距的贫困度研究 [D].沈阳：辽宁大学，2012.

[19] 林霞.中国特色社会主义个人收入分配制度研究 [D].南京师范大

学，2012.

[20] 卢小祁．中国式财政分权对城乡居民收入差距的影响研究 [D]．南昌：江西财经大学，2012.

[21] 吕珊珊．中国居民收入差距的影响及改革对策研究 [D]．大连：东北财经大学，2012.

[22] 王力．我国居民收入差距的测度及其影响因素研究 [D]．大连：东北财经大学，2012.

[23] 周柏春．中国收入分配政策伦理研究 [D]．长春：吉林大学，2013.

[24] 王永．我国国有垄断行业收入分配机制研究 [D]．济南：山东大学，2013.

[25] 彭妮娅．居民收入差距的测度、影响因素及经济效应研究 [D]．长沙：湖南大学，2013.

[26] 王云飞．化解收入分配不公的制度研究 [D]．北京：财政部财政科学研究所，2013.

[27] 刘扬．调节我国居民收入分配差距的财政政策研究 [D]．北京：财政部财政科学研究所，2013.

[28] 杨丽．收入分配与中等收入陷阱的关系研究 [D]．天津：南开大学，2013.

[29] 余玲铮．金融发展与收入分配：理论及中国的经验研究 [D]．天津：南开大学，2013.

[30] 王倩．中国行业垄断与收入分配差距问题研究 [D]．济南：山东大学，2014.

[31] 林峰．行政垄断型行业与竞争性行业收入分配差距与合理化问题研究 [D]．济南：山东大学，2014.

[32] 茂路．收入分配差距研究 [D]．北京：财政部财政科学研究所，2014.

[33] 刘春芳．我国城乡居民收入差距的数理经济模型及其实证 [D]．成都：电子科技大学，2013.

[34] 彭小敏．户籍制度、就业歧视与城乡居民收入差距 [D]．湘潭大学，2012.

[35] 龚超．基于基尼系数分解的行业垄断与居民收入差距关系的研究[D]．济南：山东财经大学，2013.

[36] 陈婷．共同富裕与贫富差距的和解：深化我国收入分配改革 [D]．临汾：山西师范大学，2013.

[37] 刘迟生．个人所得税对我国省际间城镇居民收入差距调节效果研究

[D]. 成都：西南财经大学，2014.

[38] 伏开丽. 缩小我国居民收入差距的财政政策研究 [D]. 济南：山东财经大学，2012.

[39] 徐煜珺. 缩小我国城乡居民收入差距的财税政策研究 [D]. 南昌：江西财经大学，2012.

[40] 唐微波. 我国居民收入差距的现状与对策研究 [D]. 合肥：安徽大学，2007.

[41] 谢红艳. 发达国家缩小居s民收入差距的政策及其启示 [D]. 湘潭大学，2007.

[42] 石庆芳. 要素价格扭曲、收入分配与消费需求 [D]. 天津：南开大学，2014.

[43] 刘伟. 缩小中国城乡居民收入差距的制度研究 [D]. 北京邮电大学，2015.

[44] 邵同尧. 中国居民收入差距的理论与实证研究 [D]. 成都：西南财经大学，2005.

[45] 李雪云. 缩小我国城乡居民收入差距及其对策研究 [D]. 长沙：中南大学，2009.

[46] 任文雯. 我国初次分配公正的公共政策研究 [D]. 青岛大学，2012.

[47] 王海东. 效率与公平的权衡 [D]. 哈尔滨：黑龙江省社会科学院，2012.

[48] 许玲. 国民收入初次分配中的公平问题研究 [D]. 重庆：西南大学，2011.

[49] 周勇. 国民收入初次分配的公平性研究 [D]. 长沙：湖南师范大学，2011.

[50] 王策. 当前我国收入分配领域的效率与公平问题研究 [D]. 天津商业大学，2012.

[51] 毕佳. 效率与公平的理论基础与政策研究 [D]. 昆明理工大学，2013.

[52] 吴海燕. 效率与公平：理论探析及政策选择 [D]. 厦门大学，2007.

[53] 何大昌. 公平与效率均衡及路径分析 [D]. 南京师范大学，2002.

三、中文著作

[1] 王金柱. 构建和谐社会中的效率与公平 [M]. 长沙：湖南人民出版社，2007.

[2] 洪丽. 经济发达国家居民收入差距研究 [M]. 北京：人民出版

社，2013.11.

[3] 韩建雨. 我国居民收入差距社会经济效应评价与治理对策 [M]. 北京：中国经济出版社，2013.08.

[4] 喻平. 金融发展与居民收入差距的理论与实证研究 [M]. 北京：中国经济出版社，2012.04.

[5] 张鑫. 中国城乡居民收入差距及其成因的演化路径研究 [M]. 北京：经济管理出版社，2011.05.

[6] 韩雪峰. 教育对中国居民收入差距影响的研究 [M]. 沈阳：辽宁大学出版社，2009.06.

[7] 黄应绘，李红，李智. 重庆市居民收入差距研究 [M]. 成都：西南财经大学出版社，2007.08.

[8] 赵桂芝. 中国居民收入差距与税收调控 [M]. 北京：兵器工业出版社，2008.05.

[9] 宾建成. 中国居民收入差距问题研究 [M]. 北京：中国文联出版社，2000.11.

[10] 黄泰岩，王检贵. 如何看待居民收入差距的扩大 [M]. 北京：中国财政经济出版社，2001.05.

[11] 卢中原. 城镇居民收入差距研究 [M]. 北京：中国言实出版社，1997.10.

[12] 阿瑟·奥肯. 平等与效率 [M]. 北京：华夏出版社，1999.11.

[13] 阿希马科普洛斯. 收入分配原理 [M]. 北京：商务印书馆，1995.01.

[14] 陈宗胜. 经济发展中的收入分配 [M]. 上海三联书店、上海人民出版社，1994.03.

[15] 陈宗胜，周云波. 再论改革与发展中的收入分配 [M]. 北京：经济科学出版社，2002.07.

[16] 卫兴华，张宇. 公平与效率的新选择 [M]. 北京：经济科学出版社，2008.09.

[17] 中国发展研究基金会. 转折期的中国收入分配 [M]. 北京：中国发展出版社，2012.10.

[18] 赵兴罗. 促进收入公平分配的财政制度研究 [M]. 北京：经济科学出版社，2009.01.

[19] 鲍银胜. 中国国民收入分配问题研究 [M]. 北京：经济科学出版社，2015.07.

[20] 韩建雨. 我国居民收入差距社会经济效应评价与治理对策 [M]. 北

京：中国经济出版社，2013.08.

[21] 胡晶晶. 改革开放以来中国城乡居民收入差距研究 [M]. 北京：人民出版社，2013.11.

[22] 高发. 中国居民收入差距基于制度变迁视角的分析 [M]. 北京：水利水电出版社，2008.01.

[23] 许海平. 中国城乡居民收入差距与经济效率的实证分析 [M]. 北京：经济科学出版社，2014.07.

[24] 任红艳. 中国城镇居民收入差距适度性研究 [M]. 北京：中国农业科学技术出版社，2010.05.

[25] 张鑫. 中国城乡居民收入差距及其成因的演化路径研究 [M]. 北京：经济管理出版社，2011.05.

[26] 张晓艳. 中国缩小居民收入差距的财税政策研究 [M]. 北京：中国市场出版社，2015.03.

[27] 白素霞. 缩小城乡居民收入差距——基于系统动力学视角 [M]. 北京：经济科学出版社，2015.06.

[28] 孙敬水. 居民收入差距适度性测度与预警研究 [M]. 北京：中国社会科学出版社，2014.12.

[29] 万莹. 缩小我国居民收入差距的税收政策研究 [M]. 北京：中国社会科学出版社，2013.05.

[30] 王宏. 提高劳动报酬在初次分配中的比重 [M]. 北京：中国劳动社会保障出版社，2014.04.

[31] 傅子恒. 经济能见度：财政政策与收入初次分配 [M]. 北京：东方出版中心，2015.04.

[32] 黄泰岩. 初次收入分配理论与经验的国际研究 [M]. 北京：经济科学出版社，2011.12.

[33] 张伯里. 新的发展阶段中效率与公平问题研究 [M]. 北京：中共中央党校出版社，2008.12.

[34] 周平轩. 论公平与效率 [M]. 济南：山东大学出版社，2014.08.

四、外文文献

[1] ALVAREDO F. A note on the relationship between top income shares and the Gini coefficient [J]. Economics Letters, 2011 (110)：274 - 277.

[2] MCKAY H, SONG L. China as a Global Manufacturing Powerhouse：Strategic Considerations and Structural Adjustment [J]. China & World Economy, 2010, 18

（1）：1 – 32.

［3］SHI X, LIU X, NUETAH A, et al. Determinants of Household Income Mobility in Rural China ［J］. China & World Economy, 2010, 18 （2）：41 – 59.

［4］QIN Y, RAO J N K, WU C. Empirical likelihood confidence intervals for the Gini measure of income inequality ［J］. Economic Modelling, 2010 （27）：1429 – 1435.

［5］STARK O, MICEVSKA M, MYCIELSKI J. Relative poverty as a determinant of migration：Evidence from Poland ［J］. Economics Letters, 2009 （103）：119 – 122.

［6］YAO Y. Village Elections, Accountability and Income Distribution in Rural China ［J］. China & World Economy, 2006, 14 （6）：20 – 38.

［7］Barro. Inequality and Growth in a Panel of Coun-tries ［J］. Journal of Economic Growth, 2000.

［8］World Institute for Development Economic Re-search （WIDER） of the United Nations University ［M］. World Bank Publication. Oxford University Press, 2004.

［9］Sala-t-Martin. The Distributing Rised of Global Income Inequality ［J］. NBER Working Paper WB, 2002.

［10］Barro, R. J. Economic Growth in a Cross-CountryEmpirical Study ［M］. Cambridge Massachusetts, England：The MIT Press, 1998.

［11］Lourdes Diaz Olvera , Didier Plat, Pascal Pochet. Assessment of mobility inequalities and income data collection：Methodological issues and a case study ［J］. Journal of Transport Geography, 2015, 46 （6）：180 – 188.

［12］Faqin Lin, Dahai Fu, Trade, Institution Quality and Income Inequality ［J］. World Development , 2014, 77 （2）：129 – 142.

［13］Chuanchuan Zhang, Income inequality and access to housing：Evidence from China ［J］. China Economic Review, 2013, 36 （62）：61 – 271.

［14］A. Wamukota, T. D. Brewer, Market integration and its relation to income distribution and inequality among fishers and traders：The case of two small-scale Kenyan reef fisheries ［J］. Marine Policy, 2014, 48 （9）：93 – 101.

［15］Christophe Lembregts, Mario Pandelaere, A 20% income increase for everyone? The effect of relative increases in income on perceived income inequality ［J］. Journal of Economic Psychology, 2014, 43 （8）：37 – 47.

［16］J. Wildman, J. Shen. Impact of Income Inequality on Health, Encyclopedia of Health Economics ［M］. 2014：10 – 14.

［17］Yang Song, Rising Chinese regional income inequality：The role of fiscal decentralization ［J］. China Economic Review, 2013, 27 （12）：294 – 309.

［18］ Jai S. Mah, Globalization, decentralization and income inequality: The case of China ［J］. Economic Modelling, 2013, 31 (3): 653 –658.

［19］ Hui Zheng, Linda K. George, Rising U. S. income inequality and the changing gradient of socioeconomic status on physical functioning and activity limitations, 1984 –2007 ［J］. Social Science & Medicine Volume 75, Issue 12, 2012, (12): 2170 –2182.

［20］ Luca Agnello, Sushanta K. Mallick, Ricardo M. Sousa, Financial reforms and income inequality ［J］. Economics Letters Volume 116, Issue 3, 2012, (2): 583 –587.

［21］ Inyong Shin, Income inequality and economic growth ［J］. Economic Modelling Volume 29, Issue 5, 2012, (9): 2049 –2057.